一橋大の世界史

20ヵ年［第6版］

鳴海久紀 編著

教学社

<h1 style="text-align:center">はしがき</h1>

　受験生のみならず，高校や予備校の先生方からも一橋大学の世界史は難しいとよく言われます。「設問の意図が複雑で，何を書いたらよいかサッパリわからない」，「意義や背景など，他大学の入試問題と違って深い考察力が要求される」，「テーマが特殊すぎて，どういう学習対策を講じたらいいのかわからない」といった意見が代表的なものです。確かに私大型の世界史を得意とする受験生には，一橋大学の論述世界史は厳しい面があるでしょう。大学側は受験生の独創的な論理的思考力を推し量りたいのでしょうが，受験生はその問題を前にどのように対処していいのか考え込んでしまう場合も多いと思います。

　しかし，一見すると難解な一橋大学の世界史にも出題傾向のクセがあり，出題されやすい時代・分野や設問の切り口など，過去問を解いていくと，論述問題のパターンに一定の傾向があることが判明します。そうした意味でも，20カ年分の過去問を一つひとつ解いてみることは大変有効です。

　本書では，一橋大学の20カ年分の問題を，大問ごとに章でまとめ，解説と解答例を示しました。解説では，400字の大論述を中心に「整理メモ」をつけましたが，これは，図でビジュアル的に考察することによって，一橋大学の世界史問題の構造を理解するための手助けとするものです。他にも，特に難しいと思われる内容では，雑や「＊史料から読み取れること」で説明を付し，高校生レベルでも可能な難問へのアプローチの方向性をまとめています。また，「一橋大世界史の研究」では，大問の出題形式ごとに傾向を分析し，実際の過去問を例に，問題の属性やパターンを考えながら論述の設計方針を構造的・視覚的に示しました。

　本書をフルに活用することで，難解とされる一橋大学の世界史の特徴や解き方のコツが身につき，論述に対するチャレンジ精神が養われると信じています。

編著者しるす

目　次

第1章　大論述 I

第2章　大論述Ⅱ・中論述Ⅰ

第3章　大論述Ⅲ・中論述Ⅱ・小論述

●掲載内容についてのお断り

編集の都合上，下記の問題の史料文を省略しています。

30（2014年度 第2問），45（2019年度 第3問），

49（2015年度 第3問），52（2012年度 第3問）

一橋大世界史の研究

1 概要

▶全体の形式

> 大 問 数：例年 3 題で構成されている。
> 試験時間：120 分。

▶大問ごとの形式

〔1〕：大論述 I

　例年 400 字の大論述 1 問であるが，2020・2019 年度は記述問題も併用されている。過去にはリード文を読んで，与えられたテーマについて論述する形式が多かったが，近年は史料文を主体として論述させる設問形式が主流となっている。

〔2〕：大論述 II・中論述 I

　過去 20 年間をみてみると，400 字の大論述 1 問が 14 回，400 字を 2，3 問に分けた中論述が 6 回出題された。

〔3〕：大論述 III・中論述 II・小論述

　2，3 問で，字数の合計がほぼ 400 字となる設問形式か，400 字の大論述 1 問が出題されており，年度によって異なっている。

　記述問題が出題される場合もある。

▶時間配分は？

　時間配分は，〔1〕〜〔3〕に各 40 分前後と見当をつけておき，難度によって調整したい。例年，〔1〕と〔2〕は難問が多く時間をとられる傾向があるため，比較的取り組みやすい〔3〕から着手する作戦が有効である。ただし，2019 年度以降，〔1〕や〔2〕で出題されていた超難問は姿を消している。年度によって大問ごとの難易度が変化する可能性を考え，まず標準的な問題から着手し難問は後回しにするなど，臨機応変に対処するとよい。

2　出題形式ごとの傾向分析

■〔1〕大論述Ⅰ

年度	内　容	論述字数	時代	分野	難度
2023	英仏百年戦争の性格とフランスへの影響	400	中世	政治	やや難
2022	皇帝フリードリヒ1世の勅法をめぐる文化的・政治的状況　　　　　　　　　　＜史料＞	400🈖	中世	政治・文化	やや難
2021	ハギア=ソフィア聖堂がもつ意味の歴史的変化	400	中世～現代	政治・社会・文化・宗教	やや難
2020	ルターの宗教改革とドイツ農民戦争　＜史料＞	記述・400	近世	社会・宗教	難
2019	ヨーロッパの身分制議会の成立と変化　＜史料＞	記述・400	中世～近代	政治	標準
2018	11～13世紀の「空間革命」と経済・社会・文化上の変化　　　　　　＜史料＞	400	中世	経済・社会・文化	超難
2017	新大陸産の銀流入がスペイン盛衰と16～17世紀のヨーロッパ経済に与えた影響　＜史料＞	400	近世	経済・政治	標準
2016	聖トマスとアリストテレスの「都市国家」論の相違　　　　　　　　　＜史料＞	400	古代・中世	政治・経済・社会	やや難
2015	カールの戴冠の背景とその歴史的影響　＜史料＞	400	中世	政治・宗教	超難
2014	ワット=タイラーの乱の政治・社会上の背景　＜史料＞	400	中世	政治・社会	難
2013	ドイツの東方植民とその経済史的意義　＜視覚資料・史料＞	400	中世・近世	経済・社会	やや難
2012	ナント勅令公布までの経緯とその目的	400	近世	政治・宗教	超難
2011	フス戦争の結果と歴史的意義　　＜史料＞	400	中世	政治・宗教	超難
2010	叙任権闘争の意義　　　　　　　＜史料＞	400	中世	政治・宗教・社会	超難
2009	「カール大帝の帝国」成立の歴史的経緯　＜史料＞	400	中世	政治・宗教	標準
2008	ハンザ同盟の盛衰	400	中世・近世	経済	標準
2007	東フランク王国からザクセン朝までの政治的経緯	400🈖	中世	政治・宗教	やや難
2006	オットー1世戴冠の歴史的意義	400	中世	政治・宗教	標準
2005	中世ヨーロッパの身分制議会	400	中世	政治	超難
2004	ドイツ・イギリスの宗教改革とその政治的帰結	400🈖	近世	政治・宗教	標準

🈖：指定語句あり

▶時代では

中世中心，近世も頻出！

　中世の出題比率が非常に高く，20 カ年のうち 16 カ年で出題対象となっている。次いで近世が頻出だが，2021 年度は珍しく中世から現代に至る通史が出題された。

▶地域では

ヨーロッパ諸国が中心！

　ヨーロッパが中心で，出題比率はドイツ・フランス・イギリスの順となっているが，2017 年度はスペインも出題されている。過去の設問ではドイツ関連の出題が目立っており，中世ドイツとの政治的関係が深いオーストリア・ベーメン・ハンガリーなども含めると，20 カ年のうち 8 カ年でこの地域が問題として設定されている。特にフランク王国や神聖ローマ帝国との関係で，ドイツの周辺諸国・民族が出題されやすい傾向にあるが，2021 年度ハギア=ソフィア聖堂の変遷，2017 年度スペイン史のように，年度により傾向が変わることがある。近年はドイツ以外のイギリス・フランス，そして地中海世界（イスラーム世界を含む）などにも目配りが欠かせない。2020 年度はルターの宗教改革が出題されたが，2019 年度には英仏の身分制議会，2014 年度にはイギリスのワット=タイラーの乱，2012 年度にはフランスのユグノー戦争，2005 年度にはフランスの三部会，2004 年度にはイギリスの宗教改革などが問われている。また，2021・2009・2006 年度には地中海世界との関係でイスラーム世界も問われている。

▶分野では

政治とキリスト教との関係，ヨーロッパ社会経済史に注意

　時代では中世・近世，地域ではヨーロッパからの出題が中心となっているため，政治史に加えてキリスト教を主体とする宗教に関連した視点での出題が非常に目立つのが特徴となっている。過去 20 カ年のうち，10 カ年でキリスト教に関連した設定の問題があった。皇帝や国王を頂点とする世俗の権力支配と，教皇を頂点とするローマ教会による支配がどのように関係しているのか，それらの対立がどのような結果をもたらし，またどのように解決したのかといった視点から何度も出題されている。一方，社会経済史の視点からの出題も目立つ。2018・2017・2016・2014・2013・2010・2008 年度に出題されており，対策を講じておく必要がある。

▶難度は？

　400 字という長文論述のうえ，考察力を要する難問が多いのが特徴だが，中世と近世，ヨーロッパ，政治とキリスト教，社会経済史という明確な傾向がみられるので，その点では出題の予測が立てやすい。標準〜やや難レベルの問題が中心であるが，年度によっては超難問が出題されることもあり，注意を払いたい。

■〔2〕大論述Ⅱ・中論述Ⅰ

年度	内　容	論述字数	時代	分野	難度
2023	モザンビークとジンバブエが独立した経緯とその背景　　　　　　　　　　　　　　　＜地図＞	400	現代	政治	難
2022	バイデン大統領の演説と 20 世紀アメリカの経済政策　　　　　　　　　　　　　＜史料＞	400	現代	経済・社会	やや難
2021	「レンブラント時代」のオランダと「ゲーテの時代」のドイツの文化史的特性の差異　　　　　　　　　　＜視覚資料・史料＞	400	近世・近代	社会・文化	難
2020	19 世紀後半〜20 世紀中葉におけるイギリスからアメリカへの覇権の移行	400	近代・現代	政治・経済	標準
2019	第二次百年戦争の背景・経緯・影響	400	近世	政治	標準
2018	ドイツの歴史学派経済学と近代歴史学の相違とその成立背景　　　　　　　　　　＜史料＞	400	近代	経済・文化	超難
2017	(1)トルデシリャス条約 (2)ハイチとアメリカ合衆国の奴隷解放 (3)ラテンアメリカの独立運動とブラジル独立 　　　　　　　　　　　　　　＜統計表＞	記述 100 275	近世 近代 近代	政治 政治 政治・経済	やや難
2016	18 世紀にフランス大聖堂と聖ヘートヴィヒ聖堂が建設された理由と背景	400	近世	政治・宗教	やや難
2015	ヨーロッパ共同体と東南アジア諸国連合	400	現代	政治・経済	やや難
2014	エンゲルスの歴史観と西スラヴ人の歴史 　　　　　　　　　　　　　　　＜史料＞	400	近世〜現代	政治・思想	超難
2013	フランス革命における「革命」の意味 　　　　　　　　　　　　　　　＜史料＞	400	近世・近代	政治・思想	超難
2012	国際連盟と国際連合の設立とその問題点 　　　　　　　　　　　　　　　＜史料＞	記述・ 400㊞	現代	政治	難
2011	(1)パリ=コミューン (2) 19 世紀後半のヨーロッパの国際関係	50 350㊞	近代 近代	政治 政治	難
2010	(1) 1869 年に完成した世界の交通網 (2)女性参政権の歴史的背景	50 350㊞	近代 近代・現代	社会 政治	やや難
2009	18 世紀なかばの「グローバルな紛争」	400	近世	政治	やや難
2008	(1)米西戦争の原因 (2)米西戦争がフィリピン独立運動に与えた影響 (3)米西戦争後〜太平洋戦争開戦に至るまでのアメリカ合衆国のアジア政策	100 150 150	近代 近代 近代・現代	政治 政治 政治	やや難
2007	フランス革命の歴史的背景	400	近世・近代	政治・社会	やや難
2006	(1)中世の市民をめぐる一般的状況 (2)ケルン大聖堂建立の政治的・文化的状況	250 150	中世 近代	社会 政治・文化	やや難 難
2005	冷戦期の国際政治に核兵器が果たした歴史的役割	400㊞	現代	政治	やや難
2004	(1)ピョートル 1 世時代の西欧政治と経済 (2)ピョートル 1 世の諸改革 　　　　　　　　　　　　　　　＜史料＞	100 300	近世 近世	政治・経済 政治	超難

㊞:指定語句あり

▶時代では

近代が主体，次いで近世と現代から出題

　近代に関連する問題が最も多く，次いで近世，現代の順となっている。〔1〕で多く問われている中世は，〔2〕では 2006 年度の 1 問のみである。

▶地域では

ヨーロッパに加えてアメリカ・ロシア・ラテンアメリカ・アフリカからも

　近代主体の出題で，西ヨーロッパだけでなく，アメリカ・ロシア・ラテンアメリカ・アフリカなども加わり，よりグローバルな地域が問われている。中国・インドなどのアジア史分野は少なく，2009・2008 年度のように欧米諸国との関連で問われる程度である。ただし，現代史が出題される場合は，2023 年度の戦後のアフリカ諸国の独立，2022 年度の 20 世紀アメリカの経済史，2020 年度のイギリスからアメリカへの覇権移行，2015 年度のヨーロッパ共同体と東南アジア諸国連合の比較，2012 年度の国際連盟と国際連合の比較のように，20 世紀の国際政治・経済の分野が出題される傾向にある。また，2013・2011・2007 年度にフランス近代史，2017・2008 年度にアメリカ合衆国の近代史も出題されている。

▶分野では

政治史が中心だが，社会経済史や思想史（政治・経済思想・文芸）も頻出

　〔1〕よりも政治史からの出題が目立つが，社会経済史や思想史に関連した問題も多い。2021・2018・2014・2013 年度には，革命思想や経済学や文芸などの思想史への理解力がないと対応が難しい問題が出題されており，注意を払いたい。頻出している 18〜19 世紀のフランス・ドイツ・イギリスの政治史と並んで，20 世紀のアメリカを中心とした第二次世界大戦後の国際政治・経済史にも目配りが欠かせない。

▶難度は？

　「やや難」以上の問題が目立つ。特に史料を用いた思想史関連の出題に詳しい知識と考察力を要するものが多く，例えば，2018・2014・2013 年度などはハイレベルな「超難」といえる。国際政治・経済をテーマとした 2020・2019 年度の問題は標準レベルだが，2023 年度の現代アフリカの地図問題は難問といえる。

■〔3〕大論述Ⅲ・中論述Ⅱ・小論述

年度	内　容	論述字数	時代	分野	難度
2023	ロシアの中国進出と孫文・ヨッフェ会談が中国に与えた影響　　　　　　　　　　〈史料〉	400	近代・現代	政治	標準
2022	(1)1979～1980年の韓国の政治動向 (2)壬辰・丁酉倭乱の展開過程と明への影響 (3)1880年代～1894年の朝鮮・清・日本の関係	記述・400	近世～現代	政治	標準
2021	「第1次文化大革命」と「4つの近代化建設」　　　　　　　　　　　　　　　〈史料〉	400	現代	政治	やや難
2020	朝鮮の小中華意識と，それが1860～70年代に果たした役割　　　　　　　　　〈史料〉	記述・400	近代	政治・思想	やや難
2019	1949年までの中国国民党と中国共産党の政治史　　　　　　　　　　　　　　〈史料〉	記述・400	現代	政治	標準
2018	三・一独立運動と五・四運動　　〈史料〉	記述・400	現代	政治	標準
2017	泉州を取り巻く11～13世紀の国際関係　　　　　　　　　　　　　　　　　　〈史料〉	記述・400	北宋～元	経済・政治	難
2016	朝鮮戦争が中国・台湾の政治に与えた影響　　　　　　　　　　　　　　　　　〈史料〉	400	現代	政治	難
2015	清朝の対外関係の特徴とその崩壊過程　　　　　　　　　　　　　　　　　　　〈史料〉	記述・400	清	政治・経済	やや難
2014	(1)清朝が明朝に代わって中国を支配した経緯 (2)16世紀末から17世紀末に至る朝鮮と明朝・女真・清朝との関係　　　　　〈史料〉	記述・240 160㊵	明・清 明・清・朝鮮	政治 政治	やや難
2013	A．清末の革命派と立憲派の論争 B．1880～90年代における朝鮮の開化派の改革　　　　　　　　　　　　　〈史料〉	記述・200 200	近代・現代 近代	政治 政治	難
2012	(1)19世紀のイギリスの東南アジア支配 (2)19世紀の清朝の交易体制とその後の変化　　　　　　　　　　　　　　〈史料〉	記述・200 200	近代 近代	政治・経済 経済	やや難
2011	(1)17世紀におけるオランダのアジア進出 (2)三藩の乱の経緯と歴史的意義　　〈史料〉	記述・200 記述・200	17世紀 清	政治・経済 政治	やや難
2010	(1)平和十原則 (2)西安事件 (3)国民会議派　　　　　　　　　　〈史料〉	記述・100 記述・150 記述・150	現代 現代 現代	政治 政治 政治	やや難
2009	A．世界恐慌とインド　　　　〈史料〉 B．1920年代後半から1940年代前半に至る日本植民地支配下の朝鮮	200 200㊵	現代 現代	政治・経済 政治	難 難
2008	(1)日本の韓国併合 (2)「光緒新政」とその結果	200 200	現代 近代	政治 政治	やや難 やや難
2007	(1)太平天国の乱と郷勇 (2)洋務運動 (3)1870～80年代における清の対ロシア・フランス外交　　　　　　　　　〈史料〉	記述・100 記述・100 200	近代 近代 近代	政治 政治 政治	やや難

㊵：指定語句あり

年度	内　容	論述字数	時代	分野	難度
2006	(1)ムガル帝国の統治　　　　　　　＜史料＞ (2)清朝の統治，典礼問題　　　　　＜史料＞	60・140 記述・50・140	ムガル帝国 清	政治・宗教 政治・宗教	やや難
2005	インド人と中国人の海外移動 　　　　　　　　　　＜史料・統計表＞	400	近代・現代	政治・経済	超難
2004	A．サファヴィー朝とムガル朝の成立経緯 B．新文化運動と五・四運動　　　＜史料＞	200 記述・175	16 世紀 現代	政治 政治・社会・ 文化	やや難

※　アジア地域は，古代・近代・現代以外は，王朝名と世紀を基本に分類している。なお，清については 19 世紀
　は近代に分類している。

▶時代では
17～20 世紀が中心

　17～20 世紀の中国（清・中華民国・中華人民共和国）と，19～20 世紀の朝鮮から
の出題が頻出。2021 年度には文化大革命をテーマとした中国現代史が出題された。
なお，朝鮮史では 19 世紀以降の中国・日本との関係史が目立つ。

▶地域では
アジア地域主体

　〔1〕と〔2〕はヨーロッパ主体であるが，〔3〕では中国・朝鮮・インド・東南ア
ジアなどアジア地域からの出題がほとんどとなっている。例年，中国や朝鮮の近現代
が頻出で，19 世紀から 20 世紀にかけての中国の政治改革・革命運動，そして 19 世
紀末から 20 世紀前半の日本の朝鮮進出と朝鮮植民地化などが要注意である。2022 年
度に 16 世紀末の壬辰・丁酉倭乱が出題されたことにも，注目したい。中国・朝鮮以
外では，2010・2009・2006・2005・2004 年度にインド史が出題されている。

▶分野では
〔2〕と同様，政治史の比重が高いが経済史も出題

　政治史の比率が高いが，2017 年度に北宋～元の海外交易をテーマとした経済史が
出題されており，注目される。イギリス・オランダなどヨーロッパ諸国のアジア貿易
や植民地経営などに関連する経済史の問題も散見される。

▶難度は？

　概してやや難～難のレベルの問題が中心となっているが，2023・2022・2019・2018
年度は標準レベルで作問されている。詳細な知識と考察力をためす問題が多いが，標
準レベルの問題は教科書と用語集の知識で十分対応できるだろう。2020 年度の朝鮮
の小中華意識を主題とした問題はやや細かいが，2021・2019・2018 年度などはテー
マが明確なので，年代整理学習を利用した対策を講じておくと得点しやすい。

■ 一橋大世界史で求められる学力

▶歴史事項の構造的理解力が求められる

　3題とも論述問題で，総字数も1200字に及ぶため，本格的な論述力が必要である。設問も多角的思考力を求めるハイレベルなものが多く，教科書レベルの知識では歯が立たない問題も毎年出題されている。私立大学に多くみられる知識偏重の世界史試験とは異なり，歴史事象の背景・経過・結果・影響・意義などを考察させる問題が多いため，「世界史をグローバルな視点から考える」という姿勢が求められる。

　詳細な知識が不可欠なので，教科書学習はもちろんのこと，『詳説　世界史研究』（山川出版社）などの大型参考書と用語集を活用しながら，一つひとつの歴史事項を詳細に把握する学習姿勢が望まれる。教科書に記載されている歴史的事件を引き起こした政治，経済，社会，法制，思想，宗教上の要因などの構造的理解力が問われるので，多角的にアプローチして総合的にまとめる学力と史的洞察力が求められる。

▶類似問題の存在

　一橋大学の世界史の出題には一定の傾向があり，中世〜近代のドイツ・フランス・イギリス史などは毎年出題されている。近現代では中国・朝鮮，20世紀の現代では第二次世界大戦後の国際政治・経済史が目立つ。また，過去問の内容に少しバリエーションを加えた問題を作成するケースが散見される。

●キリスト教の聖堂	●戦争と内乱	●フランス革命
2021〔1〕ハギア＝ソフィア聖堂	2023〔1〕百年戦争の性格	2013〔2〕「革命」の意味
2016〔2〕18世紀の2つの聖堂	2020〔1〕ドイツ農民戦争	2007〔2〕フランス革命の背景
2006〔2〕ケルン大聖堂	2014〔1〕ワット＝タイラーの乱	
●西欧列強のアジア進出	●清末の政治	●日本の朝鮮進出
2012〔3〕英の東南アジア支配	2013〔3〕革命派と立憲派	2022〔3〕甲申政変と甲午
2011〔3〕オランダのアジア進出	2008〔3〕光緒新政	農民戦争
●五・四運動	2007〔3〕洋務運動	2018〔3〕三・一独立運動
2018〔3〕五・四運動	●国民党と共産党の対立・協力	2008〔3〕日本の韓国併合
2004〔3〕新文化運動と五・四運動	2023〔3〕孫文・ヨッフェ会談と国共合作	
	2019〔3〕中国国民党と中国共産党	
	2010〔3〕西安事件	

▶難問と標準レベルの問題の混在

　標準レベルの問題は，教科書や用語集の説明文などの記述をイメージしながら論述を構成していけば対処できるように作問されている。一方，難問は，教科書の知識を確実にクリアし，そのうえで問題の要求する主題を比較し考察する力や史料，指定語句に沿って論述を構成していく分析力・文章力が求められている。標準レベルの問題である程度の点数をとれる受験生がそうした難問でどの程度の論述力を発揮できるのかがカギであろう。

3 効果的な対策

▶グローバルな歴史の流れと因果関係に配慮した学習を

　まず自分の使用している教科書を精読し，歴史の流れを体系的に把握しておくことが基本である。ただ漫然と通読するのではなく，歴史事象がどのような背景（原因）で起こり，同時代の社会・経済にどのような影響を及ぼし，またそれがその後の政治情勢にどのような影響を与えたか，という因果関係に配慮した学習が有効である。

　なお，教科書については，自分の使用している教科書を精読するのはもちろんだが，可能なら他に1冊用意しておいて，補足的に歴史事象を調べることも一橋大学の問題傾向から考えると有効と思われる。また，歴史事象を掘り下げて理解するために『世界史用語集』（山川出版社），『詳解　世界史用語事典』（三省堂）などの用語集は必ず利用したい。さらに論述では歴史事象の「経緯」という視点が重要なので，世界史年表などを利用した詳細な年代整理の学習を心がけたい。また「タテのつながり」（通史的理解）だけでなく，同時代の他地域との空間的な「ヨコのつながり」（比較史的理解）が問われることも多いので，諸国間・諸地域間の対立，政治的・経済的な交流などを視野に入れたグローバルな学習姿勢が大切である。

▶各大問（〔1〕～〔3〕）の対策

〔1〕：時代は中世・近世，地域はヨーロッパ，分野は政治と社会経済・キリスト教

　高難度の論述の多い〔1〕には，体系性重視の明らかな傾向がみられる。このため，教科書のヨーロッパ中世の章を，欄外記述，写真，図なども見逃さず，念入りに学習しておきたい。さらに用語集はもちろん，『詳説　世界史研究』などの参考書で知識をさらに補充して十分な準備を心がけてほしい。それが他の受験生との差を生むことにつながる。特に，国王・皇帝とキリスト教会の関係は詳細に理解しておくことが望ましい。なお，ドイツ史は今後も要注意だが，年度によっては中世・近世のフランスやイギリス，そして東欧も出題されているので対策を講じておくのが賢明である。

〔2〕：時代は近代，次いで近世，現代，地域は欧米広域，分野は政治と社会経済

　高難度の400字論述が続き，〔1〕と同様，気が抜けない設問である。中世が一地域，もしくは一地域と周辺地域の視点で理解できるのに対し，世界史における近世以降は，大航海時代以降，ヨーロッパと南北アメリカ，アジア，アフリカが一体化していくため，時代の流れと各地域の関係を説明する論述構成力が求められている。なお，戦後の国際政治史も年度によって出題されている。定評のある参考書として，『荒巻の新世界史の見取り図』（上・中・下巻，ナガセ）や，『攻略世界史　近・現代史　整理と入試実戦』（Z会）などは，近世以降の時代を体系的に理解するうえでお薦めで

ある。

〔3〕：時代は近現代，地域は中国と朝鮮，分野は政治

　2017年度は北宋～元が出題されたが，近現代の中国，朝鮮，インドは重点的に学習しておきたい。また，世界が一体化していく中で，欧米勢力の進出にアジアがどう対応したかという視点も重要なので，各国・地域内の問題だけでなく，対外関係を考えながら学習しておくとよい。なお，朝鮮史に関しては，『世界史用語集』の頻度①レベルまで詳細に調べ，参考書も活用して完全対策を講じておきたい。

▶論述力を鍛えよう

　例年，計1200字に及ぶ長文論述が要求されているので，相当な論述力と史的考察力が必要である。歴史事象の正確な把握はもちろんのこと，歴史事象を構造的に理解する力，因果関係を洞察する力，比較史的に把握する力，通史的に整理する力，史料のポイントを見抜く力，そして要点を押さえた簡潔な文章力などが求められている。

　論理的思考力を身につけるには，裏づけとなる個々の史実や年代の把握が必要であり，歴史事象の意義やその影響，限界などを体系的にノートに整理し，さまざまな視点（政治的・経済的・社会的・文化的な見方）からの設問に答えられるよう準備しておきたい。特に近現代史においては，歴史事象の経緯に関する説明が求められることが多いので，年代整理学習が効果を発揮する。こうした基礎的準備と並行して，平素から，テーマを設定して200～400字程度でまとめる練習を行い論述力を磨いておくことが望ましい。

　一橋大学の論述問題は一見すると難しそうだが，設問には必ず，その時代と地域の政治・経済・社会・宗教・文化上の傾向や特色を想起させ，論述させるというパターンがある。そうした出題者の意図に対し意識的に準備しておくことも大事である。年度によってはかなりの難問が出題されることがあるが，そうした問題は得点できる受験生が少ないであろうから，標準レベルの設問にどれだけ肉薄できるかが大切である。

　『詳説 世界史研究』などの参考書や，『山川 世界史小辞典〔改訂新版〕』（山川出版社）などの辞典は歴史的意義などにも言及しているので，一橋大学の論述対策に役立てたい。

4 論述の書き方講座

■ 図解！　論述設計図

　一橋大学の論述では，答案文の構成をどう組み立てるかがカギを握る。ここでは，代表的な出題パターンを５つに分け，論述の構成の方法を示す。

▶その１：経緯

　論述問題では，年代順の経緯を述べる構成がまず基本形である。「始点（＝書き出し）」，「終点（＝書き終わり）」を定め，その間の推移を，時系列に沿って正確に述べていくことが求められる。

> [400字]　2009 年度〔1〕
> 問題要旨：「カール大帝の帝国」は，どのような経緯で成立したのか。当時のイタリア，東地中海世界の政治情勢，またマホメット（ムハンマド）との関係に言及しながら論じなさい。

論述の設計方針

　時代順に「経緯」を述べていけばよいが，多地域の視点が入っている。
①最初の書き出しはどの時点かを考える。
②最後のまとめは「カール大帝の帝国」の成立でまとめる。
③問題の要求を考える→「東地中海世界の政治情勢」とは何を指すのか？
　　　　　　　　　　　　「イタリアの政治情勢」とは何を指すのか？
　　　　　　　　　　　　「マホメット（ムハンマド）との関係」とは何を指すのか？

ムハンマドが7世紀にイスラム教を創始した後，イスラム勢力は東地中海世界に勢力を拡大しビザンツ帝国を圧迫した。　8世紀前半，	マホメット(ムハンマド)との関係
ビザンツ皇帝レオン3世が偶像崇拝を厳禁するイスラム教への対抗もあって聖像禁止令を発布すると，ゲルマン人への布教に聖像を利用していたローマ教会はこれに反発し，両者の対立は深まった。	東地中海世界の政治情勢
当時，フランク王国の宮宰カール=マルテルがイベリア半島から侵入したウマイヤ朝軍を破ったのを機に，ビザンツ皇帝からの自立をめざす教皇はフランク王国に接近し，ピピンのカロリング朝創始を支持した。これに応えてピピンは北イタリアのランゴバルド王国を討ってラヴェンナ地方を教皇に寄進し，両者の提携を深めた。　そ	フランク王国と教皇の提携
の子カールがランゴバルド王国を滅ぼすなど西ヨーロッパの主要部を統一すると，教皇レオ3世は800年カールにローマ皇帝の帝冠を授けた。この結果，東方のビザンツ帝国に対峙するカール大帝の帝国が西方に誕生した。	「カール大帝の帝国」の成立

　　　　　　は問題文にある「イタリアの政治情勢」に対応する部分。

▶その2：比較・相違

それぞれについて比較し，相違を述べる

　論述の際には，2つの歴史事象や国家，勢力の特徴をそれぞれについて明確に示したい。

400字　2012年度〔2〕
問題要旨：国際連盟と国際連合はどのような問題に直面したのか，20世紀の国際関係の展開を踏まえながら論じなさい。
指定語句：総力戦，安全保障理事会，イタリア，冷戦，PKO　　　※PKO＝平和維持活動

論述の設計方針

　指定語句を国際連盟と国際連合に振り分ける。

　その後，20世紀の国際関係の展開を踏まえつつ，指定語句から推測できる国際連盟・国際連合の問題を考えていく。

　　国際連盟：総力戦，イタリア

　　国際連合：安全保障理事会，冷戦，PKO

第一次世界大戦は長期の総力戦となり，各国に深刻な被害をもたら
した。戦後，ヴェルサイユ体制のもとで世界初の国際平和維持機構
である国際連盟が設立されたが，全会一致の原則，米ソの不参加な
どの制約があり，イタリアのエチオピア侵入に対する経済制裁も不
徹底に終わった。また，世界恐慌後には日独伊のファシズム諸国が
相ついで脱退したことから，国際連盟の目的であった集団的安全保
障は結局有効に機能せず，第二次世界大戦勃発を防止できなかった。

〕国際連盟と
国際関係の展開

国際連合では国際連盟への反省から安全保障理事会の権限を強化し，
米英仏ソ中の５大国に拒否権を与え，国連軍設置も認められた。し
かし，冷戦下では米ソの対立から拒否権が濫発され，問題解決を十
分に果たせず，冷戦後は，軍事制裁に頼らず，停戦監視などの調停
活動を行う PKO が重視されている。一方で，対イラク攻撃のよう
に自国の利害を優先するアメリカの単独主義行動が顕在化している。

〕国際連合と
国際関係の展開

[　　　]は問題文にある「直面した問題」に対応する部分。

200字　2013 年度〔3〕A
問題要旨：清末における革命派と立憲派との論争について説明しなさい。

論述の設計方針

立憲派と革命派に分けて，それぞれの主張を述べればよい。
　Ⓐ　　　　Ⓑ

立憲派は，日本の明治維新を模範とする改革を行い，体制を維持し
ながら憲法と議会政治を基礎とする立憲君主政をめざすという従来
の政治体制を温存した改革を主張した。　一方，革命派は，孫文が

〕Ⓐ立憲派の主張

提唱した民族の独立・民権の伸張・民生の安定の三民主義を革命の
基本理念とし，四大綱領を掲げて清朝打倒と漢民族国家の建設，共
和政による民権の確立などを主張し，立憲派と対立した。

〕Ⓑ革命派の主張

●「比較・相違」パターンの出題

字数	年度	内　容
400字	2021〔2〕	「レンブラント時代」のオランダと「ゲーテの時代」のドイツの文化史的特性の差異
	2018〔2〕	歴史学派経済学と近代歴史学の相違と成立背景
	2016〔1〕	聖トマスとアリストテレスの「都市国家」論の相違
	2015〔2〕	ヨーロッパ共同体と東南アジア諸国連合
	2012〔2〕	国際連盟と国際連合
	2008〔1〕	ハンザ同盟の盛衰と東方貿易
	2005〔1〕	身分制議会と近代の議会
	2004〔1〕	ドイツとイギリスの宗教改革
200字	2013〔3〕	清末の革命派と立憲派
	2004〔3〕	サファヴィー朝とムガル朝

▶その3：衝突とその収拾

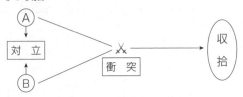

　論述の際には，2つの勢力の特徴，対立点を明確に示し，その歴史事象の経緯と，対立がどのように収拾されたかという流れを示していきたい。

400字	2011年度〔1〕

問題要旨：フス戦争へと至った経緯を踏まえるとともに，フス派が何に対して戦っていた
　　　　　かに重点を置きつつ，その結果と歴史的意義を論じなさい。

論述の設計方針

　①フス戦争の経緯→結果を順に説明する。

　②フス戦争の歴史的意義を考える。

教皇のバビロン捕囚や教会大分裂などによって教皇やローマ教会の権威は失墜し，教会改革運動が各地で起こった。イギリスのウィクリフが聖書主義を唱えて教皇や教会制度を批判すると，これに共鳴したベーメンのフスがローマ教会の改革を主張し，フスの教説はドイツ人支配下にあったチェック人の民族感情を刺激し，広く支持された。このため，神聖ローマ皇帝ジギスムントが開催したコンスタンツ公会議でフスを異端として処刑したが，これを機にチェック人は神聖ローマ皇帝とローマ教会に対してフス戦争を起こした。 → フス戦争勃発までの経緯

このフス戦争は，ローマ教会がフス派穏健派の信仰を認め，フス派が皇帝のベーメン支配を承認することで終結した。 → フス戦争の結果

フス戦争は，宗教改革期およびその後にみられた王国や領邦などのローマ教会からの分離・自立傾向を先取りし，ドイツ人支配に対するチェック人の民族意識が自覚され，後の民族運動につながった点に歴史的意義がある。 → フス戦争の歴史的意義

　　　　　　は問題文にある「フス派が何に対して戦っていたか」に対応する部分。

> |200字|　2011年度〔3〕問2
> 問題要旨：三藩の乱の経緯，清朝史において有した意味を論じなさい。

論述の設計方針

　2つの勢力である「清朝」と「三藩」を説明し，その衝突過程を述べ，衝突がどのように収拾されたかを示す。

李自成の乱で明が滅亡すると，明の将軍であった呉三桂は清に降伏して北京占領に協力した。以後，順治帝の中国支配にも協力し，その功績で呉三桂ら3人の漢人武将は雲南・広東・福建の藩王に任ぜられた。　しかし，三藩の勢力が強くなると康熙帝は脅威を抱き廃藩をはかった。これに反発した呉三桂らが三藩の乱を起こしたが，清は反乱を鎮圧して華南を支配し，ついで鄭氏台湾をも攻略して中国統一を完成させた。

}　2つの勢力「清朝」と「三藩」の説明
}　2つの勢力「清朝」と「三藩」の衝突
}　衝突の収拾

●「衝突とその収拾」パターンの出題

字数	年度	内　容
400字	2023〔1〕	英仏百年戦争
	2020〔1〕	ルターの宗教改革と農民戦争
	2019〔3〕	中国国民党と中国共産党
	2014〔1〕	ワット＝タイラーの乱
	2012〔1〕	ユグノー戦争
	2011〔1〕	フス戦争
	2010〔1〕	叙任権闘争
200字以下	2013〔3〕	朝鮮の開化派
	2011〔3〕	三藩の乱
	2010〔3〕	西安事件

▶その4：改革

　論述の際には，改革の経緯，その結果を示して説明したい。

> 200字　2013年度〔3〕B
> 問題要旨：史料を参照して，朝鮮の開化派のめざした改革はどのようなものであったのか，
> 　　　　それは朝鮮の社会と政治をどのように変えたのかを説明しなさい。

論述の設計方針

①開化派のめざした改革の内容を述べる。

②朝鮮の社会と政治をどのように変えたのか，具体的内容を史料から考える。

③開化派による改革の最終的な結果をまとめる。

開化派は，対外的には日本と結んで清の冊封体制からの独立をめざ
し，日清戦争で清が敗北した結果，朝鮮は自主独立の国家となり，　　　　開化派のめざした
開化派の目標は一応達成された。　　一方，国内では，身分制廃止や　　改革

開化派のめざした
税制改革を示すことで広く近代的国民意識を形成させていったが，　　改革と朝鮮の社会
と政治の変化

こうした急進的な改革に反発した支配階級の警戒を招き，中枢院の
改革をめざした独立協会が政府の圧力で解散させられるなど，結局　　開化派による
その国内改革は挫折させられた。　　　　　　　　　　　　　　　　　改革の結果

●「改革」パターンの出題

字数	年度	内　容
400字	2023〔3〕	孫文・ヨッフェ会談の影響
	2021〔3〕	文化大革命と4つの近代化建設
	2007〔2〕	フランス革命の歴史的背景
	2004〔1〕	ドイツとイギリスの宗教改革
300字	2004〔2〕	ピョートル1世の諸改革
200字以下	2013〔3〕	朝鮮の開化派の改革
	2008〔3〕	光緒新政
	2007〔3〕	洋務運動

▶その5：変化

歴史事象が，具体的にどのように変化していくかを明確にする。

```
400字  2019年度〔1〕問2
問題要旨：身分制議会について，複数の具体的な事例をあげ，中世から近代にかけての変
　　　　化を視野に入れて説明しなさい。　　　（問1・問2をあわせて400字以内）
```

論述の設計方針

①代表的なイギリスとフランスの身分制議会を具体的事例とする。

②それぞれの中世から近代にかけての変化を視野に入れ説明する。

主に国王の課税に対する協賛・審査を目的に身分制議会が招集され
た。イギリスでは13世紀にヘンリ3世の失政に対してシモン=ド=
モンフォールが反乱を起こし，聖職者・貴族の会議に州の騎士や都
市の市民代表を加えて最初の身分制議会が開かれた。その後，エド
ワード1世が模範議会を招集し14世紀に二院制が成立した。17世
紀の名誉革命によって議会主権が確立し，19世紀には一連の選挙
法改正で産業資本家や労働者などの新たな階層の国民代表が参加す
る議会に発展した。　　フランスでは14世紀初頭に聖職者への課税
問題で教皇と対立したフィリップ4世が，聖職者・貴族・平民の代
表を招集して三部会を開き，その協力を得て教皇を抑え王権強化を
図った。のちルイ13世が三部会を停止して絶対王政が確立されて
いくが，18世紀末，財政難からルイ16世が再招集し，第三身分が
国民議会を創設したことで三部会は解体した。

　└ イギリスの身分制議会

　└ フランスの身分制議会

▒▒▒▒は問題文にある「変化」に対応する部分。

●「変化」パターンの出題

字数	年度	内　容
400字	2021〔1〕	ハギア=ソフィア聖堂がもつ意味の歴史的変化
	2020〔2〕	イギリスからアメリカへの覇権の移行
	2019〔1〕	身分制議会の成立と変化
	2018〔1〕	「空間革命」と経済・社会・文化上の変化
	2013〔1〕	ドイツの東方植民とその経済史的意義
350字	2011〔2〕	19世紀後半のヨーロッパの国際関係
200字	2012〔3〕	19世紀の清朝の交易体制
	2009〔3〕	世界恐慌とインド

■一橋大学／お役立ち歴史用語

　以下に，一橋大学の傾向から，教科書だけではなかなか展開を把握しにくい欧米・アジア関連の歴史用語をいくつかまとめた。

▶中　世

叙任権闘争　聖職叙任権をめぐるローマ教皇と神聖ローマ（ドイツ）皇帝との対立。教皇グレゴリウス7世と皇帝ハインリヒ4世との間で1077年に起こった「カノッサの屈辱」後も闘争は続き，1122年のヴォルムス協約で一応の決着をみた。

帝国教会政策　神聖ローマ帝国を創立したオットー1世が採用した政策で，聖職叙任権を確保してドイツ国内の教会を皇帝権の下に置き，統治に利用しようとした。

封建反動　14世紀に貨幣経済の進展で窮乏化した領主層は，農民に課す賦役や生産物地代を復活し，農民の経済支配をはかった。これに反発して農民一揆が頻発した。

▶近　世

官僚と常備軍　絶対主義国家の政治体制を支える2大要素。絶対王政期には，主に貴族や上層市民が官僚となった。この時期の常備軍は傭兵から構成される国王直属の軍隊で，国民国家で採用される国民の徴兵制は行われていない。

国民国家　一般に，共通の言語・文化などの国民的同一性を基礎として形成された中央集権的な近代国家を指す。16世紀以降，イギリス・フランスなどで君主主権（絶対王政）のもとで成立したが，やがて市民革命を経て君主に代わって「国民」が主権者となり，本格的な国民国家が形成された。18〜19世紀には他のヨーロッパ諸国でも市民革命が起こり，イギリス・フランスにならって近代化が進められ，多くの国民国家（ドイツ・イタリアなど）が成立した。

近代的な国家主権論　16世紀後半，ユグノー戦争（1562〜98年）のさなか，フランスの政治思想家のジャン＝ボーダンは『国家論』（1576年）を著して，初めて近代的な「主権の概念」を確立し，国家主権の絶対と，君主権の絶対を説いた。当時，宗教戦争が政治・社会を混乱させている状況を批判し，強力な王権（絶対王政）の必要性をとなえて，どの諸宗派も国家主権に服すべきとした。こうした宗教よりも現実の秩序を重視する思想に宮廷の官僚層を形成する貴族が同調してポリティーク派（旧教，新教のいずれにも与しない中間派）を形成し，ブルボン朝を創始したアンリ4世のカトリック改宗とナント勅令による戦争終結に影響を与えた。

エンコミエンダ制とアシエンダ制　エンコミエンダ制は，16世紀にスペイン領ラテンアメリカで実施された土地制度。スペイン国王が先住民をキリスト教に改宗させることを条件にスペイン人の植民者に土地と先住民支配を委託し，貢納取り立てと強制労働を許可するもので，このため農地・鉱山での酷使により先住民人口が激減

した。ラス=カサスの批判や国王の抑制策もあって次第に衰退し，18世紀にはほぼ廃止されている。アシエンダ制は，エンコミエンダ制に代わって17〜18世紀に普及した大規模な土地所有に基づく農園制度。先住民の債務者などを債務奴隷として使役し，農業や牧畜が営まれた。

冊封体制と朝貢貿易　冊封体制は，中国の皇帝が周辺諸国の君主との間で形式上の君臣関係を結んで形成された政治的な国際秩序。朝貢貿易は，中国が朝貢（皇帝の徳に敬意を表して貢物を捧げること）をしてきた国に対して恩恵的に制限付きの貿易を許可した貿易形態。この中国を中心とする政治・経済的な国際秩序は，アヘン戦争後動揺し，日清戦争後の下関条約で朝鮮が独立国と認められたことから，完全に終焉を迎えることになった。

海禁　明・清で行われた海上の交通・交易を制限する政策。明では倭寇（前期倭寇）対策と民間貿易の禁止を目的として洪武帝により海禁令が出された。民間人の海上交易は禁止されたが，冊封体制に基づいて政府が管理する朝貢貿易は推進された。永楽帝の時代には鄭和の南海遠征にみられるように一時的に海上発展があったが，あくまでも朝貢貿易が基本であって民間貿易は認められず，永楽帝死後は，海外発展政策も断絶した。こうした海禁に不満を抱く中国人が16世紀の後期倭寇の主体となり，これを受けて明では海禁を緩和している。海禁は清にも受け継がれた。清は，貿易を財政基盤とする鄭氏台湾の弱体化を狙って遷界令を発布し，台湾対岸の広東省・福建省を中心に沿岸住民を強制的に内地に移住させている。鄭氏台湾の滅亡後，遷界令は解除され海禁も緩められたが，乾隆帝が貿易を広州1港に限定し公行にのみ貿易を認めるなど海禁は継続した。こうした制限貿易に対して自由貿易を主張するイギリスがアヘン戦争で清を破り，1842年の南京条約で香港割譲と公行の廃止を実現させ，清の海禁は終わりを告げることになる。

小中華思想　朝鮮王朝（李朝1392〜1910年）は明との文化交流を深め，ともに儒教（朱子学）を基盤とする社会を築いたが，1637年に女真族の清の侵攻を受けてその属国となり，1644年には明が滅亡して清が中国を支配した。朝鮮は清の冊封国となったが，「華夷の別」を尊ぶ儒学者らはあくまで清は女真族という「夷狄」が建てた王朝と考え，「大中華」の明が滅亡した後は，朝鮮のみが中華の伝統を継承する「小中華」であるとし，清は夷狄，西洋は洋夷，日本は倭夷であるとした。19世紀後半，高宗の父の大院君が摂政として政権（1863〜73年）を握ると，朱子学に基づく「衛正斥邪」論を唱えて鎖国攘夷策を強化した。

▶**近　代**

近代世界システム　アメリカ人の学者ウォーラーステイン（1930〜2019年）が唱えた近代世界の分析方法で，世界的分業体制の視点で歴史を説明している。「中核」といわれる中心国・地域の工業化を「半周辺」「周辺」といわれる国家・地域が食

糧供給や原材料輸出で支えるという構図である。『新詳 世界史探究』（帝国書院）や『最新世界史図説 タペストリー』（帝国書院）なども参照しながら，理解を深めておこう。

覇権国家　近代世界システムで説明される「中核」の中でも圧倒的な経済力と支配力を持つ国家のことで，17世紀のオランダ，19世紀のイギリス，20世紀後半のアメリカなどを指す。

銀　大航海時代後，新大陸で産出される銀が大量にヨーロッパに流入し価格革命をもたらした。アジアでも，日本銀のほか，アカプルコ貿易によるメキシコ銀が明代の中国に大量に流入し，地税と人頭税を一括して銀納する一条鞭法が実施された。

クーリー（苦力）　中国人・インド人などアジア系の移民労働者に対する蔑称。当初はインド人労働者を指す呼び名であったが，やがて中国人労働者に「苦力」という漢字をあてた。奴隷制度が廃止となり，イギリスの植民地（マレー半島・オーストラリア）やアメリカ合衆国などでは労働力が不足した。このためアヘン戦争後には広東省・福建省の出身者を中心に香港・厦門（アモイ）などからクーリーがアメリカなどに送られ，大陸横断鉄道建設（1869年開通）の苛酷な労働に従事した。当時，カリフォルニア州など西海岸では低賃金のクーリーに仕事を奪われた白人労働者の間で中国人排斥運動が激化し，1882年には中国人移民禁止法が制定された。

韓国併合　日清戦争で宗主国の清が敗れ，独立した朝鮮では高宗が皇帝に即位し，大韓帝国（1897〜1910年）と改称した。しかし，日露戦争の頃から日本の韓国干渉が強まり，1904年の第1次日韓協約で財政・外交に日本政府派遣の顧問を置くことを強制した。日露戦争での日本勝利直後の1905年に結ばれた第2次日韓協約（韓国保護条約）で韓国の外交権を奪って保護国化し，漢城（現ソウル）に外交を監督する統監府を置き，初代統監に伊藤博文が就任した。1907年にハーグで開かれた第2回万国平和会議に韓国の高宗は密使を派遣して日本の保護条約の無効を訴えようとした（ハーグ密使事件）。この事件を口実に日本は高宗を退位させ，1907年に第3次日韓協約を結んで韓国の内政権を奪い，韓国軍の解散を取り決めた。これを機に反日義兵闘争が激化し，朝鮮全土で抗日ゲリラ戦が展開された。1909年ハルビンで伊藤博文が独立運動家の安重根に暗殺されると，日本は翌1910年に韓国を併合し，朝鮮王朝は滅亡した。日本は漢城を京城と改称して新たに朝鮮総督府を置き，憲兵による武断政治を実施したが，大規模な三・一独立運動（1919年）が起こると，武断政治を改めて文化政治に転換した。

▶現　代

宥和政策　ヒトラーがズデーテン地方の割譲をチェコスロヴァキアに要求したことに対して，ミュンヘン会談（1938年）でイギリスのネヴィル＝チェンバレン首相，フランスのダラディエ首相が譲歩した政策が典型。一時的に危機は回避されたが，結

局ヒトラーの増長を許し，翌 1939 年，第二次世界大戦が勃発することになる。

集団安全保障　国家の安全を，他国との同盟ではなく，多数の国家が共同して集団的に保障しようとするもの。第一次世界大戦前の勢力均衡をはかる同盟政策が世界大戦の勃発を防げなかった反省から必要とされ，国際連盟，ロカルノ条約などはこの考え方にもとづく。第二次世界大戦後の国際連合も同様の趣旨で設立され，平和の破壊に対して武力行使を含む集団的強制措置が定められている。

中距離核戦力（INF）全廃条約　米ソが初めて核兵器の削減に同意した歴史的な条約。1987 年に米ソ間で調印。ソ連にゴルバチョフ政権が誕生してから交渉が進展し，核兵器を積んだ中距離ミサイルを廃棄することが決められた。2019 年トランプ政権により破棄された。

アジア通貨危機　1997 年にタイの通貨バーツが暴落したのを機に，フィリピン・インドネシア・韓国などアジア各国の通貨が下落，世界同時不況の恐れから IMF がこれら諸国に緊急融資を実施し，厳しい経済改革を促した。この危機を背景としてインドネシアではスハルトが退陣し（1998 年），タイでも政権交代が起こった。

アメリカの移民法　19 世紀後半のアメリカでは，中国人や日本人の移民，そして南欧・東欧出身の「新移民」と呼ばれる移民が大量に流入した。彼らは，文化的背景が異なる上，低賃金で働いたことから雇用を奪う脅威とみなされた。南欧・東欧出身の「新移民」は，宗教的にはカトリック（イタリア系・ポーランド系）やギリシア正教（ギリシア系）やユダヤ教（東欧・ロシアからのユダヤ系）で，WASP（ワスプ）のプロテスタント社会から歓迎されなかった。1882 年に最初の移民制限法として中国人移民禁止法が制定され，中国人移民が禁止されると，代わって日本人移民が増加したが，日露戦争後から西海岸各都市で排日運動が頻発するようになった。第一次世界大戦後，アメリカでは国際連盟への不参加にみられるような孤立主義（モンロー主義）の排他的な風潮が高まり，1924 年に移民法が成立した。この法律では，19 世紀末以後急増しつつあった南欧・東欧からの新移民を制限し，アジアからの移民を全面的に禁止したことから日本人移民も全面禁止となった。

反トラスト法　シャーマン反トラスト法（1890 年），クレイトン反トラスト法（1914 年），連邦取引委員会法（1914 年）などの総称。アメリカでは 19 世紀後半に急成長を遂げた独占企業による市場支配に対して，それまでの自由放任主義から連邦政府による規制を容認する気運が高まり，1890 年にシャーマン反トラスト法が制定された。しかし，違法行為が曖昧であったため有名無実化した。独占の拡大と社会的格差が広がるなか，20 世紀初頭に大統領となった共和党のセオドア＝ローズヴェルトは「革新主義」を提唱，独占資本の規制や労働者保護に尽力し，シャーマン反トラスト法を厳格に適用している。1913 年に大統領に就任した民主党のウィルソンも革新主義を継承し「新自由主義」を掲げ，1914 年にクレイトン反トラスト法を制定して違法行為を明確にし，連邦取引委員会法で独立行政機関として連邦取引

委員会（日本の公正取引委員会のモデル）を設立している。しかし，この法もトラスト規制に十分な成果を収めることはできなかった。

プロレタリア文化大革命　1958 年に第 2 次五カ年計画が開始されると，毛沢東は「大躍進」政策をスローガンに農村での人民公社設立を進めたが数千万人の餓死者を出して失敗した。翌 1959 年には毛沢東に代わって劉少奇が国家主席につくと，鄧小平とともに「調整政策」によって経済の回復をはかった。権力奪回をめざす毛沢東は，1966 年に軍代表の林彪と組んで劉少奇らを資本主義の復活をはかる実権派（走資派）として非難し，文化大革命（1966〜77 年）を発動。学生らを中心とした紅衛兵が動員されて全国的な奪権闘争が開始され，劉少奇・鄧小平ら党幹部が失脚した。1971 年に毛沢東と対立していた林彪がクーデタ未遂の後，事故死すると，文革路線を推進する江青ら「四人組」が台頭した。しかし，1976 年 1 月に周恩来首相が，同年 9 月に毛沢東が死去すると，首相の華国鋒が江青ら「四人組」を逮捕して党主席を兼任し，翌 1977 年に文化大革命の終了を宣言した。

地球サミット　ブラジルのリオデジャネイロで 1992 年に開催された国連の主催による「環境と開発に関する国際会議」の別名。1972 年の「国連人間環境会議」から 20 年目に開催されたこの会議では，「持続可能な開発」という理念を取り入れた「リオ宣言」が採択され，これを具体的に実行するため「アジェンダ 21 計画」，生物多様性条約，温暖化防止に関する気候変動枠組条約などが締結された。

京都議定書　地球サミットで締結された気候変動枠組条約に基づき，1997 年，京都で開催された第 3 回締約国会議で成立した地球温暖化防止のための議定書。温室効果ガスの削減目標を国別に定めたが，2001 年に，途上国（中国・インドなど）の削減目標が決められていないことに不満なアメリカが離脱した。2004 年ロシアが批准し，発効要件の批准国 55 カ国に達したため翌 2005 年に発効した。

近年，おもしろかった本を紹介しておきたい。

茂木誠（駿台予備学校世界史科講師）の『ニュースの"なぜ？"は世界史に学べ』は，イスラーム原理主義，米中衝突，中国の野望，ユダヤ人問題など，現代の国際時事ニュースのなぜ？をわかりすく解説しており，世界史を学ぶことの大切さを痛感する一冊である。

最近観た衝撃的な映画「ホテル・ムンバイ」の，テロ事件を仕掛けたパキスタンのタリバーン運動や，中国映画「活きる」で描かれている戦後の国共内戦・文化大革命と紅衛兵運動なども解説している。

歴史事件には必ず因果関係があり，その本質を知ることが欠かせない。

＊ 『ニュースの"なぜ？"は世界史に学べ――日本人が知らない 100 の疑問』（ＳＢ新書）
＊ 「ホテル・ムンバイ」監督：アンソニー＝マラス
＊ 「活きる」監督：チャン＝イーモウ

第1章　大論述 I

（注）　解答は，解答用紙の所定の位置に横書きで書きなさい。他のところに書いても無効になることがあります。また，字数などの指示がある場合は，その指示に従って書きなさい。なお，字数制限がある場合，算用数字及びアルファベットに限り，1マスに2文字入れることができます。それ以外の句読点や問題番号には1マスを使用すること。ただし，例えば「問1」ならば「1」とのみ書いても構いません。なお，問題番号は問題ごとに指定された解答字数に含めます。

（例）

I の「問1」の場合 ⟶

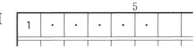

1

　ジャンヌ・ダルクの活躍によっても有名ないわゆる英仏百年戦争(1337〜
1453 年)を，イギリスとフランスという二つの国家間の戦争と捉えることが必ずし
も適切ではないとすれば，その理由は何か答えなさい。また，この戦争が結果的に
フランス王国にどのような変化をもたらしたかを，上述の理由と関連付けて説明し
なさい。(400 字以内)

解説 英仏百年戦争の性格とフランスへの影響

〔地域〕ヨーロッパ 〔時代〕中世 〔分野〕政治

百年戦争を英仏二国家間の戦争と捉えることが適切でない理由を答えるには，考察力が欠かせない。もともとイギリスのプランタジネット朝はフランスのアンジュー伯が建てた王朝で，ギエンヌ（ギュイエンヌ）に所領を有しており，フランス王に臣従する封建家臣の地位にあった点に着目する。また，ブルゴーニュ公派がイギリスと同盟して国王派と抗争するなど，戦争はフランス諸侯間の分裂抗争に発展した点を指摘する。戦争がフランスに及ぼした変化は教科書レベルである。

設問の要求

〔主題〕a．百年戦争を英仏二国家間の戦争と捉えられない理由。
　　　　b．戦争がフランス王国にもたらした変化をaの理由と関連づけて説明。

整理メモ

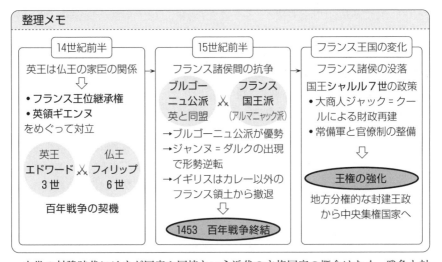

中世の封建時代にはまだ国家や国境という近代の主権国家の概念はなく，戦争も封建君主と諸侯の間の所領をめぐる紛争が中心であった。そこに着目し，百年戦争もギエンヌをめぐるイギリスのプランタジネット家とフランスのヴァロワ家との紛争が，フランス王位継承をめぐる対立に発展し戦争の発端となった点と，戦争後期に親英的なブルゴーニュ公派とフランス国王派という，フランス諸侯間の分裂抗争に発展した点に触れることがポイント。そうした理由から，百年戦争は単なる英仏二国家間の戦いというだけでなくフランス諸侯間の抗争を含んだフランスの内乱ともいえることに注目したい。なお，戦争の結果，フランス王国に起こった変化は，教科書レベルの知

識で対応できる。

百年戦争を英仏二国家間の戦争と捉えられない理由

- 英王がギエンヌ領有→仏王に臣従→フランス諸侯の君主と家臣の争い
- 親英的なブルゴーニュ公派の台頭→戦争はフランス諸侯間の対立抗争へ

▶戦争の原因となったギエンヌをめぐる英仏の対立

　イギリス（イングランド）に成立したプランタジネット朝（1154〜1399年）は，フランスのアンジュー伯が建国したフランス系の王朝で，フランス西部に広大な所領を有し，その関係から英王はカペー朝（987〜1328年）の仏王に臣従する封建家臣でもあった。英王ジョンの時に仏王に敗れ，広大な領地を失ったが，ギエンヌは英領として残された。しかし，カペー朝断絶後に成立したヴァロワ朝（1328〜1589年）のフィリップ6世が1337年ギエンヌ没収を宣言すると，これに反発した英王エドワード3世は母がカペー家出身だったことからフランス王位継承権を主張し，1339年に北フランスに侵入して戦端を開き，百年戦争が勃発。以上の理由から百年戦争は，英仏二国家間の戦争であると同時に仏王とその封建家臣との争いとみなすこともできる。

▶戦争はフランス諸侯間の対立抗争に発展

　15世紀に入ると，フランス東部を拠点とするブルゴーニュ公派と，フランス西部を拠点とする国王派（アルマニャック派）とに分かれて内戦となった。イギリスと同盟したブルゴーニュ公派が戦いを優勢に進め，王太子（のちのシャルル7世）を擁立した国王派の拠点オルレアンを包囲したが，1429年ジャンヌ=ダルクの活躍もあり，国王派が反撃に転じて1453年英領ギエンヌを奪回し，戦争は終結した。以上のように，ブルゴーニュ公派がイギリス側に立って戦い，戦争は英仏二国家間の戦争であるだけでなくフランス王国内の諸侯間の対立抗争に発展したことに注目したい。

百年戦争の結果，フランス王国に起こった変化

- カレー以外の領土からイギリス勢力を駆逐→フランス王による国家統一
- 戦争で諸侯が没落→国王が官僚制と常備軍を整備→王権の強化へ

▶戦争によりフランス王国はどのように変化したのか

　フランス国王シャルル7世（位1422〜61年）は，1435年ブルゴーニュ公派とアラスの講和を結び，イギリスとの同盟を破棄させたことが戦争の転換点となった。それによりフランス国王は1453年フランス西南の英領ギエンヌを奪回し，ついでカレー

をのぞくフランス本土からイギリス勢力を駆逐して百年戦争を終結させた。

　長期にわたる戦争によって国内の封建諸侯や騎士が没落する一方で，国王シャルル7世は官僚制と常備軍を整備し，国内の中央集権化を進めた。また，大商人ジャック=クールを財務官に起用して財政再建を図り，封建諸侯を抑え込んでフランス王権を強化した。こうしてフランスは地方分権的な封建国家から中央集権的な国家へと変化し，のちの絶対王政への道が開かれた。

ポイント
① 百年戦争の本質は，フランス国内の君主と諸侯間の抗争にあった。
② 2014年度に出題されたワット=タイラーの乱と同様，歴史事象の背景などの構造的理解力が試されている。

解答例

　フランスのアンジュー伯がイギリスに開いたプランタジネット朝は，百年戦争の頃ギエンヌの領主であり，フランス王の封建家臣であった。フランス王によるギエンヌ没収を機に始まり，在仏英領をめぐって争われた百年戦争は二国家間の戦争というよりも，フランス王とその封建家臣によるフランス国内の権力争いの様相を呈した。15世紀に入ると，フランスの諸侯はブルゴーニュ公派と国王派に分裂し，イギリスと同盟したブルゴーニュ公派が一時戦局を有利に進めた。こうした視点から，英仏間の戦争というよりもフランス国内の諸侯間の抗争の性格を有した戦争といえる。戦争の結果，敗れたイギリスはカレーを除く在仏所領の大半を失って大陸から撤退した。フランスでは戦争で諸侯が没落する一方で，国王が大商人ジャック=クールを起用して財政再建を進め，官僚制と常備軍を整えて王権強化を図り，地方分権的な封建体制に代わって中央集権化を進展させた。(400字以内)

2

次の文章は，神聖ローマ帝国の皇帝フリードリヒ1世（バルバロッサ）が1158年にイタリア北部のロンカリアで発した勅法「ハビタ」の全文である。この文章を読んで，問いに答えなさい。

皇帝フリードリヒは，諸司教，諸修道院長，諸侯，諸裁判官およびわが宮宰達の入念なる助言にもとづき，学問を修めるために旅する学生達，およびとくに神聖なる市民法の教師達に，次の如き慈悲深き恩恵を与える。すなわち，彼等もしくは彼等の使者が，学問を修める場所に安全におもむき，そこに安全に滞在し得るものとする。

朕が思うには，善を行う者達は，朕の称讃と保護を受けるものであって，学識によって世人を啓発し，神と神の下僕なる朕に恭順せしめ，朕の臣民を教え導く彼等を，特別なる加護によって，すべての不正から保護するものである。彼等は，学問を愛するが故に，異邦人となり，富を失い，困窮し，あるいは生命の危険にさらされ，全く堪えがたいことだが，しばしば理由もなく貪欲な人々によって，身体に危害を加えられているが，こうした彼等を憐れまぬ者はいないであろう。

このような理由により，朕は永久に有効である法規によって，何人も，学生達に敢えて不正を働き，学生達の同国人の債務のために損害を与えぬことを命ずる。こうした不法は悪い慣習によって生じたと聞いている。

今後，この神聖な法規に違反した者は，その損害を補填しないかぎり，その都市の長官に四倍額の賠償金を支払い，さらに何等の特別な判決なくして当然に，破廉恥の罪によってその身分を失うことになることが知られるべきである。

しかしながら，学生達を法廷に訴え出ようと欲する者は，学生達の選択にしたがい，朕が裁判権を与えた，彼等の師もしくは博士または都市の司教に，訴え出るものとする。このほかの裁判官に学生達を訴え出ることを企てた者は，訴因が正当であっても，敗訴することになる。

朕は，この法規を勅法集第四巻第一三章に挿入することを命ずる。

（勝田有恒「最古の大学特許状 Authenticum Habita」『一橋論叢』第 69 巻第１号より引用。但し，一部改変）

問い　この勅法が発せられた文化的・政治的状況を説明しなさい。その際，下記の語句を必ず使用し，その語句に下線を引きなさい。(400 字以内)

　　　ボローニャ大学　自治都市

皇帝フリードリヒ1世の勅法をめぐる文化的・政治的状況

〔地域〕ヨーロッパ　〔時代〕中世　〔分野〕政治・文化

　神聖ローマ皇帝フリードリヒ1世が勅法「ハビタ」を発した理由を史料から推察させ，勅法を発した当時の文化的・政治的状況を説明させる問題。指定語句の「ボローニャ大学」と「自治都市」が解答作成の方向性を示唆している。文化的状況としては，12世紀ルネサンスや大学の誕生に触れるとよい。政治的状況としては，イタリア政策を進める皇帝がローマ法を根拠に教皇や自治都市に対する支配権を強め，大学と学生の保護を名目に都市の司法よりも皇帝が任命する裁判官の司法の優位を確立する目的で，勅法を発したことに言及しよう。

設問の要求

〔主題〕皇帝フリードリヒ1世が勅法を発した文化的・政治的状況。

整理メモ

文化的状況
- 12世紀ルネサンス
- 大学の成立→法学で有名な**ボローニャ大学**など

政治的状況
- 皇帝のイタリア政策
　　　　→教皇や**自治都市**との対立
- 叙任権闘争→教皇権の優位
- 自治都市の台頭→都市法で帝権に対抗

皇帝が発した勅法「ハビタ」の内容
- ボローニャ大学に自治権を付与→皇帝が統治理念とするローマ法研究
- 教会法や都市法に対する皇帝の司法権の優位をめざす

　まず，「文化的状況」として12世紀ルネサンスと大学の成立を説明したい。次いで「政治的状況」として皇帝フリードリヒ1世のイタリア政策とその諸問題（教皇や自治都市との対立）に触れ，最後に史料の勅法の「学生達，およびとくに神聖なる市民法の教師達」に恩恵を与えるという箇所から，ローマ法を統治理念とする皇帝がローマ法の研究で著名なボローニャ大学の教師・学生を保護する意図を想起したい。さらに，学生らの保護のため「朕が裁判権を与えた，彼等の師もしくは博士または都市の司教」に司法の優位性を与えた点に着目し，都市の司法より皇帝の司法が優越している点に言及する。

文化的状況の特色

- 12世紀ルネサンス→ビザンツやイスラームから古典が流入し，学問が発展
- 各地に大学が誕生→ローマ法研究で有名なボローニャ大学が設立

▶ 12世紀ルネサンスと大学の誕生

　皇帝フリードリヒ1世がイタリア北部のロンカリア帝国議会で勅法「ハビタ」を発布したのが1158年で，ボローニャの法学者も招集されており，当時の「12世紀ルネサンス」の展開を想起すること。十字軍遠征を契機に，ビザンツ帝国やイスラーム世界を通じてギリシア・ローマの古典が西欧に流入し，ギリシア語・アラビア語からラテン語に翻訳され，それに伴い学問が盛んとなった。そして商工業が発展した都市では，教師や学生らのギルドとして大学が成立し，教皇や皇帝の特許状により自治権が付与された。特に北イタリアのボローニャ大学は12世紀半ばに皇帝フリードリヒ1世に特許状を与えられ，ローマ法研究の大学として公認された。史料に「旅する学生達」「学問を愛するが故に，異邦人となり」とあるように，当時の大学生はヨーロッパ各地を遍歴して学問を修めていた。このため，外からやってくる学生らは都市の住民から「異邦人」として警戒され，都市法のもとで不当に扱われることが多かった。

政治的状況の特色

- 神聖ローマ皇帝のイタリア政策→皇帝と教皇・自治都市（コムーネ）との対立
- 皇帝フリードリヒ1世が勅法「ハビタ」を発した意図

▶ 神聖ローマ皇帝のイタリア政策と叙任権闘争

　イタリアでは，東方貿易の繁栄を背景に，ヴェネツィア・ジェノヴァやボローニャなどの都市が発展し，諸侯や司教などの領主から特許状を獲得して自治都市（コムーネ）が成立した。10世紀後半，オットー1世がローマで戴冠して以降，歴代の神聖ローマ皇帝はローマ皇帝を名乗ったため，イタリアを支配してローマで戴冠することをめざし，たびたびイタリア遠征を繰り返した（イタリア政策）。

　一方，11世紀以来，神聖ローマ皇帝と教皇との間で叙任権闘争が展開されており，1122年のヴォルムス協約で政教分離が合意されたが，教会法で教皇に聖職叙任権が付与され，実質上教会における教皇権の優越が確立し，帝権の権威を失墜させた。

▶ 皇帝フリードリヒ1世の勅法の意図

　しかし，12世紀半ばフリードリヒ1世はローマ帝国の復興を掲げてイタリア政策を進め，遠征先の北イタリアの統治をめぐって教皇や自治都市（コムーネ）と対立し

た。このため皇帝権に有利なローマ法学を重視する皇帝は，1158年にロンカリア帝国議会を開催して勅法「ハビタ」を発布した。勅法では「旅する学生達」や「市民法の教師達」の保護を強調し，彼らが都市住民から不当な扱いを受けないよう，皇帝が任命する裁判官を置くことを命じた。それは大学の自治と裁判権の公認を意味し，都市の司法権より皇帝の司法権の方が優位にあることを示す意図があったことを，史料から読みとりたい。

ポイント

①文化的状況では，12世紀ルネサンスと大学（ボローニャ大学）の設立に着目。
②政治的状況では，皇帝のイタリア政策と，教皇や都市に対抗する勅法の目的に言及。

解答例

　　十字軍遠征を契機として，ビザンツ帝国やイスラーム世界から流入したギリシアの古典文献がラテン語に翻訳され，12世紀ルネサンスと呼ばれる学問の活発化を生んだ。ローマ法の研究で知られる<u>ボローニャ大学</u>に代表されるように，学生・教師らの自治組織として大学が各地に設立された。一方，北イタリア各地の都市は領主から自治権を獲得して<u>自治都市</u>となり，周辺の農村地域も加えて都市共和国を成立させた。また，叙任権闘争で皇帝と対立した教皇はやがて聖職叙任権を得て優位に立ち，教会法と教会裁判所を通じて世俗の権力に対する影響力を強化した。このため帝権の弱体化に危機感を抱いた皇帝フリードリヒ1世はイタリア政策を推進し，教皇や自治都市に対する統治を強めようとした。彼はローマ法にもとづいて統治の強化を図り，都市の司法権の抑制をめざし，学生らの保護を名目に皇帝が任命する裁判官の司法における優位性を確立しようとして勅法を発布した。（400字以内）

3

次の文章を読んで，問いに答えなさい。

19世紀半ばに行われたイスタンブルのアヤ・ソフィア・モスクの修繕工事において，内壁の漆喰の下から，この建物がモスクに転用される前のハギア・ソフィア聖堂と呼ばれていた時期に製作されたモザイクが多数確認された。そのうちのひとつ，聖母子像を描いた9世紀半ばのものとされるモザイクには，破損により一部しか現存していないが，当初は「異端者によって破壊された図像をここに取り戻す」という内容の銘文がつけられていたことが分かっている。モザイクはその後いったん漆喰で埋め戻されたが，1930年代から改めて本格的な調査・修復が始められ，同時期に決定されたモスクの博物館への転用を経て，一般に公開されるようになった。

問い　この建物の建造の時代背景，および，上記モザイクの銘文設置の政治的・社会文化的背景を説明したうえで，複数回にわたる転用がなぜ起こったのかを念頭に置いて，この建物の意味の歴史的変化を論じなさい。（400字以内）

解説 ハギア=ソフィア聖堂がもつ意味の歴史的変化

〔地域〕ヨーロッパ　　〔時代〕中世～現代　　〔分野〕政治・社会・文化・宗教

　6世紀から現代までのハギア=ソフィア聖堂のもつ意味の歴史的変化とその時代背景の論述が求められている。リード文の「異端者によって破壊された図像をここに取り戻す」という銘文の政治的・社会文化的背景を特定するには考察力が欠かせない。長い時間軸の中で聖堂がたどった歴史的出来事と，聖堂が複数回にわたって転用を余儀なくされた理由を説明するには体系的な歴史理解力が必要になる。なお，2016年度第2問でも，18世紀の2つの聖堂建設の理由・背景をテーマとした問題が出題されている。

設問の要求

〔主題〕6～21世紀のハギア=ソフィア聖堂がもつ意味の歴史的変化。

〔条件〕a．聖堂建造の時代背景を説明。
　　　　b．モザイクの銘文設置の政治的・社会文化的背景を説明。
　　　　c．複数回にわたる転用が起こった理由を念頭に置く。

整理メモ

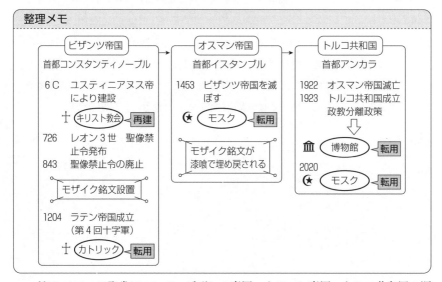

　ハギア=ソフィア聖堂について，ビザンツ帝国，オスマン帝国，トルコ共和国の順で論じていけばよい。「モザイクの銘文設置の政治的・社会文化的背景」は，聖像禁止令をめぐる経緯からまとめることが求められている。聖堂がラテン帝国のもとでカトリック化されたことは，見逃しやすいので注意したい。その後，オスマン帝国でモスクへ転用され，トルコ共和国で博物館となった。なお，〔解答例〕では，2020年に

イスラーム主義のエルドアン政権が聖堂を博物館から再びモスクに戻した点にも触れている。

> **＊史料から読み取れること**
> 「9 世紀半ばのものとされるモザイクには…当初は『異端者によって破壊された図像をここに取り戻す』という内容の銘文がつけられていた」は,レオン 3 世の聖像禁止令（726年）で聖堂の図像が破壊された後, 9 世紀半ばに聖像禁止令が廃止され,聖像崇拝が復活した史実を示している。

ビザンツ帝国とハギア=ソフィア聖堂建造の時代背景

- 6 世紀：ビザンツ皇帝ユスティニアヌスが西ローマ帝国の旧領を奪回

▶ハギア=ソフィア聖堂建造の時代背景

　4 世紀にコンスタンティノープルに創建されたハギア=ソフィア聖堂は火災で焼失し, 6 世紀前半にユスティニアヌス帝が聖堂の再建を決定した。ユスティニアヌス帝は,西ローマ帝国の旧領奪回のため軍事遠征を行い,ゲルマン系のヴァンダル王国や東ゴート王国を滅ぼすなど地中海世界の再統一に成功し,帝国の威光を示した。

モザイクの銘文設置をめぐる経緯

- 政治的・社会文化的背景
  726 年：レオン 3 世が聖像禁止令を発布→偶像崇拝を否定するイスラーム勢力への対抗
  　　　　キリスト教の綱紀粛正→聖堂のイコン（聖像画）やモザイクを破壊
  843 年：聖像禁止令が解除→聖像崇拝復活→「破壊された図像をここに取り戻す」の銘文を設置

▶聖像禁止令の政治的・社会文化的影響

　ビザンツ帝国では東方の小アジア領がイスラーム軍の攻撃を受ける中で,偶像崇拝を厳格に否定するイスラーム勢力（ウマイヤ朝）に対抗するうえでキリスト教の綱紀粛正が必要と考え,皇帝レオン 3 世が 726 年に聖像禁止令を発布した。

　禁止令を機に 8 世紀から 9 世紀前半に各地で聖像破壊運動（イコノクラスム）が展開され,教会内のモザイクやイコン（聖像画）が破壊されたが,これは皇帝主導の社会運動として展開し,聖像の制作を行っていた修道院の激しい反発を招いた。

▶聖像禁止令の廃止と,モザイクの銘文設置

　その後も聖像崇拝に関する対立は続いたが,結局, 9 世紀半ばに禁止令が廃止とな

り（843年），モザイクやイコンの制作・崇拝が公認され，ギリシア正教会（東方教会）では聖像擁護派が最終的に勝利を収めることとなった。こうして，リード文にある「異端者によって破壊された図像をここに取り戻す」というモザイクの銘文が設置されたのである。

　なお，ローマ=カトリック教会はゲルマン人への布教に聖像が必要と考え，聖像禁止令に強く反発したことを契機に，東西両教会の対立が始まり，その後，1054年キリスト教会は東西に完全に分裂することになった。

ラテン帝国の成立：一時，聖堂のカトリック支配

• 1204～61年：第4回十字軍がコンスタンティノープルにラテン帝国を樹立→聖堂は一時カトリックの支配下へ

▶ラテン帝国の成立とカトリック教会への転用

　第4回十字軍が1204年コンスタンティノープルを占領してラテン帝国（1204～61年）を樹立すると，聖堂もカトリックの支配下に置かれた。その後，ラテン帝国の滅亡によって，再びギリシア正教の教会として信仰の中心に戻っている。

オスマン帝国の征服：聖堂のモスク化

• 1453年：オスマン帝国のメフメト2世がビザンツ帝国を滅ぼす
• 聖堂をモスクに転用→モザイクは漆喰で埋められる

▶ギリシア正教教会からモスクへの転用

　オスマン帝国のメフメト2世は，1453年コンスタンティノープルを攻略してビザンツ帝国を滅ぼし，この地に遷都した（以後，イスタンブルの名称が一般化）。ハギア=ソフィア聖堂はミナレット（光塔）が付設されてイスラーム教のモスクとなり，アヤ=ソフィア=モスクと改称された。この後，リード文の「モザイクはその後いったん漆喰で埋め戻された」とあるように，聖母子像などのモザイクは，偶像崇拝を禁止するイスラーム教のモスクとしてふさわしくないため，人の目に触れないようにされたのである。

トルコ共和国の成立：博物館に転用，再びモスクへ

• 1922年：オスマン帝国滅亡
• 1923年：トルコ共和国成立→ムスタファ=ケマルの政教分離政策を背景にアヤ=ソフィア=モスクは博物館に転用
• 2020年：再びモスクへ←エルドアン大統領の反世俗主義

▶モスクから博物館への転用

　第一次世界大戦の敗北後，トルコ大国民会議を指導するムスタファ=ケマルがスルタン制を廃止してオスマン帝国を滅ぼし，1923年にアンカラを首都としてトルコ共和国を樹立した。その後，カリフ制の廃止やイスラーム教の非国教化など政教分離を行って世俗主義を推進し，1935年にアヤ=ソフィア=モスクは博物館に転用された。

▶再びモスクへ

　2020年，イスラームへの復帰と反世俗主義を掲げるエルドアン大統領は，再びアヤ=ソフィアをモスクに戻すことを決定した。ただし，礼拝時以外は，博物館として観光客の見学も認められている。

ポイント
①モザイクの銘文設置の背景として聖像禁止令の廃止と聖像崇拝の復活に着目。
②ラテン帝国のもとで，一時カトリックの支配下に。

解答例

　6世紀に地中海帝国の再建をめざしたビザンツ皇帝ユスティニアヌスは，首都コンスタンティノープルにビザンツ様式のハギア=ソフィア聖堂を再建し，キリスト教世界の中心とした。8世紀に偶像崇拝を否定するイスラームへの対抗からレオン3世が聖像禁止令を発布したためモザイクは破壊されたが，9世紀半ばの禁止令解除により聖像崇拝が復活してモザイクに銘文が設置された。聖像禁止令を機に東西両教会の対立が深まる中，聖堂はギリシア正教の象徴としての役割を保持したが，13世紀に第4回十字軍がラテン帝国を樹立した際，一時カトリックの支配下に入った。15世紀半ばにオスマン帝国がビザンツ帝国を滅すと，聖堂はミナレットが設置されてモスクとなり，モザイクも漆喰で埋められた。第一次世界大戦後，トルコ共和国のムスタファ=ケマルが政教分離を推進し，聖堂をモスクから博物館に転用したが，2020年にイスラーム主義を掲げる政権が再びモスクに戻した。(400字以内)

4

　次の文章は，ルターがその前年に起こった大規模な反乱について 1525 年に書いた著作の一部である。この文章を読んで，問いに答えなさい。（問 1，問 2 をあわせて 400 字以内）

　農民たちが創世記 1 章，2 章を引きあいに出して，いっさいの事物は，自由にそして[すべての人々の]共有物として創造せられたものであると言い，また私たちはみなひとしく洗礼をうけたのだと詐称してみても，そんなことは農民にはなんの役にもたちはしない。なぜならモーセは，新約聖書においては発言権をもたないからである。そこには私たちの主キリストが立ちたもうて，私たちも，私たちのからだも財産も挙げてことごとく，皇帝とこの世の法律に従わせておられるからである。彼は「皇帝のものは皇帝にかえしなさい」と言われた。パウロもローマ 13 章において，洗礼をうけたすべてのキリスト者に，「だれでも上にたつ権威に従うべきである」と言っている。（中略）

　それゆえに，愛する諸侯よ，ここで解放し，ここで救い，ここで助けなさい。領民にあわれみを垂れなさい。なしうるものはだれでも刺し殺し，打ち殺し，絞め殺しなさい。そのために死ぬならば，あなたにとって幸いである。

　（渡辺茂訳，「農民の殺人・強盗団に抗して」『ルター著作集』第 1 集第 6 巻より引用。但し，一部改変）

問 1　下線部は「農民たち」によって提出された要求を比喩的に説明したものである。具体的にはどのような要求であったか述べなさい。

問 2　「聖書のみ」というルターの主張は，各方面に大きな影響を及ぼした。「農民たち」が考える「聖書のみ」と，ここでルターが表明している意見の相違はどのようなものであり，どのような理由で生じたと考えられるか，述べなさい。

解説 ルターの宗教改革とドイツ農民戦争

〔地域〕ドイツ 〔時代〕近世 〔分野〕社会・宗教

「ルターの宗教改革とドイツ農民戦争」をテーマに社会・宗教分野から出題された。問1のドイツ農民戦争における「農民たち」の要求は教科書レベルだが，史料の下線部にあてはまるものを考えなければならない。問2は「農民たち」が考える「聖書のみ」とルターの意見の相違が生じた理由を問う論述問題。両者の意見の相違については教科書の知識や史料文から言及できるだろうが，理由について明確に示すのは難しい。

問1

設問の要求

〔主題〕ドイツ農民戦争で「農民たち」が提出した要求。

「その前年に起こった大規模な反乱について1525年に書いた著作」から，「大規模な反乱」はドイツ農民戦争（1524～25年）と判断できる。農民たちが掲げた「十二カ条要求」には，農奴制の廃止，封建地代の軽減，十分の一税の廃止，土地の共有，牧師選任の自由などがある。史料下線部の言及から，土地の共有，農奴制の廃止，封建地代の軽減を指摘するとよい。

問2

設問の要求

〔主題〕a．「農民たち」が考える「聖書のみ」とルターの意見の相違。
　　　　b．aはどのような理由で生じたか。

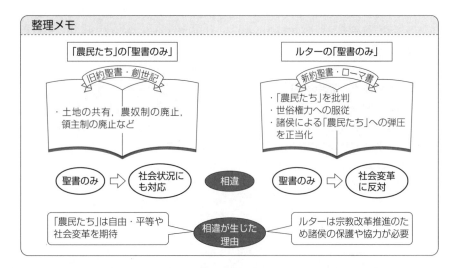

整理メモ

「農民たち」の「聖書のみ」	ルターの「聖書のみ」
旧約聖書・創世記	新約聖書・ローマ書
・土地の共有，農奴制の廃止，領主制の廃止など	・「農民たち」を批判 ・世俗権力への服従 ・諸侯による「農民たち」への弾圧を正当化
聖書のみ ⇒ 社会状況にも対応	聖書のみ ⇒ 社会変革に反対

相違

| 「農民たち」は自由・平等や社会変革を期待 | 相違が生じた理由 | ルターは宗教改革推進のため諸侯の保護や協力が必要 |

　「聖書のみ」とは，宗教改革においてカトリックの儀式や教義を批判したルターの思想の基礎となるものの1つで，聖書に一人一人が向き合って福音を信仰することで人は救われるとした。あくまでもキリスト教徒の信仰に関わる思想であり，問1で問われている「農民たち」の要求がこれとは異なる方向性をもつことを理解したい。この相違が生じた理由としては，「農民たち」とルターが置かれた状況や目的，「聖書のみ」を当てはめる両者の解釈の違いなどを視野に入れて考えていきたい。

＊史料から読み取れること

　ルターは，「いっさいの事物は，自由にそして［すべての人々の］共有物として創造せられた」という『旧約聖書』の「創世記」を論拠とした主張を「農民にはなんの役にもたちはしない」と批判し，「モーセは，新約聖書においては発言権をもたない」と述べている。また，ルターは，『新約聖書』の「ローマ13章」にある，キリスト者は「だれでも上にたつ権威に従うべきである」とする立場から，諸侯らに農民反乱の弾圧を呼びかけ，「農民たち」を殺すことは，反乱を起こした「農民たち」にとっての救いになる，と述べている。

「農民たち」が考える「聖書のみ」とルターの意見の相違

- 「農民たち」が考える「聖書のみ」→『旧約聖書』を論拠に自由と平等を主張
- ルターが考える「聖書のみ」　→『旧約聖書』を論拠にする「農民たち」の主張を批判
　　　　　　　　　　　　　　　　『新約聖書』を論拠に，世俗の権威に従うことを主張
　　　　　　　　　　　　　　　　「農民たち」の弾圧を正当化

▶「農民たち」が考える「聖書のみ」

　ルターは信仰の基礎は「聖書のみ」であるという宗教的立場をとった。これに対し，「農民たち」は，『旧約聖書』「創世記」の一切の事物は神によって自由で平等に創造されたとする言葉を農奴制や封建地代の負担などに苦しむ社会状況から脱却する論拠ととらえて反乱を起こした。「聖書のみ」を，信仰ではなく，社会変革実現への根拠にしようとしたのである。

▶ルターが考える「聖書のみ」

　ルターは，社会変革を主張する農民らが『旧約聖書』の「創世記」を自分たちに都合のよいように解釈していると考え，これに反駁し，パウロの「ローマ書」を引用して，世俗の政治・社会上の権威に従うことこそがキリスト者の使命であるとした。また，諸侯による「農民たち」の弾圧を正当化している。

> 「農民たち」とルターの相違はどのような理由で生じたか
> - 「農民たち」：自由・平等や社会変革を期待
> - ルター ：宗教改革推進のため，諸侯の保護と協力が必要
>   世俗権威への服従を説く→諸侯に反乱鎮圧を要請

▶両者に相違が生じた理由

　当初，ルターは反乱を起こした「農民たち」に同情的であった。しかし，再洗礼派のミュンツァーの指導のもとで次第に反乱が過激化し，領主制廃止など世俗の社会秩序の変革を掲げると，「農民たち」を暴徒として批判し，領主側にその鎮圧を進言した。

🔴 こうしたルターの路線変更には，宗教改革を成功に導くために諸侯など世俗権力の協力が必要であったという事情がある。ルターはあくまでカトリック教会の腐敗に対する「宗教」改革者であり，「社会」改革者ではなかったことに着目したい。

ポイント
① 「農民たち」は社会変革を求めたが，ルターは既存の社会秩序を重視。
② 諸侯との関係からルターの見解を考える。

解答例

　1 土地の共有，農奴制廃止，封建地代の軽減。2 ルターはカトリックを批判して信仰における「聖書のみ」を説いた。これに対し「農民たち」は，農奴制や封建地代などの現状への不満から「聖書のみ」を自分たちに都合がよいように解釈し，『旧約聖書』で説かれた神の下での自由・平等な社会を実現しようと，反乱を起こした。当初「農民たち」に同情的であったルターは，ミュンツァー指導の下で領主制変革をめざして反乱が過激化すると，既存の社会秩序維持を絶対視して態度を翻した。ルターは「農民たち」が論拠とする『旧約聖書』における神の言葉の誤用を指摘し，世俗の権力に従うことがキリスト者の使命であるとして諸侯に彼らの徹底的な弾圧を要請した。両者に意見の相違が生じた背景として，「農民たち」は「聖書のみ」を社会変革の手段ととらえたのに対し，ルターは宗教改革を成功に導くために諸侯の保護と協力を必要としていた事情があげられる。（1と2をあわせて400字以内）

5

　次の文章は，14 世紀半ばに書かれた年代記の一部である。この文章を読んで，問いに答えなさい。（問 1，問 2 をあわせて 400 字以内）

　主の生誕より 400 年あまり，マジャール人がパンノニアに到達してから 29 年目の年，マジャール人すなわちフン人たちは，それまで司令官の一人であったベンデグーズの子アッティラを，ローマ人の風習に倣い，一致した意思でもって自らの王に据えた。アッティラは，弟ブダをティサ川からドン川に至る地の太守とし，自らはマジャール人の王にして，大地の怒り，神の鞭と名乗った。　　　　　　（『彩色年代記』より）

問 1　10 世紀に東ヨーロッパで王国を建てたマジャール人は，この年代記の中で，自らをフン人と同一視し，フン人の王アッティラを自らの起源として位置付けることで，新興勢力である自分たちの由緒を美化した。このマジャール人が建てた王国を含め，カトリックに改宗してこの時期に国家形成した東ヨーロッパの王国を 3 つ答えなさい。

問 2　上に引用した年代記の記述では，アッティラは，人々の意思で王となったことになっている。一堂に会した人々（有力者たち）が自らの指導者を選ぶというこの内容は，マジャール人の年代記では『彩色年代記』に先立ち 13 世紀後半から 14 世紀にかけて現れた。このことは，西ヨーロッパをはじめとしてヨーロッパ各地で，まさにこの時期に，君主と諸身分が合議して国を統治する仕組みができたことを反映している。この仕組みとは何か，複数の具体的な事例を挙げ，中世から近代にかけての変化を視野にいれて説明しなさい。

解説 ヨーロッパの身分制議会の成立と変化

〔地域〕ヨーロッパ 〔時代〕中世〜近代 〔分野〕政治

　問 1 は記述問題でベーメン王国がやや難。問 2 は論述問題で，記述法・論述法が併用されるのは第 1 問では初めてである。中世の身分制議会としてイギリスとフランスの具体的事例をあげ，両者の中世から近代にかけての変化を説明すればよい。問 2 は 2005 年度〔1〕にも類似した問題が出題されている。

問1

設問の要求

〔主題〕東ヨーロッパのカトリック王国を 3 つ列挙する。

　アジア系のマジャール人は 10 世紀末にハンガリー王国を建て，11 世紀にカトリックに改宗。同じく 10 世紀に西スラヴ系のポーランド人が建てたポーランド王国と西スラヴ系のチェック人が建てたベーメン（ボヘミア）王国もカトリックを国教とした。

問2

設問の要求

〔主題〕身分制議会について，a．複数の具体的な事例をあげ，b．中世から近代にかけての変化を視野に入れて説明する。

整理メモ

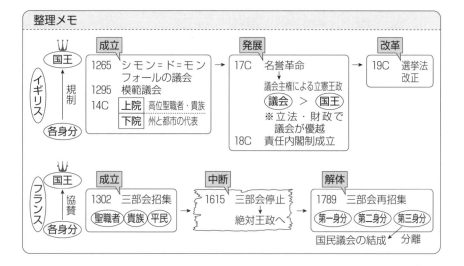

　「仕組みとは何か」については,「君主と諸身分が合議して国を統治する仕組み」と
あるので, 身分制議会を問うていると容易に判断できる。「複数の具体的な事例」と
あるので, イギリスとフランスの身分制議会をあげ「中世から近代にかけての変化」
に言及すればよい。問1とあわせて400字という文字数と「近代にかけて」という時
代を考え, イギリスは選挙法改正まで, フランスは三部会が解体するまでを対象と考
えた。

身分制議会とは

- 身分制議会の構成　国王が聖職者・貴族・市民(平民)の代表を招集
- 主な目的　課税審議権をもち王権の専横を抑制する役割：イギリス
　　　　　　国王の課税に対する協賛機関：フランス

　身分制議会は, 国王が聖職者・貴族・市民(平民)の各身分の代表を招集し, 主と
して国王の課税に対する協賛・審議機関としての機能をもった。身分制社会を前提と
して成立したもので, 王権に対して法的な裏付けを与え, 国王はその協力を得ること
で大諸侯や教会勢力に対抗し, 王権の強化に役立てた。イギリスとフランスでは成立
背景, 目的, 変化もかなり異なる。

イギリスにおける身分制議会の成立と変化

王権の規制が目的で設立
- 1265年　シモン=ド=モンフォールが議会を招集：イギリス議会の起源
- 1295年　模範議会成立
- 14世紀　二院制議会の成立：上院と下院で構成
- 17世紀　名誉革命：「権利の章典」で議会主権を法制化
- 18世紀　ウォルポールが責任内閣制を樹立→議院内閣制の発展
- 19世紀　選挙法改正：選挙権の拡大で国民代表の機関へ

▶イギリス最初の議会

　プランタジネット朝時代, ジョン王の失政に対して貴族が反抗し, 1215年に大憲
章(マグナ=カルタ)を承認させた。次のヘンリ3世がこれを無視したため貴族のシ
モン=ド=モンフォールが反乱を起こし, 1265年に高位聖職者・大貴族の会議に州の
代表である騎士と都市の代表である市民を加えて, イギリス初の議会を成立させた。
イギリス議会は王権の規制を目的に設置されたのである。

▶模範議会と二院制の成立

　1295年にエドワード1世が模範議会を招集し, その後, 14世紀に高位聖職者や大

貴族からなる上院（貴族院）と州の代表である騎士（後にジェントリに成長する）や
都市の代表である市民からなる下院で構成される二院制が成立した。この二院制のシ
ステムはクロムウェルによって一時的に上院が廃止された時期はあるものの，現在に
至るまで受け継がれることになった。

▶名誉革命と議会主権

　テューダー朝の絶対王政期には次第に下院が議会の主体となっていった。下院はジ
ェントリや都市の大商人などで構成され，国王と協力する形で宗教改革を進めている。
　17世紀のステュアート朝時代，国王が議会を無視して専制政治を行ったため，ピ
ューリタン革命や名誉革命などが起こった。その結果，「権利の章典」（1689年）に
よって議会主権にもとづく立憲王政が成立した。議会は立法や財政で王権に優越する
ことになり，18世紀前半にはウォルポール首相のもとで責任内閣制が確立した。こ
うしてイギリス議会は身分制議会が設立された当初の目的であった王権に対する規制
を達成したのである。

▶選挙制度の改革

　王権に対する優越を獲得した議会において選挙制度が課題となった。下院の選挙は，
中世以来ほとんど変化がなく，議員になれるのはジェントリにほぼ限られていた（上
院を構成する貴族や聖職者は選挙を経ずに議員となった）。しかし，産業革命の進展
に伴い，新興の産業資本家（ブルジョワジー）や労働者という新たな階層が生まれ，
彼らは国政に参加するため参政権を求めた。19世紀の一連の選挙法改正によって各
階層へ参政権が拡大し，国民の代表による議会に発展した。

フランスにおける身分制議会の成立と変化

王権の強化が目的で設立
- 1302年　三部会の開催：フィリップ4世が聖職者課税権問題を機に招集
- 1615年　ルイ13世が三部会招集を停止→ルイ14世時代に絶対王政が最盛期
- 1789年5月　ルイ16世が三部会を再招集
　　　　6月　第三身分代表が三部会を離脱し国民議会を創立→三部会の解体

▶三部会の成立

　カペー朝のフィリップ4世は免税特権を有する聖職者への課税権を主張して教皇ボ
ニファティウス8世と争い，国内の支持を得るため1302年に聖職者・貴族・平民の
代表を招集して三部会を開催し，その協力を得て教皇の勢力を抑え，王権を強化した。
以降，三部会は国王の諮問機関として必要に応じて開催されるようになった。

▶絶対王政期の三部会停止

　17世紀前半，フランスではルイ13世の宰相リシュリューが三部会を1615年に停止して以降三部会は招集されず，ルイ14世のもとで絶対王政が最盛期を迎えた。

▶三部会再招集と解体

　フランスでは，イギリスとの長期にわたる植民地戦争やアメリカ独立革命への参戦などで財政難が深刻化したことから，1789年ルイ16世のもとで三部会が再招集されることになった。三部会では特権身分への課税が審議されたが，議決方法をめぐって特権身分と第三身分が対立したことから，6月に第三身分代表が三部会から離脱し，新たに国民議会を創設した。これにより身分制議会としての三部会は解体されることになった。

> **ポイント**
> ①身分制議会の成立はイギリスでは王権制限，フランスでは王権強化が目的。
> ②イギリスの上下両院は発展・変化しながら現在まで存続。

解答例

　　　1ハンガリー王国・ポーランド王国・ベーメン王国。2主に国王の課税に対する協賛・審査を目的に身分制議会が招集された。イギリスでは13世紀にヘンリ3世の失政に対してシモン＝ド＝モンフォールが反乱を起こし，聖職者・貴族の会議に州の騎士や都市の市民代表を加えて最初の身分制議会が開かれた。その後，エドワード1世が模範議会を招集し14世紀に二院制が成立した。17世紀の名誉革命によって議会主権が確立し，19世紀には一連の選挙法改正で産業資本家や労働者などの新たな階層の国民代表が参加する議会に発展した。フランスでは14世紀初頭に聖職者への課税問題で教皇と対立したフィリップ4世が，聖職者・貴族・平民の代表を招集して三部会を開き，その協力を得て教皇を抑え王権強化を図った。のちルイ13世が三部会を停止して絶対王政が確立されていくが，18世紀末，財政難からルイ16世が再招集し，第三身分が国民議会を創設したことで三部会は解体した。（1と2をあわせて400字以内）

　　　　　　　　　　　　　　　　※ベーメン王国はボヘミア王国でも可

次の文章を読んで，問いに答えなさい。

　人間は自分の「空間」についてある一定の意識をもっているが，これは大きな歴史的変遷に左右されるものである。種々さまざまな生活形態には同じく種々さまざまな空間が対応している。同時代においてさえも日々の生活の実践の場面では，個々の人間の環境はかれらのさまざまな職業によってすでにさまざまに規定されている。大都会の人間は農夫とはちがったふうに世界を考える。捕鯨者はオペラ歌手とはちがった生活空間をもっており，また飛行家にとって世界と人生は他の人々とは別の光の中に現れるだけでなく，別の大きさ，深み，そして別の地平において現れてくる。いろいろな民族全般，人間歴史のいろいろな時代についていえば，空間観念の相違はもっと深く，そして大きくなる。

　（中略）クリストファー・コロンブスがコペルニクスの出現を待ってはいなかったと同様に，歴史的な諸力も学問を待ってはいない。歴史の力の新しい前進によって，新たなエネルギーの爆発によって新しい土地，新しい海が人間の全体意識の範囲のうちに入ってくるたびごとに，歴史的存在の空間もまた変わってゆく。そして政治的・歴史的な活動の新たな尺度と次元が，新しい学問，新しい秩序が，新たに生まれた，あるいは再生した民族の新しい生が始まるのだ。この拡大・発展がひじょうに根深くまた思いがけないものであるために，ただ人間の標準や尺度，外的な地平だけでなく空間概念そのものの構造まで変わってしまうということもある。ここにおいて空間革命ということが問題になりうる。

　（カール・シュミット著，生松敬三／前野光弘訳『陸と海と―世界史的一考察』慈学社出版より引用。但し，一部改変）

問い　ヨーロッパの歴史を考えるとき，この文章で述べられるような「空間革命」が11 〜 13 世紀にかけて見られたと考えられる。それはどのようなきっかけによるものだったか，また，結果としてヨーロッパでどのような経済・社会・文化上の変化が生じたか，考察しなさい。（400 字以内）

解説 11〜13世紀の「空間革命」と経済・社会・文化上の変化

〔地域〕ヨーロッパ　　〔時代〕中世　　〔分野〕経済・社会・文化

　「空間革命」は教科書に言及がないため，史料からその内容を推測し，教科書レベルの知識を問題の要求にそって構成していく文章力が試されている。「11〜13世紀」という時期にヨーロッパで何が起こっていたかを，史料で述べられている「空間革命」というフィルターを通して考察し，経済・社会・文化上の変化についてまとめなければならない。歴史事象の構造的理解力を試す問題は一橋大学の特色。

設問の要求

〔主題〕a．11〜13世紀における「空間革命」のきっかけ。

　　　　b．「空間革命」の結果生じた経済・社会・文化上の変化。

整理メモ

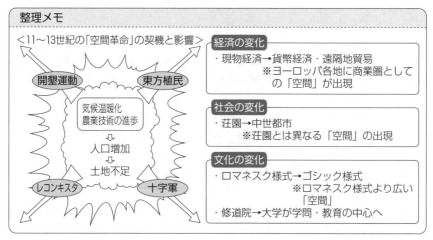

<11〜13世紀の「空間革命」の契機と影響>

開墾運動　東方植民

気候温暖化
農業技術の進歩
⇩
人口増加
⇩
土地不足

レコンキスタ　十字軍

経済の変化
・現物経済→貨幣経済・遠隔地貿易
　※ヨーロッパ各地に商業圏としての「空間」が出現

社会の変化
・荘園→中世都市
　　※荘園とは異なる「空間」の出現

文化の変化
・ロマネスク様式→ゴシック様式
　　　※ロマネスク様式より広い「空間」
・修道院→大学が学問・教育の中心へ

　史料から「空間革命」がヨーロッパ世界の拡大を指していると判断できれば，11〜13世紀の開墾運動・十字軍・レコンキスタ・東方植民などに言及することができるはず。これらがどのような状況下で起こったのかを考えたい。また，「空間革命」の結果として生じた経済・社会・文化上の変化については，変化する前と後の状況を明確に指摘したい。

＊史料から読み取れること

　新大陸に到達した「コロンブス」が例として示されている。また，「新たなエネルギーの爆発によって新しい土地，新しい海が人間の全体意識の範囲のうちに入ってくるたびごとに，歴史的存在の空間もまた変わってゆく」，「政治的・歴史的な活動の新たな尺度と次元が，新しい学問，新しい秩序が，新たに生まれた」などで「空間革命」が全体像として説明されている。ここから「空間革命」がヨーロッパ世界の拡大を指していると判断したい。

「空間革命」を用意したヨーロッパの変化

- 中世農業革命→農業技術上の進歩と生産力の増大
- 人口の激増→新たな土地・領土獲得の運動

　西ヨーロッパでは，11〜12世紀に「中世農業革命」とも称される農業技術の進歩が起こった。気候が温暖化し，マジャール人・ノルマン人やイスラーム教徒などの外部勢力の侵入も収まり，三圃制の普及・鉄製の重量有輪犂・水車などの使用で農業生産力が増大した。その影響で人口が飛躍的に増加した結果，耕地不足が生じ，新たな農地や領土を獲得しようとする気運が高まった。

「空間革命」のきっかけとなったヨーロッパ世界の拡大

- 開墾運動→修道院が推進
- 東方植民→エルベ川以東の地へのドイツ人による植民活動
- レコンキスタ（国土回復運動）→イベリア半島北半部をキリスト教徒が奪回
- 十字軍→東方貿易の活発化，ビザンツ帝国やイスラーム世界の文物の流入

▶開墾運動

　12世紀には森林や原野に対する開墾運動が起こり，西ヨーロッパ最大のシトー派修道会をはじめとする修道院が大きな役割を果たした。また，13世紀頃からは，ネーデルラント（オランダ）では沼沢地の干拓が進められている。こうして開墾された土地には多くの人々が移住することになり，新たな「空間」が出現した。

▶東方植民

　12世紀以降，ドイツの諸侯・騎士・修道院などが中心になって，エルベ川以東のスラヴ人居住地に植民活動を推進した。特にドイツ騎士団は植民の先頭に立ち，バルト海南岸にドイツ騎士団領を形成している。東方植民は移住を伴う開墾運動でもあり，軍事的征服でもあった。

▶レコンキスタ（国土回復運動）

イベリア半島北部のキリスト教徒はイスラーム勢力からの土地奪回のためレコンキスタを展開し，12世紀までに半島の北半分をキリスト教圏に回復した。これらの回復された領土にはカスティリャ王国・アラゴン王国・ポルトガル王国などが成立し，キリスト教世界の「空間」が回復されることになった。

▶十字軍遠征

11世紀に始まる十字軍は，イスラーム世界へのヨーロッパ世界の拡大として捉えることができる。兵士・物資の輸送や東方貿易によって北イタリア諸都市が発展し，東西交流が盛んとなり，東方のビザンツ帝国やイスラーム世界から文物がヨーロッパに流入し，諸学問の発展を促すことになった。

「空間革命」の結果生じた経済・社会・文化上の変化

- 経済上の変化：荘園を中心とする現物経済→貨幣経済・遠隔地貿易の発展
- 社会上の変化：農奴制に立脚する荘園→中世都市の発展，巡礼の流行
- 文化上の変化：ロマネスク様式の建築→ゴシック様式の建築
  　　　　　　　修道院における神学研究→大学における学問の多様化

▶経済上の変化

十字軍遠征を機に北イタリア諸都市が東方貿易で栄え，また十字軍兵士輸送の交通路が整備された結果，東方貿易圏と北海・バルト海貿易圏を結ぶ遠隔地商業が盛んとなった。その影響で都市や商業が発展して「商業の復活」が起こり，貨幣経済の普及はそれまでの荘園を中心とする自給自足的な現物経済の崩壊をもたらした。

▶社会上の変化

中世都市は独自の行政組織（市参事会）によって自治を行った。農奴制に立脚する荘園とは異なる空間で「都市の空気は（人を）自由にする」といわれたように都市は農奴を自由身分にすることを可能にした。また，交通路が整備されたことによってそれまでは困難だったイェルサレム，ローマ，サンチャゴ゠デ゠コンポステラなどへの巡礼が盛んに行われるようになり，人々の移動空間も広がることになった。

▶文化上の変化

12世紀はゴシック様式の教会建築が流行した。それまでのロマネスク様式よりも内部は高く広々とした空間が広がっていた。学問では，修道院を中心に行われていたキリスト教神学研究だけでなく，十字軍を機にアラビア語文献のラテン語翻訳を通じ

てギリシア古典やイスラーム文化が流入したことで，都市に成立した大学で諸学問の研究が盛んに行われ，「12世紀ルネサンス」が展開した。

ポイント
① 「社会上の変化」は中世都市が説明しやすい。
② 11〜13世紀のヨーロッパの商業圏・都市などの「空間」を具体的にイメージする。

解答例

三圃制や重量有輪犂など農業技術の進歩で生産力が高まり，人口が激増したため耕地不足が生じた。これが起爆剤となってヨーロッパ世界は拡大を開始し，開墾運動，東方植民，レコンキスタ，十字軍遠征などが展開され「空間革命」が生じることになった。この結果，経済面では，自給自足の現物経済に代わって貨幣経済が広まり遠隔地貿易が発展した。北イタリア中心の地中海商業圏と北海・バルト海中心の北ヨーロッパ商業圏が形成され，両者を結ぶシャンパーニュ地方では定期市が開かれた。社会面では，農奴制に立脚する荘園とは別の空間である中世都市が繁栄して商工業者が活躍し，聖地への巡礼が流行した。文化面では，ロマネスク様式に代わってゴシック様式の教会建築が流行した。また，修道院でのキリスト教神学研究だけでなく，アラビア語文献のラテン語翻訳を通じて諸学問が発展し，都市に創設された大学で法学や医学も研究され，12世紀ルネサンスが開花した。（400字以内）

7

16 世紀半ばに書かれた次の文章を読んで，問いに答えなさい。

　あらゆる商品の価格は，その必要性が非常に高く，かつ提供される量が少ないとき
には上昇する。貨幣もまた，それ自体で売買され，かつあらゆる契約取引の対象とな
る以上は一つの商品であり，したがってその価格は貨幣の需要が大きく供給が少なけ
れば上昇する。また，貨幣が不足している国では，貨幣が豊富にある国よりもあらゆ
る商品や労働が安価に提供される。実際にフランスではスペインよりも貨幣の量が少
なく，パン，布，労働力の値段がスペインよりもはるかに低い。またスペインでも，
貨幣の量が少なかった時代には，インド［新大陸のこと］の発見によって国中に金銀
があふれた時代よりはるかに安い値段で商品や労働が提供されていた。

（マルティン・デ・アスピルクエタ『徴利明解論』（1556 年）より引用。木村尚三
　郎監修，花上克己訳。但し，一部改変）

問い　この文章中で述べられている現象が，スペインの盛衰，および 16 〜 17 世紀の
　　　ヨーロッパ経済に与えた影響について論じなさい。（400 字以内）

新大陸産の銀流入がスペイン盛衰と 16 〜 17 世紀のヨーロッパ経済に与えた影響

〔地域〕ヨーロッパ・アメリカ　　〔時代〕近世　　〔分野〕経済・政治

　示された史料からスペインの盛衰と 16 〜 17 世紀のヨーロッパ経済に与えた影響を論ずることが求められている。史料で述べられている「現象」が銀流入による「価格革命」であることを押さえたい。一橋大学の第 1 問は中世・近世から超難問が出題されることが多かったが，2017 年度はテーマの論点が明確であるため，取り組みやすい問題となった。

設問の要求

〔主題〕新大陸産の銀流入が，
　　　　ａ．スペインの盛衰
　　　　ｂ．16 〜 17 世紀のヨーロッパ経済
　　　　に与えた影響。

整理メモ

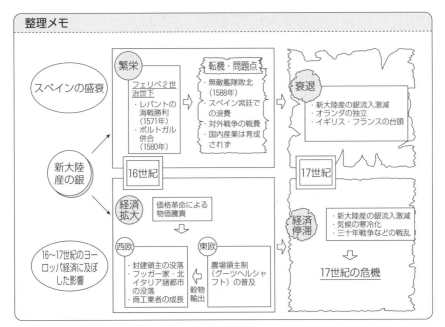

　史料は，神学者マルティン＝デ＝アスピルクエタの『徴利明解論』（1556 年）からの引用。新大陸の銀流入とａ．スペインの盛衰，ｂ．16 〜 17 世紀のヨーロッパ経済に与えた影響という 2 つにそれぞれ分けて述べていけばよい。ａでは，フェリペ 2 世時

代にスペインが最盛期を迎えたことを指摘し，その繁栄の転機や問題点を明らかにして，どのように衰退していったかをスペイン国内外から説明していきたい。bでは，新大陸産の銀流入による価格革命がどのようにヨーロッパ経済に影響したかを，経済的に没落したものと成長したもの，新たに構築されたシステムなどを通して説明したい。また，それが17世紀にどのような状況になるのかを考えたい。

なお，aとbをあわせて，時系列で説明していく方法もあるが，構成がやや難しいと思われる。

> **＊史料から読み取れること**
>
> 「フランスではスペインよりも貨幣の量が少なく，…の値段がスペインよりもはるかに低い」は，スペインではフランスよりもインフレーションがかなり進んでいたことを示している。また，「インド［新大陸のこと］の発見によって国中に金銀があふれた時代」という文脈から価格革命を想起することができる。

---

a．スペインの盛衰

- スペインの繁栄――フェリペ2世の時代
  - 1571年　レパントの海戦でオスマン帝国を撃破
  - 1580年　ポルトガルを併合→「太陽の沈まぬ国」を現出
- スペインの衰退
  - 1588年　無敵艦隊（アルマダ）がイギリス海軍に敗北
  - 1609年　オランダがスペインから独立←オランダ独立戦争
  - 17世紀　新大陸産銀の産出量激減→銀流入の激減→スペイン経済の停滞
  - 　　　　オランダ，ついでイギリス・フランスが台頭

▶スペインの繁栄

16世紀半ば，南アメリカのポトシ銀山で産出された銀の大量流入により，スペイン王室の財政が豊かになると，フェリペ2世（位1556〜98年）はその富で軍事力を強化し，1571年レパントの海戦でオスマン帝国を破り，1580年にポルトガルを併合してアジア植民地をも支配し，「太陽の沈まぬ国」と呼ばれる海上帝国を現出させた。

▶スペインの衰退

カトリックの盟主を自任するフェリペ2世は，オスマン帝国と戦う一方，対抗宗教改革の先頭に立ち，ユグノー戦争などに介入してカトリックを支援，オランダ独立戦争（1568〜1609年）を招いたうえ豪奢な宮廷生活もあって国家財政は逼迫した。また，国内の産業育成に十分な資本投下も行われなかった。

スペインは，1588年にオランダ独立を支援するイギリスに派遣した無敵艦隊（アルマダ）が敗れたことを契機として大西洋の制海権を失った。また，17世紀には，

新大陸の銀産出が激減し，他のヨーロッパ諸国と同様に経済が停滞している。特に1609年にスペインから独立したオランダが17世紀前半に世界商業と金融システムの覇権を握ったことや，17世紀後半に重商主義を推進するイギリスやフランスなどが大西洋貿易の主役となったことで，スペインの衰退は決定的となった。

---

b. 16～17世紀のヨーロッパ経済

- 16世紀：価格革命の時代
  西欧：物価騰貴により固定地代に依存する封建領主が没落→荘園経済の衰退
  　　　資本家的な商工業者の成長→商工業の発展で人口増加
  　　　フッガー家，イタリア諸都市の商業資本の没落
  　　東欧：農場領主制が普及→農民に賦役労働を課す（再版農奴制）
- 17世紀：ヨーロッパ経済の停滞（17世紀の危機）←新大陸産の銀の流入激減

▶価格革命と16世紀の西欧・東欧

　16世紀の新大陸産の銀流入はヨーロッパに価格革命をもたらした。西欧では，封建領主層，南ドイツのフッガー家，イタリア諸都市の商業資本などが没落する一方，資本家的な商工業者が成長し人口も増加した。商工業の発展と人口増加を背景に西欧で穀物需要が高まると，東欧（プロイセンが中心）では農場領主制（グーツヘルシャフト）が進展し，東西間の分業体制が形成されることになった。

▶新大陸産の銀の流入激減と17世紀のヨーロッパ経済

　16世紀はヨーロッパ経済の拡大期であったが，これに対して17世紀は経済的に停滞した時期である。新大陸の銀の産出が激減したことで，ヨーロッパに流入する銀も激減し，また，気候の寒冷化，戦乱（三十年戦争）や内乱の頻発など社会的にも不安定な時代となり「17世紀の危機」といわれる状況となった。

ポイント
①スペインが新大陸産の銀を何に使ったか，何に使わなかったかを考える。
②新大陸産の銀流入激減による17世紀のヨーロッパ経済の停滞に言及。

解答例

スペインは16世紀に新大陸から大量の銀を獲得，フェリペ2世がポルトガルを併合してアジア植民地も獲得し，太陽の沈まぬ国と称された。しかし，その国富は宮廷での奢侈や対外戦争に費やされ，国内産業への育成を怠った。16世紀末には無敵艦隊がイギリスに敗れて制海権を失い，さらに，独立したオランダが世界商業で躍進し，17世紀後半には重商主義を推進するイギリスやフランスが台頭したことでスペインの衰退は決定的となった。一方，16世紀に新大陸の銀が大量流入した結果，ヨーロッパでは価格革命と呼ばれる物価騰貴が起こり，西欧では固定地代に依存する封建領主が没落し，銀山経営に立脚したフッガー家は衰え，資本家的な商工業者が成長した。東欧では西欧向けの穀物輸出のため再版農奴制を特色とする農場領主制が普及し，東西間の分業体制が成立した。しかし，17世紀に入ると銀流入が激減したことなどからヨーロッパの経済活動は停滞することになった。（400字以内）

8

聖トマス（トマス=アクィナス）に関する次の文章を読んで，問いに答えなさい。

　聖トマスは都市の完全性を二因に帰する。すなわち第一に，そこに経済上の自給自足あり，第二には精神生活の充足，すなわちよき生活，がある。しかして，およそ物の完全性は自足性に存するのであって，他力の補助を要する程度，においてその物は不完全とされるのである。さて，霊物両生活の充足はいずれも都市完全性の本質的要件であるが，なかんずく第一の経済的自足性は聖トマスにおいて殊更重要視される。「生活資料のすべてについての生活自足は完全社会たる都市において得られる」と説かるるのみならず，都市はすべての人間社会中最後にしてもっとも完全なるものと称せられる。けだし，都市には各種の階級や組合など存し，人間生活の自給自足にあてられるをもってである。このように都市の経済性を高調することは明らかに中世ヨーロッパ社会の実状にそくするものであって，アリストテレース（アリストテレス）と行論の類似にもかかわらず，実質的には著しき差異を示す点である。<u>聖トマスにおいて civitas は「都市国家」ではあるが，「都市」という地理的・経済的方面に要点が存するに反し，アリストテレースは「都市国家」を主として政治組織として考察し，経済生活の問題はこれを第二次的にしか取扱っていない</u>。

　　　　　　（上田辰之助『トマス・アクィナス研究』より引用。但し，一部改変）

＊civitas：市民権，国家，共同体，都市等の意味を含むラテン語。

問い　文章中の下線部における聖トマスとアリストテレスの「都市国家」論の相違がなぜ生じたのか，両者が念頭においていたと思われる都市社会の歴史的実態を対比させつつ考察しなさい。（400字以内）

解説　聖トマスとアリストテレスの「都市国家」論の相違

〔地域〕ヨーロッパ　　〔時代〕古代・中世　　〔分野〕政治・経済・社会

　聖トマス（トマス=アクィナス）とアリストテレスの「都市国家」論の相違を問うている。設問の趣旨は中世ヨーロッパ都市と古代ギリシアの都市国家（ポリス）の対比であり，なぜ聖トマスは「都市」の地理的・経済的な面を重視し，アリストテレスは政治的な面を重視したのかを，両者が念頭におく都市社会の歴史的実態から説明することが求められている。一橋大学第1問では中世以降からの出題が多く，古代を含んで出題されるのは大変珍しい。

設問の要求

〔主題〕聖トマスの中世ヨーロッパ都市とアリストテレスの古代ギリシアの「都市国家」論の相違が生じた理由。

〔条件〕聖トマスとアリストテレスが念頭においていたと思われる都市社会の歴史的実態を対比させつつ考察する。

整理メモ

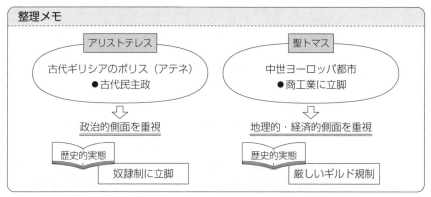

　史料文は上田辰之助の『トマス・アクィナス研究』からの引用で，下線部で言及されている「都市」の地理的・経済的な要素を重視する聖トマスと，都市国家（ポリス）の政治的な要素を重視するアリストテレスとの相違が生じた理由を，両者が生きていた都市社会の歴史的実態を対比させつつ説明することが求められている。

　まず，古代ギリシアで民主政治などの政治的活動を支えたポリス社会の実態を説明し，それと比較する形で中世ヨーロッパの都市社会の特色である経済活動やギルドなどの自治的機能に言及すると，答案の筋道が立てやすくなる。

　聖トマスとアリストテレスの「都市国家」論の相違は，主として都市国家を市民に

よる政治活動の場とみなすか，ギルドに支えられた経済活動の場とみなすかという両者の見解の違いとなって現れたという点を理由としてまとめたい。

アリストテレス──古代ギリシアの都市国家（ポリス）

- アテネと民主政の歩み
  前6世紀末　クレイステネスの改革で民主政の基礎確立
  前5世紀　　ペルシア戦争後のペリクレス時代に民主政完成
- アテネ民主政の特徴
  ①成年男性市民のみが選挙権をもつ直接民主政　②奴隷制の存在

▶アテネの民主政と市民の政治活動

　アリストテレスが活躍した，典型的なポリスであるアテネの民主政の歩みについて言及すればよい。アテネでは貴族の戦士に代わって平民による重装歩兵が軍隊の主力となった結果，貴族に対する平民の政治的発言力が高まり，前6世紀末のクレイステネスの改革によって民主政の基礎が築かれることになった。平民にはアテネ周辺で農業を営む自作農が多く，彼らは貴族と同様に土地や奴隷を所有する存在であり，市民どうしの関係は，国政の上では貴族・平民の身分差を超えて市民平等の原則に立脚していた。

▶アテネ民主政の完成

　その後，前5世紀に入り，アケメネス朝とのペルシア戦争で無産市民が軍船の漕ぎ手として活躍した。その結果，ペリクレス時代に無産市民も民会に参加することが認められたことで徹底した民主政治が実現し，18歳以上のアテネ全成年男性市民が国政に参加する直接民主政が実現した。

▶古代ギリシアにおける「都市社会の歴史的実態」

　アテネでは，無産市民も民会に参加する徹底した民主政が実現したが，市民は成年男性に限られており，農業・鉱業・家事などの生産労働は奴隷に依拠していた。市民が国政の政治活動に専念できたのも，こうした奴隷労働の支えがあったからで，奴隷制に立脚してポリスの民主政治は実現したといえる。国政の運営は市民権をもつ成年男性に限られ，ポリス市民は戦争・外交などの政治活動を最優先に考え，経済活動を副次的なものとみなしていたのも，以上のような社会経済上の背景があったからである。

聖トマス──中世ヨーロッパの都市

- 地理的な要点
  - ・11〜12世紀に遠隔地商業により商工業が活発化→「商業の復活」
  - ・商人や手工業者らは陸路・河川路などの交通の要衝に都市を建設
- 経済的な要点
  - ・商工業の発展を背景に領主支配からの自由を求め，自治権を獲得→自治都市へ
  - ・当初，市政は商人ギルドが独占したが，やがて同職ギルドもツンフト闘争を通じて市政参加を実現
  - ・都市社会におけるギルド規制→厳格な身分序列（徒弟制），自由競争の排除

▶中世都市が成立した地理的・経済的背景

　封建社会では荘園内の農業生産を基調とする自給自足の自然（現物）経済が中心であったが，11〜12世紀に遠隔地商業が盛んになったことで，商品生産が活発となり，農産物と手工業製品との交換・売買によって貨幣経済が進展し，いわゆる「商業の復活」がおこった。このため商人・手工業者らは陸路・河川路などの地理的な交通の要衝に居住して交易を行い，こうした交易市が成長して多くの都市が成立した。当時，十字軍遠征の影響で交通路が整備され，遠隔地商業が活発化したことが都市成立の気運を高めたが，特に北ヨーロッパ商業圏と地中海商業圏を結ぶ内陸通商ルートで開催された定期市から，数多くの中世都市が誕生することとなった。

▶自治都市としての発展

　古代ギリシアのポリスとは異なり，中世ヨーロッパの都市は自給自足に足る農地・牧地を保有せず，商工業や交易などの経済活動で生計を立てる必要があった。商工業の進展や交易の発展で経済力をつけた都市は領主から自治権を獲得し，領主からの法的自立を達成した。各地の自治都市では12〜13世紀になると，国王・領主から特許状（市場権・居住権・交易権・自治権など）を取得し，都市の行政権がゆだねられた結果，市民の手で独自に都市行政を運営することとなった。

▶中世都市における「都市社会の歴史的実態」

　都市の自治運営の主体となったのがギルドと呼ばれる同業組合で，当初，市政を担当する市参事会は大商人を中心とする商人ギルドが独占した。しかし，やがてこれに不満を抱いた手工業者らの同職ギルド（ツンフト）が市政参加を要求してツンフト闘争をおこし，市政参加を実現させていった。

　都市社会の経済活動にはギルド規制があり，特に同職ギルドの規約は厳格で，製品の品質・規格・価格などは統制されて自由競争は排除され，近代市民社会のような個人の自由な企業活動は否定されていた。また，同職ギルドでは厳しい身分制がしかれ，

組合に加入して市政に参加できるのは親方に限られており，親方はその傘下の職人・徒弟に対して絶対的な権威をもち，彼らの指導・管理を担った。

ポイント

①古代ギリシアのポリスは政治的性格，中世都市は経済的性格が濃い。

②都市社会の歴史的実態は，ポリスでは奴隷制，中世都市ではギルド規制に注目。

解答例

アリストテレスは人間をポリス的動物と考え，古代ギリシアのポリスを政治活動の場と捉えた。アテネでは重装歩兵の主体となった市民が政治への発言権を強め，平等な共同体の成員として民会に参加し，のちに無産市民も参加して直接民主政を実現した。市民は農作業などの労働を奴隷にゆだねて政治に専念し，経済を副次的なものと扱った。一方，聖トマスは中世都市を経済活動の場と捉えた。商業の復活で遠隔地貿易が盛んとなった結果，交通の要衝に都市が成立し，経済力をつけた都市はやがて国王や領主から自治権を獲得した。市政は大商人らの商人ギルドによって独占されたが，のちにツンフト闘争を通じて手工業者も市政に参加した。都市にはギルド規制があり，また親方を中心とした徒弟制度が設けられるなど，厳しい身分制がしかれた。以上のことから，都市国家を市民による政治共同体の場とみなすか，経済共同体の場とみなすかという両者の見解の相違が生じた。（400字以内）

9

次の文章を読んで，問いに答えなさい。

「聖なるクリスマスの日に，王がミサのために至福の使徒ペテロの墓前での祈りから立ち上がったとき，教皇レオは冠を彼の頭に戴せた。そして，彼はすべてのローマ人民により歓呼された。「至聖なるカール，神により戴冠されたる偉大にして平和を許すローマ人の皇帝に命と勝利を！」と。そして，讃歌ののち，彼は教皇から古き皇帝の慣行に従った崇拝をうけ，それ以来，彼はパトリキウスの称号を止めて，皇帝と呼ばれた。」(『フランク編年史』より)

問い　この文章の中で「ローマ人の皇帝」とされた「彼」(カール)は，ヨーロッパ世界にとって重要な存在とされる。彼はローマ滞在中，聖ペテロ教会でのクリスマス・ミサに出かけ，この文章によって伝えられる出来事を経験した。

カールは，この時なぜローマに滞在していたのか，また，なぜ「ローマ人の皇帝」としてローマ人民により歓呼されたのか。8世紀後半におけるキリスト教世界の情勢のなかで述べるとともに，この出来事がヨーロッパの歴史に与えた影響について説明しなさい。(400字以内)

解説 カールの戴冠の背景とその歴史的影響

〔地域〕ヨーロッパ 〔時代〕中世 〔分野〕政治・宗教

「8世紀後半におけるキリスト教世界の情勢」，すなわちカールの戴冠に至る経緯と，それが「ヨーロッパの歴史に与えた影響」はスタンダードなテーマであり，書きやすい内容である。しかし，カールがローマに滞在していた理由はかなり細かい史実に属するため，受験生はある程度推測するしかない。なお，「カールの戴冠」に関する問題は，2009年度第1問にも出題されている。

設問の要求

〔主題〕a．カールの戴冠に至る8世紀後半のキリスト教世界の情勢。
　　　　b．カールの戴冠がヨーロッパの歴史に与えた影響。
〔条件〕カールがローマに滞在していた理由，戴冠をローマ人民が歓呼した理由に言及する。

整理メモ

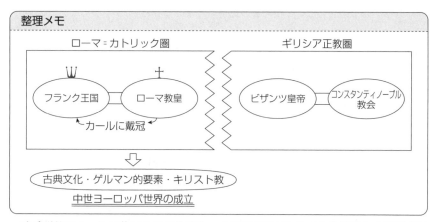

時系列的にカールの戴冠までの経緯を，8世紀後半のキリスト教世界との関連で説明した上で，カールがローマに滞在していた理由，ローマ人民がこれを歓呼した理由に言及し，最後にカール戴冠の歴史的影響を述べていけばよいだろう。

この論述問題を難しいものに思わせているのは，カールの戴冠の時，なぜ彼がローマに滞在していたのかという問いであるが，その史実は教科書や用語集ではほとんど触れられていないため，正確に答えられる受験生はほとんどいないと思われる。このため，教科書で言及されているカール戴冠までの経緯を，できる限り充実させ正確に述べられるかが重要になる。

> ## 8世紀後半におけるキリスト教世界の情勢
> 教皇とフランク国王との提携の歩み
> 　751年　ピピンのカロリング朝創立を教皇が支持
> 　756年　ピピンの寄進→初の教皇領（ラヴェンナ地方）の誕生
> 　774年　カール（ピピンの子）がランゴバルド王国を征服→その後，カールはアヴァール人の侵入を撃退，イベリア半島のイスラーム勢力討伐

▶ローマ教会の動向

　西ローマ帝国の滅亡（476年）後，ローマ教会はコンスタンティノープル教会と首位権をめぐって争い，6世紀にイタリア半島に勢力を伸ばしてきたビザンツ皇帝の保護下にあるコンスタンティノープル教会への対抗心を強めていた。両教会の対立が決定的となったのは，ビザンツ皇帝レオン3世が発布した聖像禁止令（726年）で，ゲルマン人布教に聖像を用いていたローマ教会はこれに激しく反発した。

　ローマ教会はビザンツ皇帝に対抗する新たな政治権力を求め，フランク王国への接近をはかった。751年にカールの父ピピンが教皇の支持を得てメロヴィング朝を倒し，カロリング朝を創立したことが両者の提携の発端となった。

▶フランク王国の動向

　ピピンはフランク国王への即位を支持してくれた教皇の恩に報いるため，教皇を圧迫していた北イタリアのゲルマン系のランゴバルド王国を討ち，756年に獲得したラヴェンナ地方を教皇に寄進した（初の教皇領の誕生）。

　次いでピピンの子カールは教皇の要請に応じてランゴバルド王国を滅ぼして北イタリアを征服し，東方から侵入したアヴァール人を撃退してドナウ川中流域を平定した。またイベリア半島を支配する後ウマイヤ朝に遠征軍を派遣してイスラーム軍と戦うなど，西ヨーロッパのキリスト教世界を外敵から守ることに大いに貢献した。

> ## カールの戴冠をめぐる情勢
> ● 反教皇派による教皇への襲撃→教皇の要請でカールがローマ進駐
> ● カールの戴冠→西ローマ帝国の復活→ローマ人歓迎

▶カールと教皇レオ3世

　教皇レオ3世は，当時，ビザンツ皇帝からの干渉に苦しんでおり，ローマでは教皇派とビザンツ皇帝を支持する反対派が対立していた。レオ3世は，西ヨーロッパ世界を統一しつつあったカールと提携することによって，ビザンツ皇帝の干渉を退けようとした。

> **難** **カールのローマ滞在の理由**
> 　799年にローマ市の街頭で，教皇レオ3世はビザンツ皇帝を支持する反対派に襲撃された。教皇はローマを脱出し，アルプスを越えてカールのもとに避難し，救援を要請した。これに応えて，800年，カールは教皇を支援するため大軍とともにローマに赴いている。同年クリスマスを祝うために聖ペテロ（ピエトロ）教会に赴いたところ，教皇が突如，祭壇での祈りから立ち上がったカールの頭上に帝冠をおき，教会にいた群衆もいっせいにこれを歓呼で迎えたのである。

▶ローマ人民の歓呼

　カールがローマ皇帝として戴冠されたことは西ローマ帝国の復活を意味し，西ヨーロッパにビザンツ皇帝に対抗する新たな皇帝が生まれたことで，ローマ人民はカールの戴冠を歓迎したと考えたい。また，戴冠でカールがローマ皇帝となり，その権威を借りてビザンツ皇帝を支持する反教皇派との闘争で教皇が優位に立ち，国内秩序が回復することに期待した点もあげられるが，これに言及するのは難しいだろう。

カールの戴冠がヨーロッパの歴史に与えた影響

- ローマ教会はビザンツ皇帝とコンスタンティノープル教会の支配から自立
- 西欧に帝権と教皇権が並立する二重権力が出現
- 古典文化・ゲルマン的要素・キリスト教が融合→独自の西ヨーロッパ文化圏が誕生

▶中世ヨーロッパ世界の誕生

　ビザンツ皇帝とコンスタンティノープル教会の支配から脱したローマ教会は，以後，西ヨーロッパ世界で宗教上の主導権を握った。また，ゲルマン人の国王（フランク国王）を長とする帝権（世俗的権力）と，教皇を長とする教皇権（宗教的権力）とが並立する西ヨーロッパ世界の新しい秩序が形成された。こうして古典文化・ゲルマン的要素・キリスト教の3大要素が融合して，独自の西ヨーロッパ文化圏が誕生した。

ポイント

① 8世紀後半のキリスト教世界については，フランク王国と教皇との提携を時系列的に記すこと。

②「カールがローマに滞在していた理由」は，ローマ教皇の要請があったことを推測できるかどうかがポイント。

解答例

ビザンツ皇帝レオン3世による聖像禁止令以来，ローマ教会とコンスタンティノープル教会の対立が深まり，ローマ教会はビザンツ皇帝に代わる政治的保護者を求めた。フランク王国のピピンは教皇の承認のもとカロリング朝を創立，ラヴェンナ地方を教皇に寄進し両者の結びつきは強まった。ピピンの子カールは北イタリアのランゴバルド王国を征服し，東方から侵入したアヴァール人を討ち，イベリア半島のイスラーム教徒と戦うなど，西ヨーロッパの大半を統一し，ビザンツ帝国に並ぶ強国を出現させた。カールは，800年にローマ教皇庁の内紛に敗れた教皇レオ3世の救援要請に応じてローマに遠征した際，教皇からローマ皇帝の帝冠を授かった。これは西ローマ帝国の復活を意味し，ローマ人民はカールの戴冠に歓呼した。こうしてローマ教会はビザンツ皇帝から独立し，古典文化・ゲルマン的要素・キリスト教が融合した西ヨーロッパの中世世界が誕生するに至った。（400字以内）

10

　次の文章は，ワット・タイラーの乱についてのある年代記作者の記述である。この文章を読んで，問いに答えなさい。

　翌金曜日〔1381 年 6 月 13 日〕，農村〔ケント，エセックス，サセックス等の地域〕とロンドンの民衆は 10 万人以上の恐るべき大群となった。この中，ある者達は国王〔リチャード 2 世〕の到来を待つためブレントウッドを通りマイル・エンドに向った。他の群集はタワー・ヒルに集まった。7 時頃，国王はマイル・エンドに到着する。……民衆の指導者ワット・タイラーは民衆の名の下，国王に次の事項を要求した。すなわち，国王と法に対する反逆者を捕え，彼らを処刑する。そして，民衆は農奴ではなく領主に対する臣従も奉仕の義務もない，地代は 1 エーカーにつき 4 ペンスとする，誰しも自らの意志と正規の契約の下でなければ働かなくてよい，というものであった。国王はこれを特許状として発布した。この特許状に基づき，ワット・タイラーと民衆は，カンタベリー大司教シモン・サドベリ，財務府長官ロバート・ヘイルズ等，国王側近を捕え，首をはねた。……翌日，再びタイラーは国王に対し，「ウィンチェスター法以外の法は存在しない，同法以外の法の執行過程での法外処置を禁止する，民衆に対する領主権の廃止と国王を除く全国民の身分的差別を撤廃する等」を要求した。国王はこの要求をもあっさり認めたが，……その直後，ロンドン市長ウィリアム・ウォルワースが国王の面前まで突進し，ワットを捕え刺殺した。……かくして，この邪悪な戦争は終った。

（歴史学研究会編『世界史史料 5』より引用。但し，一部改変）

問い　この乱が起こった原因あるいは背景として，14 世紀半ば以降にイギリスが直面していた政治的事件と社会的事象が考えられる。この 2 つが何であるかを明示し，それらが上の資料で問題とされている「国王側近」「民衆に対する領主権」と，この乱に至るまでどのように関連していたか論じなさい。（400 字以内）

解説　ワット=タイラーの乱の政治・社会上の背景

〔地域〕イギリス　　〔時代〕中世　　〔分野〕政治・社会

　中世イギリスのワット=タイラーの乱を取り上げ，この反乱が起こった背景を政治的・社会的に考えさせる論述問題。同時代の年代記を史料として，この文章を理解しつつ論述することが求められている。政治的には百年戦争，社会的には農民と領主の関係の変化を考えていけばある程度論述の方向が定まると思われるが，論述の条件となっている「国王側近」と反乱の関連を史料文からどのように導いていくかが難しいと思われる。

設問の要求

〔主題〕ワット=タイラーの乱の背景にある政治的事件と社会的事象。
〔条件〕「国王側近」と「民衆に対する領主権」との関連に言及する。

整理メモ

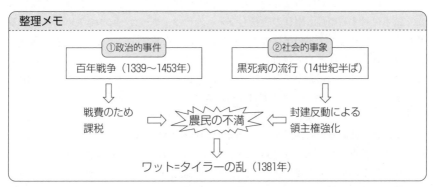

　14世紀半ば以降にイギリスが直面した，①政治的事件は百年戦争であり，②社会的事象は黒死病の流行によってもたらされた領主と農民との封建的関係の変化であることに着目する必要がある。これらがなぜワット=タイラーの乱の背景となったかを論じていく。

　史料文から，「国王側近」との関連は上記①の政治的事件で言及し，また「民衆に対する領主権」との関連は，農奴解放などで困窮化した領主が封建反動を推進し，賦役を強化するなど領主権の再強化をはかったことを指しているので，上記②の社会的事象の説明で触れるとよい。

＊史料から読み取れること

　「この特許状に基づき，ワット・タイラーと民衆は，カンタベリー大司教シモン・サドベリ，財務府長官ロバート・ヘイルズ等，国王側近を捕え，首をはねた」

　→　民衆には「財務府長官」への憎悪があったと判断できる。したがって，民衆の不満が財務，すなわち課税にあったことを推測したい。

┌───┐
│ 百年戦争と「国王側近」   │
├───┤
│ 軍事費増大で財政が悪化したため王室の役人が人頭税を課す │
│ 　　　　　↓   │
│ 重税に苦しんだ農民の不満が国王側近に向かう │
└───┘

▶戦費調達の重税への不満

　当時，フランスとの百年戦争（1339 〜 1453 年）が長期化し，イギリス王室の財政が悪化したため，幼少の国王リチャード 2 世を補佐していた国王側近は戦費調達のため民衆に人頭税を課した。この負担に苦しんだ農民らは蜂起し，財務府長官ら「国王側近」の権力濫用を糾弾した。

> **難　人頭税について**
>
> 　この論述で最も難しいのは，史料にある「国王側近」と人頭税の関係に言及することであろう。百年戦争での軍事費増大により課された人頭税に苦しんだ農民の不満が「国王側近」に向かったことを説明したい。なお，正確には人頭税であるが，税金，課税，重税といった表現でも差し支えない。

┌───┐
│ 黒死病の流行と「民衆に対する領主権」   │
├───┤
│ 領主は農村人口の激減で農民待遇を改善（農奴解放が進む） │
│ 　　　　　↓   │
│ 地代収入が減った領主が「封建反動」に走る   │
│ 　　　　　↓   │
│ 農民一揆を招く   │
└───┘

▶黒死病と封建反動

　14 世紀半ばにイギリスでは黒死病と呼ばれるペストが猛威をふるい，農業労働人口が激減して領主の直営地経営を困難にさせた。このため領主は労働力を確保するため農民の地代を軽減し，農民の保有地の売買や貸借の自由を認めるなど待遇改善をはかった。この結果，イギリスでは農奴身分から脱した独立自営農民（ヨーマン）が現れたが，その一方で農奴解放や貨幣経済の進展は「領主制の危機」を深めることになった。経済的に窮乏化した領主のなかには賦役を復活して農奴制の再編をもくろむ動きもみられた。こうした「領主の封建反動」に対する農民の不満の高まりが，ワット=タイラーの反乱を起こす原動力となった。

ワット=タイラーの乱の経緯

1381年にワット=タイラーや説教僧ジョン=ボールらの指導で農民が蜂起
　　　↓
国王に農奴制の廃止などを要求
　　　↓
ワット=タイラーが暗殺されたことで反乱は鎮圧

▶ワット=タイラーの反乱勃発とその鎮圧

　こうした戦費のための課税（人頭税）や領主の封建反動に対する農民の不満の高まりが，ワット=タイラーの乱の背景となった。この際，ジョン=ボールが「アダムが耕しイヴが紡いだとき，だれが貴族であったか」と当時の封建的な身分制度を批判していることにも着目したい。乱そのものは，史料にもあるとおりワット=タイラーの暗殺によって鎮圧されたが，その後，領主層の窮乏は深刻化し，14～15世紀に荘園制度そのものが解体していくことになる（「封建制の危機」）。

ポイント

① 「国王側近」では，百年戦争の際に人頭税課税で農民の不満を招いたことに着目。
② 「民衆に対する領主権」では，領主による封建反動に言及すること。

解答例

　14世紀前半に始まった百年戦争が長期化すると，国王は側近を通じて戦費確保の必要性から民衆に人頭税を課した。こうした戦時課税は農民にとって重い負担となったことから，国王側近による権力濫用として反発が強まった。一方，14世紀中葉にイギリスでは黒死病が大流行して農村人口が激減し，領主は農業労働力を確保する必要から地代を軽減したり，農民保有地の売買を認めるなど農民の待遇改善をはかった。このため農民の地位は向上したが，領主の荘園経営は打撃を受け，経済的に困窮した領主は農民保有地を領主直営地に吸収して賦役を強化するなど，農奴制の再編による領主権の確立をめざした。こうした国王側近による専横や封建反動の動きに反発を強めた農民は，ワット＝タイラーや，社会的平等を主張する説教僧ジョン＝ボールらに率いられて蜂起し，国王側近の処罰，農奴制の廃止，領主権の軽減，そして身分的差別の撤廃などを国王側に要求した。（400字以内）

11

　次の図は，グリム兄弟の『ドイツ伝説集』に収められている有名な昔話「ハーメルンの子供たち」に登場する「笛吹き男」の絵である。この絵に関する下の文章を読み，問いに答えなさい。

（出典：阿部謹也『ハーメルンの笛吹き男』）

　一二八四年のこと，ハーメルンに一人の風変わりな男が姿を現した。（中略）自分は鼠捕りだと称し，一定の代金をもらえれば町から鼠を退治してやろうと公言した。町の人々はこの男と話をつけ，一定の報酬を与えようと請け負った。そう決まると鼠捕りの男は小さな笛を取り出し，それを吹きならした。すると即座に町のありとあらゆる家々から鼠がはい出してきて，男の回りに集まった。（中略）鼠をヴェーザー河のところまで連れ出すと，男は衣服をたくし上げて河の中へはいって行った。鼠もその後を追い，一匹残らず河に落ちおぼれ死んでしまった。

　ところが町の人々は，苦しみから解放されてしまうと約束した報酬が惜しくなり，ありとあらゆる口実をもうけて男に金を与えることを拒んだので，男は立腹して町を去って行った。六月二十六日，ヨハネとパウロの日の早朝七時に，別の言い伝えによ

れば正午に，この男は再び町に姿を現した。（中略）そして横町横町で例の笛を吹き
ならした。するとすぐさま，今度は鼠ではなしに大変な数の子供が，四歳から上の男
の子や女の子が走ってやって来た。その中にはもう成年に達していた市長の娘もいた。
群れをなした子供たちはこぞって男の後についていった。男は子供たちを町から連れ
出し，とある山の洞穴に入ると子供たちもろとも姿を消してしまった。（中略）全部
で百三十人の子供が行方不明になった。（以下略）

　　　（桜沢正勝・鍛治哲郎訳『グリムドイツ伝説集上巻』より引用。但し，一部改変）

　ドイツの歴史学界では，この伝承は完全なフィクションではないと考えられ，「鼠
捕り男」の正体や姿を消した子どもたちの行方について，これまで様々な学説が打ち
立てられてきた。その中の有力説の1つによれば，中世ドイツの東方植民が伝承の歴
史的モチーフになったとされる。

問い　中世ドイツの東方植民の経緯を，送り出した地域の当時の社会状況をふまえて
　　　述べるとともに，植民を受け入れた地域が近代にいたるまでのヨーロッパ世界の
　　　中で果たした経済史的意義について，その地域の社会状況の変化に言及しつつ論
　　　じなさい。（400 字以内）

ドイツの東方植民とその経済史的意義

〔地域〕ドイツ 〔時代〕中世・近世 〔分野〕経済・社会

「ハーメルンの笛吹き男」の図と史料文は設問とは直接関係がない。問われているのは中世ドイツのエルベ川以東への東方植民の経緯と，近代にいたるまでのエルベ川以東の経済史的意義の二つである。どちらも当時の「社会状況」との関連を特定することが求められており，それぞれの「社会状況」を明確に示すように注意したい。史的考察力が不可欠なやや難の問題といえよう。

設問の要求

〔主題〕東方植民の経緯と，近代までのエルベ川以東の経済史的意義。
〔条件〕東方植民当時のドイツの社会状況，近代までのエルベ川以東の社会状況の変化に言及する。

整理メモ

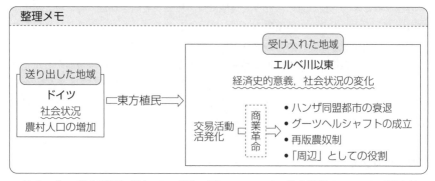

ドイツ人の東方植民に関して，当時の西ヨーロッパの社会状況や，エルベ川以東の社会状況の変化，そして「経済史的意義」などを論ずることが求められている。「経済史的意義」については商業革命，グーツヘルシャフト，「近代世界システム」などを導き出すことが重要となる。

注）「送り出した地域」はドイツ，「植民を受け入れた地域」はエルベ川以東である。後者は，東欧でも誤りではないと思われるが，グーツヘルシャフトが行われたのはエルベ川以東のプロイセンを中心とする地域であることを考えると，東欧では地域が広すぎる印象なので，〔解答例〕では避けた。

```
┌─────────────────────────────────────────────────┐
│ 東方植民の経緯，当時のドイツの社会状況                   │
├─────────────────────────────────────────────────┤
│ 11 ～ 12 世紀　農業生産力の向上に伴う人口増加            │
│ 　　　　　　　　→農地の不足が深刻化                     │
│ 12 ～ 13 世紀　ヨーロッパ各地で大開墾事業の展開          │
│ 　　　　　　　　→ドイツではエルベ川以東への東方植民       │
└─────────────────────────────────────────────────┘
```

▶中世ヨーロッパの人口増加

　西欧では，11 ～ 12 世紀以降，三圃制や重量有輪犂（すき）の普及などで農業生産力が向上し，人口が増加した。これにより小麦などの穀物増産の必要から耕地拡大の気運が高まり，12 世紀から 13 世紀にかけて各地で大開墾運動が推進され，森林や原野が開拓された。

▶東方植民

　ドイツでもこうした時勢の流れを受け，12 ～ 14 世紀に諸侯・騎士・修道会などが中心となってエルベ川以東のスラヴ人地域に東方植民が展開された。特に第3回十字軍の中から生まれたドイツ騎士団の活躍はめざましく，バルト海南沿岸に進出してドイツ騎士団領を形成し，のちのプロイセンのもとを築いた。

　当時，ドイツの農民が東方植民に参加した背景として，農村人口の増加がもたらされたことで農民生活が困窮化し，また，領主への賦役・貢納の負担に苦しんでいたことなども挙げられる。そのためドイツよりも有利な諸条件（広い保有地，貢納の軽減など）を求めてエルベ川以東に移住する農民も多かった。

```
┌─────────────────────────────────────────────────┐
│ エルベ川以東が近代までに果たした経済史的意義，社会状況の変化 │
├─────────────────────────────────────────────────┤
│ • 商業革命による変化→ハンザ同盟都市の衰退               │
│ • グーツヘルシャフト（農場領主制）が確立                 │
│ 　　　　　→再版農奴制＝農民は農奴身分に転落              │
│ 　　　　　　西欧の発展を支える「周辺」としての役割         │
└─────────────────────────────────────────────────┘
```

▶商業革命以前のエルベ川以東

　11 ～ 12 世紀の農業生産力の発展は「商業ルネサンス」（商業の復活）をもたらし，都市の成立や商工業の発展を促進した。その結果，農業中心の封建社会の自然経済（現物経済）に代わって貨幣経済が進展した。また，商工業の発展は遠隔地商業を活発化させ，北ドイツ都市の主導で結成されたハンザ同盟は北海・バルト海貿易を独占して発展した。特に東方植民によってバルト海北岸に建設されたリューベックやダンツィヒ（現在のグダニスク）などは有力なハンザ同盟都市に成長して，北海・バルト

海貿易を中心とする北ヨーロッパ商業圏の一翼を担い，エルベ川以東の経済発展に貢
献することになった。

▶商業革命以後のエルベ川以東

15世紀以降の大航海時代に入ると，「世界の一体化」が始まり，交易の対象がヨー
ロッパだけでなくアフリカ・アメリカ・アジアを含む地球規模に拡大した。その結果，
ヨーロッパ経済の中心は地中海・バルト海地域から大西洋に面した西欧諸国に移り
（商業革命），ハンザ同盟都市も衰退に向かった。また，アメリカ大陸からの銀の大
量流入によって物価が高騰する価格革命が起こり，これにより西欧諸国では豊かな資
本をもとに商工業が発展した。

▶グーツヘルシャフトの成立

エルベ川以東の地域では，拡大する西欧経済からの穀物需要に応えるため，16世
紀以降，領主が西欧向けに穀物を生産するグーツヘルシャフト（農場領主制）が普及
した。グーツヘルシャフトは，ユンカー（地主貴族）が農民から保有地を奪って領主
直営地を拡大し，農民に賦役労働を強制して農奴として使役する農場経営である。こ
れによって，エルベ川以東では，農奴解放の進んだ西欧とは異なり，農民が農奴の身
分に転落し「再版農奴制」が成立した。

▶近代世界システム

商工業の発展する西欧に対してエルベ川以東は工業原料や食糧を輸出することで，
西欧の発展を「周辺」として支える従属的な立場におかれることになった。この「周
辺」という捉え方は，1970年代にアメリカの歴史家ウォーラーステインが唱えた
「近代世界システム」に基づく考え方である。

近代世界システムの構造

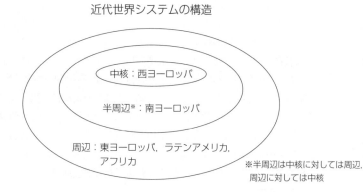

中核：西ヨーロッパ

半周辺＊：南ヨーロッパ

周辺：東ヨーロッパ，ラテンアメリカ，
アフリカ

※半周辺は中核に対しては周辺，
周辺に対しては中核

　西欧などの「中核」諸国に対して，「周辺」諸国は工業原料や食糧を供給する役割をもつとし，「中核」である西欧と「周辺」であるエルベ川以東は，経済的に支配・従属の分業体制に編成された。これ以降，西欧では，国家の集権化が進み，工業・農業における労働形態の自由化が進んで市民社会が成立したが，エルベ川以東では，再版農奴制にみられるように隷属的な労働形態が一般化し，市民階級は成長しなかった。

ポイント

① 「東方植民」当時のドイツの社会状況では農村人口の増加と耕地拡大の開墾に着目。
② 「経済史的意義」では，グーツヘルシャフトと近代世界システムの視点に言及。

解答例

　西欧では，11〜12世紀頃から三圃制や重量有輪犂の普及で農業生産力が高まって農村人口が増加し，食糧増産の目的から大開墾運動が始まった。ドイツではエルベ川以東のスラヴ人地域への東方植民が推進され，バルト海沿岸に進出したドイツ騎士団は広大な領土を獲得した。また，リューベックなどのハンザ同盟都市がバルト海貿易で活躍し，この地の遠隔地交易が活発化した。その後，大航海時代に世界の一体化が進むと，商業革命によって貿易の中心は大西洋に移動し，新大陸からの銀の流入で物価が高騰する価格革命が起こり，西欧が経済の中心となった。この結果，エルベ川以東では，ハンザ同盟都市が衰退し，領主は商工業が発展する西欧への輸出用穀物を生産するため，農民支配を強化して賦役を復活し，再版農奴制に基づくグーツヘルシャフト経営を行った。こうしてエルベ川以東は，経済の中心である西欧諸国への食糧供給を「周辺」として支えていくことになった。（400字以内）

12

　1598 年のナント勅令（王令）の公布は，16 世紀後半のフランスで 30 年以上にわた
って続いていた長い戦乱を終結させた出来事として有名である。では，この勅令（王
令）公布に至るまでの経緯はどのようなものであったのか，またその目的は何であっ
たのかを，当時の政治状況および宗教問題に焦点を当てながら説明しなさい。(400
字以内)

解説 ナント勅令公布までの経緯とその目的

〔地域〕フランス　　〔時代〕近世　　〔分野〕政治・宗教

　ユグノー戦争の経緯と，ナント勅令公布の目的を問うている。ユグノー戦争がどういう政治的・宗教的性格をもった戦争であるかに言及するには詳細な知識が欠かせない。シャルル9世の母后カトリーヌ=ド=メディシスが主導した「サンバルテルミの虐殺」や，ユグノーの指導者であったアンリ4世がブルボン朝を創始しカトリックに改宗したこと，そして「ナント勅令」で宗教対立に終止符を打ち，絶対王政への道を開いたことに言及したい。「2つの勢力の衝突とその収拾」という歴史的経緯をうまくまとめる構成力が必要な，難度が相当に高い問題である。

設問の要求

〔主題〕ナント勅令（王令）公布に至るまでの経緯とその目的。
〔条件〕当時の政治状況，宗教問題に焦点をあてながら説明する。

整理メモ

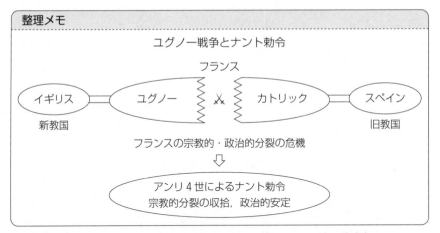

ユグノー戦争とナント勅令

「16世紀後半のフランスで30年以上にわたって続いていた長い戦乱」がユグノー戦争（1562～98年）であることをまず押さえる。その上で，カトリックとユグノーの対立（宗教問題）が貴族たちの党派争い（政治状況）と結びつき，さらに，スペインやイギリスが宗派を理由として介入を図ったこと（政治状況）も指摘したい。

　ユグノー戦争を終結させたナント勅令の目的については，直接的な目的である「宗教対立の解決」だけでなく，宗教問題の解決が国内の分裂を収拾し，諸外国の介入の原因（口実）を排除することにつながり，ひいてはフランスの統一と王権の強大化という「政治状況」を現出させた点を指摘したい。

> **ユグノー戦争の経緯**
>
> 1562 年　ユグノー戦争の勃発
> 1572 年　サンバルテルミの虐殺
> 1589 年　アンリ 4 世の即位
> 　　　　→ブルボン朝を創立，ユグノーからカトリックに改宗（1593 年）
> 1598 年　ナント勅令公布→個人に信教の自由を公認し，ユグノー戦争を終結

▶ユグノー戦争の勃発

　カトリック教国フランスでも 16 世紀半ばになると，都市の手工業者などにユグノーと呼ばれるカルヴァン派の新教徒が増加したことから，次第にユグノーとカトリックの対立が深まり，この対立に宮廷における貴族の政治的党争が絡んでいくことになった。シャルル 9 世が幼くして即位すると，摂政となった母后カトリーヌ＝ド＝メディシスが宮廷内のユグノーとカトリックの勢力均衡をはかろうとしたが，カトリックのギーズ公によるユグノー弾圧を機に 1562 年ユグノー戦争が勃発した。

▶サンバルテルミの虐殺とその後

　ギーズ公と結んだ母后カトリーヌ＝ド＝メディシスは勢力均衡策を捨て，1572 年ユグノーの指導者ナヴァル王アンリ（のちのアンリ 4 世）と王妹との結婚の際，全国から集まったユグノー派の貴族を多数殺害するサンバルテルミの虐殺を主導した。これを機に，ユグノー戦争は激化していく。政策の定まらない王権は脆弱で，イギリス・オランダ・ドイツの新教国がユグノーを，スペインやローマ教皇がカトリックを支援して，フランスへの政治的・宗教的干渉を画策するなど，フランスは国内的にも対外的にも危機的状況におちいった。

▶王権強化への模索

　こうした危機的状況の中，ユグノーとカトリックの対立の和解に努める勢力が現れた。宗教的な寛容と国内の統一を求める新たな政治勢力は，ボーダンの政治思想に代表される。彼は『国家論』（1576 年）を著して国家主権の絶対性と，主権の保持者としての国王の絶対権を説き，宗教は国家主権に服すべきと主張した。

▶アンリ 4 世の即位とナント勅令公布

　シャルル 9 世の次の国王アンリ 3 世が暗殺されたことでヴァロワ朝（1328 〜 1589 年）は断絶した。ヴァロワ朝断絶後，ナヴァル王アンリが 1589 年にブルボン朝（1589 〜 1792 年）を創始し，アンリ 4 世として即位したが，彼はユグノーの指導者出身でカトリックから国王として承認されなかった。このため，アンリ 4 世は 1593

年にカトリックに改宗し，カトリック教徒のフランス国王として1598年にナント勅令を公布した。これによりユグノー戦争は終結した。

ナント勅令公布

ナント勅令の内容：ユグノーにカトリックとほぼ同等の権利を認める
　　　　　　　　　個人に信教の自由を認める

▶宗教的分裂の収拾と政治的統一
　アンリ4世がナント勅令を公布した目的は，ユグノー戦争終結の実現にあるが，これは，フランスの宗教的分裂の収拾が国王の権威と権力のもとに行われたことを意味する。ユグノーにも信教の自由を認めたこの勅令は，政治的には国内政治の安定をもたらすことで王権の強化につながり，その結果，ブルボン朝による絶対王政の基礎が築かれることになった。

ポイント

①政治と宗教の「対立」からナント勅令による国内政治の「安定」へという流れに言及。
②ナント勅令の内容を説明するだけではなく，その目的を王権との関係で考える。

解答例

　ヴァロワ朝末期のフランスでは，ユグノーとカトリックの宗教対立が次第に激しくなっていたが，これが貴族の政治対立と結びついて，シャルル9世の時代にユグノー戦争が勃発した。サンバルテルミの虐殺で多数のユグノーがカトリックに殺害されるなど国内が混乱する一方，イギリスがユグノーを，スペインがカトリックを支援してフランスへの政治的・宗教的干渉を画策するなど，外国の利害も絡んで戦争は長期化し，国王の権威も失墜した。この過程で，宗教問題より王権を強化することで国家統一を優先しようとする勢力が現れ，ヴァロワ朝断絶後，新たに即位したブルボン家のアンリ4世はユグノーからカトリックに改宗し，カトリックに配慮する姿勢をとった。その後，アンリ4世はナント勅令を公布したが，その目的はユグノーに信教の自由を認めてフランスの宗教的分裂を収拾し，ユグノー戦争を終結させて国内の政治的安定と王権強化に道を開くことにあった。（400字以内）

13

　次の文章は，フス戦争の直前に，フス派（フシーテン）によって作成された「プラ
ハの4ヵ条」の一部である。この文章を読んで，問いに答えなさい。

　チェコの共同体と，神のもとに忠実なキリスト教徒たちは，……主イエス・キリス
トによって新約聖書のなかで命じられている以下の4ヵ条以外には何もなさず，求め
ず，自らのあらゆる財産および生死をかけて，可能な限り，神の加護を得て，これに
反対するあらゆる人々に対抗しようとするものである。
　　……
　4．死に値する罪を犯した人々，とくに公然とあるいはそうでなくても神の法に背
いた人々は，どのような身分であれ，しかるべき方法で，そのための職務を有する
人々によって捕えられ，取り締まられるべきであり，……
　それらの罪とは，……聖職者においては，聖職売買の異端，そして洗礼や堅信，告
解，神の体［聖体］や聖油［の付与］と結婚に際しての金銭の徴収，……死者のため
のミサ，徹夜の祈禱，その他の祈禱などを有料として金銭を徴収すること，埋葬，教
会の歌，鐘［を鳴らすこと］のための金銭の徴収，教会や礼拝堂，祭壇，墓地の聖職
者の叙階における金銭の徴収，贖宥による金銭の徴収……などである。
　　　　　（ヨーロッパ中世史研究会編，薩摩秀登訳『西洋中世史料集』より，一部改変）

問い　フス戦争へと至った経緯を踏まえるとともに，フス派が何に対して戦っていた
　　　かに重点を置きつつ，その結果と歴史的意義を論じなさい。（400字以内）

解説 フス戦争の結果と歴史的意義

〔地域〕チェコ・ドイツ 〔時代〕中世 〔分野〕政治・宗教

フス派（フシーテン）がフス戦争直前に作成した「プラハの4カ条」が史料文として引用されている。フス戦争の「結果」について，高校世界史教科書では明確な記述が限られているうえ，その「歴史的意義」も求められているためさらにハードルが高く，かなりの難問となった。史料文にフス派が戦った対象のヒントが述べられているが，これを踏まえた上で論述を展開するには相当の歴史理解力が必要であろう。

設問の要求

〔主題〕フス戦争の結果と歴史的意義。
〔条件〕フス戦争へ至った経緯を踏まえ，フス派が何に対して戦ったかについて重点を置く。

整理メモ

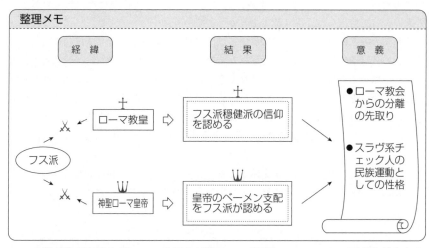

フス派が戦いを挑んだローマ教皇と神聖ローマ皇帝について，この両者を敵とした理由（経緯）と，それぞれに対する戦いの結果，そしてその歴史的意義を考える。

＊史料から読み取れること

「チェコの共同体と…」からはフス派がチェック（チェコ）人の民族意識をもつ人々からなっていたこと，彼らが自分たちを1つの共同体と認識していたことが読み取れる。また，「新約聖書のなかで命じられて…」からはフスの聖書主義，「それらの罪とは…聖職売買の異端，…贖宥による金銭の徴収」からはローマ教会の聖職者の腐敗・堕落に対する批判も読み取れる。この聖書主義や贖宥状（免罪符）批判などは，のちにルターによる宗教改革につながる思想であることにも着目したい。

> **フス戦争の経緯**
>
> - フスのローマ教会批判：ウィクリフの影響でフスが聖書主義を主張
> - コンスタンツ公会議（1414 〜 18 年）：神聖ローマ皇帝ジギスムントの提唱で開催
>   →フスが喚問され，異端として火刑（1415 年）
> - フス戦争（1419 〜 36 年）：フスの火刑後，チェック人がローマ教皇と神聖ローマ皇帝
>   の圧政に対して蜂起

▶フスの教会改革

　14 世紀には「教皇のバビロン捕囚（1309 〜 77 年）」と「教会大分裂（大シスマ）（1378 〜 1417 年）」によって教皇権の衰退が進んだ。こうしたローマ教皇の権威の失墜を背景として，各地で教会改革運動が起こり，イギリスのウィクリフは聖書主義を唱え，教皇や聖職階層制度（ヒエラルキー）を批判した。これに共鳴したプラハ大学神学部教授のフスは聖書主義の立場からローマ教会の世俗化を批判し，教会改革を唱えた。

▶フスの処刑とフス戦争の勃発

　ベーメン（ボヘミア）では 10 世紀にはチェック人によるベーメン王国が成立していたが，11 世紀に神聖ローマ帝国に組み入れられ，以降，チェック人に対するドイツ系貴族の支配が強まっていった。フスの教会改革は，ベーメンのスラヴ系チェック人の民族意識とも連動して広く支持された。

　神聖ローマ皇帝ジギスムントはコンスタンツ公会議（1414 〜 18 年）を開き，教会大分裂を終わらせたが，同時にこの公会議にフスを喚問し，異端として火刑に処した。フスの処刑は，チェック人のローマ教皇と神聖ローマ皇帝，そしてドイツ人の支配に対する反感に火をつけ，フス戦争（1419 〜 36 年）が勃発することになる。

> **フス戦争の結果**
>
> 1431 年から始まったバーゼル公会議による和平の成立
> 　　　　　→1436 年に和約が成立し，ローマ教皇はフス派穏健派の信仰を公認
> 　　　　　→フス派は神聖ローマ皇帝のベーメン支配を承認

▶フス派穏健派との間に和平成立

　ローマ教皇と神聖ローマ皇帝は，フス戦争に対してフス十字軍を組織して戦ったが連敗し，バーゼル公会議で和平案を提示した。この和平案をめぐってフス派は穏健派と過激派（タボル派）に分裂し，穏健派はローマ教皇と結んでリパニの戦いで過激派を破り，1436 年に和約が成立した。その結果，ローマ教皇は事実上フス派穏健派の

信仰を容認する一方で，フス派は神聖ローマ皇帝ジギスムントのベーメン支配を承認した。

> **難　フス戦争の結果について**
>
> 　フス戦争におけるフス十字軍や穏健派と過激派などについて学習していた受験生はごく少数と思われる。フス戦争の後もベーメンが神聖ローマ帝国の枠内に留まったことなどから，チェック人が神聖ローマ皇帝による支配を受け入れたことなどは推量できると思われるので，そうした内容を簡単でもいいから述べたい。その後の歴史の展開からある程度の推測を立てて言及する考察力が試される問題といえる。

フス戦争の歴史的意義

- 後の宗教改革につながるローマ教会からの分離・自立を先取り
- スラヴ系チェック人の民族意識が形作られる

▶**後の宗教改革との類似性**

　フス派のうち穏健派の信仰がローマ教会によって承認されたが，これはローマ教会の支配・権威に対して，一部の教派が教会刷新の方向性を志向したという点で，後にルターによって開始される宗教改革とほぼ同様の性格をもっていると考えられる。

▶**チェック人の民族意識**

　フス戦争は宗教戦争であるだけでなく，ドイツ人支配に対するスラヴ系チェック人の民族戦争という性格をもつ。フス戦争を通じて形成されたチェック人の民族意識は，時代は離れるものの，近現代における民族運動につながったという点を歴史的な意義と考えたい。

> **難　フス戦争の歴史的意義について**
>
> 　「結果」は最終的な状態であるが，「意義」にはどういった重要性があるか，価値があるかという意味が含まれている。その後のチェック人の歴史，神聖ローマ帝国・ローマ教会の動向を考えれば，ルターに始まる宗教改革へつながる性格をもっていた点や，19世紀以降に顕著となるオーストリアに対するチェック人の民族運動への影響に言及できる。

ポイント

①フス派は宗教的にはローマ教会，政治的には神聖ローマ皇帝の支配に反抗。
②フス戦争の結果と意義の違いを明確に説明する。

解答例

　教皇のバビロン捕囚や教会大分裂などによって教皇やローマ教会の権威は失墜し，教会改革運動が各地で起こった。イギリスのウィクリフが聖書主義を唱えて教皇や教会制度を批判すると，これに共鳴したベーメンのフスがローマ教会の改革を主張し，フスの教説はドイツ人支配下にあったチェック人の民族感情を刺激し，広く支持された。このため，神聖ローマ皇帝ジギスムントが開催したコンスタンツ公会議でフスを異端として処刑したが，これを機にチェック人は神聖ローマ皇帝とローマ教会に対してフス戦争を起こした。このフス戦争は，ローマ教会がフス派穏健派の信仰を認め，フス派が皇帝のベーメン支配を承認することで終結した。フス戦争は，宗教改革期およびその後にみられた王国や領邦などのローマ教会からの分離・自立傾向を先取りし，ドイツ人支配に対するチェック人の民族意識が自覚され，後の民族運動につながった点に歴史的意義がある。
　（400字以内）

14

次の文章を読んで，問いに答えなさい。

「政治的主権者は，もしキリスト教徒であれば，かれ自身の領土における教会の首
長である。キリスト教徒たる主権者たちにおける，政治的権利と教会的権利との，こ
の統合から，政治と宗教との双方における人びとの外的行為を統治するために人間に
あたえられうるかぎりの，あらゆる様式の権力を，かれらの臣民たちに対してかれら
がもっているということは，明白である。そして，かれらは，コモン-ウェルスとし
て，および教会としての，かれら自身の臣民を統治するために，かれらが最適と判断
するであろうような諸法を，つくっていいのであって，国家と教会とは，同一の人び
となのである。」(ホッブズ『リヴァイアサン』水田洋訳より)

問い　17 世紀に執筆されたこの文章は，当時のヨーロッパ世界になお残っていた政
　　治・社会状況を前提に書かれている。中世のヨーロッパ世界では，11 世紀後半
　　から 13 世紀初頭にかけて，皇帝（世俗権力）と教皇（教会権力）との関係が大
　　きな政治問題として顕在化していた。皇帝権と教皇権とのあいだで展開された一
　　連の政治闘争は，1122 年の協約によって一応の結論に達したとされる。この争
　　いが現実の政治・社会生活に対してもった意義とは，どのようなものだったのだ
　　ろうか。1122 年に締結された協約の意義にも言及しながら論じなさい。(400 字
　　以内)

解説 叙任権闘争の意義

〔地域〕ドイツ　　〔時代〕中世　　〔分野〕政治・宗教・社会

　叙任権闘争をテーマとした論述問題で、ホッブズの『リヴァイアサン』が史料文として引用されており、論述の方向性が示されている。本問では単に叙任権闘争について、教皇権の皇帝権に対する優位という結果だけにとどまらず、ヴォルムス協約が住民の社会生活に対するカトリック教会の支配権強化につながったという理解が求められている。ヴォルムス協約の意義について深い理解が必要で、かなり難度が高い論述である。

設問の要求

〔主題〕叙任権闘争が、現実の政治・社会生活に対してもった意義。
〔条件〕ヴォルムス協約の意義にも言及しながら論じる。

整理メモ

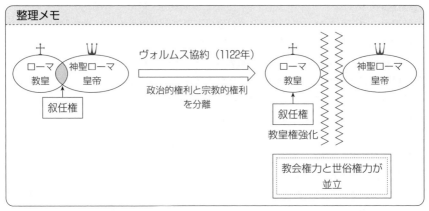

　問題文中に「1122 年の協約によって一応の結論に達した」とあり、「この〔皇帝権と教皇権とのあいだの〕争い」が叙任権闘争であることから、「1122 年の協約」がヴォルムス協約であるという判断は容易であろう。

　問題文の「11 世紀後半」はカノッサの屈辱（1077 年）事件にみられるように叙任権闘争が最高潮となった時期、「13 世紀初頭」は教皇インノケンティウス 3 世（位 1198 〜 1216 年）が教皇位にあり、教皇権が絶頂期を迎えていた時代である。叙任権闘争を一応終結したとされるヴォルムス協約（1122 年）はこの間の 12 世紀前半に位置することになる。

＊史料から読み取れること

　史料となる『リヴァイアサン』は，絶対王政を擁護する社会契約説で，引用された箇所では，政治的主権者（君主）が教会を支配することの正当性が説明されている。一方，問題文には「17世紀に執筆されたこの文章は，当時のヨーロッパ世界になお残っていた政治・社会状況を前提に書かれている」とあるが，こうした絶対王政の擁護が必要であるということは，当時もまだ政治的主権者（君主）が教会を完全には支配していない政治・社会状況があったことを意味する。こうした政治と宗教の分離がヴォルムス協約に由来することが示唆されている。

叙任権闘争が現実の政治に対してもった意義

- 皇帝権の教皇権に対する屈服 → 教皇権が隆盛へ
- 皇帝の帝国教会政策の破綻　→ ドイツ国内で領邦が台頭

▶叙任権闘争

　神聖ローマ帝国では，帝国教会政策によって皇帝が聖職者の叙任権を掌握し，教会は帝国統治の支柱として位置づけられていた。しかし11世紀後半，教皇グレゴリウス7世は皇帝による聖職者叙任を聖職売買であるとして批判し，皇帝ハインリヒ4世との間で叙任権闘争が始まった。この叙任権闘争は，破門された皇帝ハインリヒ4世が教皇グレゴリウス7世に謝罪したカノッサの屈辱（1077年）で頂点を迎えるが，その後もローマ教皇と神聖ローマ皇帝の対立は続いた。

▶政治に対しての意義

　叙任権闘争は1122年のヴォルムス協約で妥協が成立するが，教皇が実質的に叙任権を獲得したことで帝国教会政策は破綻し，教皇は宗教面のみならず，実際の政治に対しても影響力を発揮するようになり，13世紀初頭のインノケンティウス3世のときに教皇権は絶頂期を迎えた。

ヴォルムス協約の意義

ヴォルムス協約（1122年）…皇帝と教皇の間で妥協が成立
　　　　→聖職叙任権は教皇の権利へ：教皇権の皇帝権に対する優位
　　　　　　　　　　　　　　　政治的権利と宗教的権利の分離

▶2つの支配体系

　叙任権闘争は，11世紀以前の西ヨーロッパでは世俗権力（政治）と教会（宗教）という2つの支配体系の権利があいまいであったことが一因であるが，ヴォルムス協

約が成立するまでの過程でこの混乱が整理され，以後，西ヨーロッパでは，世俗権力と，教皇を頂点とする教会の 2 つの支配体系が共存していくことになる。

> **難　ヴォルムス協約について**
>
> 　ヴォルムス協約は，教皇カリクストゥス 2 世と神聖ローマ皇帝ハインリヒ 5 世との間で叙任権闘争を終結させるため結ばれた妥協的な取り決めで，教科書によってさまざまな表現がなされているが，ここで重要なのは「皇帝は封土を授与する権利をもつものの，聖職叙任権を失うことになった」（実教出版『世界史Ｂ』），「皇帝は聖職者の任命権を失った」（東京書籍『世界史Ｂ』）ことで，これによって政治と宗教の分離が同意されたことであった。ただし，これは皇帝からみれば，従来もっていた聖職叙任権を奪われることになるから，教皇権に優位性を与えるものでもあった。

叙任権闘争が現実の社会生活に対してもった意義

> カトリック教会の支配権が強化
> 　　　　　→教区教会制の拡大
> 　　　　　→ミサ・冠婚葬祭・十分の一税を通じて住民への支配を強化

▶社会生活に対しての意義

　教皇権の強大化は，教会組織の権威をさらに高めることにもつながり，その影響力は社会生活の末端にまで及んだ。都市や農村には多数の教区教会が設けられたが，そうした教区教会は信仰上の中心であるだけでなく，住民の生活全体をも支配した。住民は日曜ミサや冠婚葬祭などの儀礼，十分の一税の支払いなどを通して教会と深く関わり，カトリック的支配体制が社会生活の中に確立されたのである。

　こうしてカトリック教会は「＊史料から読み取れること」でも述べたように，17 世紀に至っても，政治的主権者（君主）が教会を完全には支配していない社会を存続させることになったのである。

> **ポイント**
> ①叙任権をめぐる神聖ローマ皇帝とローマ教皇の「対立」からヴォルムス協約の「妥協」への流れをまとめる。
> ②社会生活上の意義では，皇帝支配でなくカトリック教会の住民支配を考える。

解答例

　11世紀後半から皇帝と教皇の間で展開された叙任権闘争は，1122年のヴォルムス協約で一応の解決をみた。この結果，政治面では，教皇が聖職叙任権を獲得して教皇権が強化され，闘争の過程で教皇の威信が高まったことも手伝って教皇権は皇帝権に対して優位に立つようになり，13世紀初頭のインノケンティウス3世の時代に教皇権は絶頂期を迎えた。一方，聖職者叙任における皇帝の影響力は弱まり，皇帝の威信も傷つけられたため，以降ドイツでは領邦が自立し，分権化の傾向が促進された。また，このヴォルムス協約が政治的権利と宗教的権利の分離という解決法を示したため，中世の西ヨーロッパは世俗権力と教会権力という2つの支配体系が共存する社会となった。人びとは皇帝を頂点とする世俗の領主たちの支配を受ける一方で，冠婚葬祭や十分の一税の支払いなどを通じて，教皇を頂点に聖職者階層制によって組織化された教会の支配に組み込まれた。

（400字以内）

15

次の文章を読んで，問いに答えなさい。

カール大帝の帝国は，イスラムによってヨーロッパの均衡が崩壊したことの総決算
だった。この帝国が実現しえた理由は，一方では，東方世界と西方世界の分離が教皇
の権威を西ヨーロッパに限定してしまったことであり，他方では，イスラムによるイ
スパニアとアフリカの征服がフランク王をキリスト教的西方世界の支配者たらしめた
ことである。それ故，マホメットなくしてはカール大帝の出現は考えられない，と言
って全く正しいのである。古代のローマ帝国は 7 世紀には実質上すでに東方世界の帝
国となっており，カールの帝国が，西方世界の帝国になった。

問い　この文章は，ベルギーの歴史家アンリ・ピレンヌ（1862-1935 年）による『マ
　　ホメットとシャルルマーニュ』（日本語訳の標題『ヨーロッパ世界の誕生』佐々
　　木克巳訳）からの一節である。ここで述べられる「カール大帝の帝国」は，どの
　　ような経緯で成立したのか。当時のイタリア，東地中海世界の政治情勢，またマ
　　ホメット（ムハンマド）との関係に言及しながら論じなさい。（400 字以内）

解説 「カール大帝の帝国」成立の歴史的経緯

〔地域〕フランス　　〔時代〕中世　　〔分野〕政治・宗教

　歴史家アンリ゠ピレンヌの文章をもとに，「カール大帝の帝国」がどのような経緯で成立したかを問う論述問題。オーソドックスなテーマ問題なので，比較的取り組みやすい。対外情勢として，イスラム勢力の東地中海世界への進出がビザンツ帝国にどういう影響を与え，さらにカール゠マルテルがイスラム勢力を破ったことが，ローマ教会にどういう影響を及ぼし，それがどういう経緯でローマ教会とフランク王国との提携に発展していったのかを，時系列に従って説明していくとよい。

設問の要求

〔主題〕「カール大帝の帝国」は，どのような経緯で成立したのか。
〔条件〕当時のイタリア，東地中海世界の政治情勢，マホメット（ムハンマド）との関係に言及しながら論じる。

整理メモ

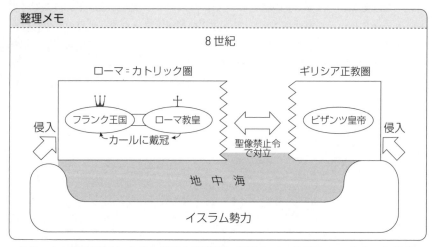

　「カール大帝の帝国」成立の経緯を時代順に記述していけばよい。書くべき答案の筋道はピレンヌの文章の中に述べられていることに気づきたい。「イタリア，東地中海世界の政治情勢」，また「マホメット（ムハンマド）との関係」に触れることが求められており，そのためにはポイントを絞り込むことが大切である。

イスラム勢力の台頭

7世紀前半　マホメット（ムハンマド）が創始したイスラム教の拡大
　　　　　　→エジプト・シリアを征服し，ビザンツ帝国を圧迫
7世紀後半　イスラム勢力（ウマイヤ朝）の東地中海進出
8世紀前半　ウマイヤ朝が北アフリカとイベリア半島を征服
　　　　　　→イベリア半島の西ゴート王国を滅ぼす（711年）
8世紀後半　アッバース朝が各地に遠征

▶イスラム勢力の支配領域拡大

　7世紀前半，ムハンマドがイスラム教を創始して以来，イスラム勢力はビザンツ帝国からエジプト・シリアを奪い，東地中海世界を支配していたビザンツ帝国を圧迫した。8世紀に入るとウマイヤ朝はビザンツ帝国領への侵入を繰り返すと同時に，北アフリカやイベリア半島（711年に西ゴート王国を滅ぼす）をも征服するに至った。その後，ウマイヤ朝を滅ぼしたアッバース朝も地中海に進出したことで，イタリアなど西ヨーロッパ地域に対する政治的優位を保持していたビザンツ帝国の弱体化がもたらされた。

東地中海世界の政治情勢

- 7世紀後半にイスラム勢力が東地中海へ進出 → ビザンツ帝国の弱体化
- ビザンツ皇帝レオン3世の聖像禁止令（726年）
　　　　　　→ゲルマン布教に聖像を用いていたローマ教会は猛反発
　　　　　　→ローマ教会はビザンツ皇帝に代わる新たな保護者を希求

▶聖像禁止令の影響

　偶像崇拝を厳格に禁ずるイスラム教への対抗上，ビザンツ皇帝レオン3世が726年に聖像禁止令を発すると，当時，ゲルマン人への布教に聖像を利用していたローマ教会がこれに反発し，その結果，ローマ教会はビザンツ皇帝に代わる政治上の新たな保護者を求めるようになった。

　このような情勢下，メロヴィング朝フランク王国の宮宰カール=マルテルが，732年イベリア半島から侵入したウマイヤ朝をトゥール・ポワティエ間の戦いで撃退した。西欧キリスト教世界の防衛に成功したことは，ビザンツ帝国の支配からの自立をはかるローマ教会と教皇を勇気づけ，フランク王国への接近を促す契機となった。

> ### フランク王国とローマ教会との提携
>
> カロリング朝の創立：751年に教皇の支援でピピンがメロヴィング朝打倒
> 　　　↓
> ピピンの寄進：756年にピピンがラヴェンナ地方を教皇に寄進→教皇領が成立
> 　　　↓
> カールの戴冠：800年に教皇レオ3世がカールにローマ皇帝の帝冠を授与
> 　　　　　　→教皇はビザンツ皇帝の支配から自立

▶ピピンの寄進

　教皇の支持を得てカール=マルテルの子ピピン（小ピピン）が，751年にメロヴィング朝を倒してカロリング朝を創始した。彼は教皇の要請で北イタリアのランゴバルド王国を討ち，獲得したラヴェンナ地方を寄進した。このいわゆる「ピピンの寄進」（756年）により，初の教皇領が誕生した。以後，ビザンツ皇帝や東方教会の支配からの自立をはかるローマ教会とフランク王国との提携は強固なものとなった。

▶カールの戴冠

　カロリング朝フランク王国第2代のカールは，774年にランゴバルド王国を滅ぼしてイタリア北部を領有し，また東部ドイツのザクセン，南ドイツのバイエルンを征服するなど，現在のドイツ・フランス・北イタリアなど西ヨーロッパの主要地域を統一した。このためローマ教会はビザンツ皇帝に代わる政治的保護者をカールに見出し，800年に教皇レオ3世はカールにローマ皇帝の帝冠を与え，「西ローマ帝国」の復活を宣言した。

> **ポイント**
> ①イスラム侵入に対する「危機」，ビザンツ帝国との「対立」の視点からローマ教皇とフランク王国との「提携」への流れをまとめる。
> ②ヨーロッパのキリスト教世界は聖像禁止令をめぐって東西に分裂。

解 答 例

　　ムハンマドが 7 世紀にイスラム教を創始した後，イスラム勢力は東
地中海世界に勢力を拡大しビザンツ帝国を圧迫した。8 世紀前半，
ビザンツ皇帝レオン 3 世が偶像崇拝を厳禁するイスラム教への対抗
もあって聖像禁止令を発布すると，ゲルマン人への布教に聖像を利
用していたローマ教会はこれに反発し，両者の対立は深まった。当
時，フランク王国の宮宰カール＝マルテルがイベリア半島から侵入
したウマイヤ朝軍を破ったのを機に，ビザンツ皇帝からの自立をめ
ざす教皇はフランク王国に接近し，ピピンのカロリング朝創始を支
持した。これに応えてピピンは北イタリアのランゴバルド王国を討
ってラヴェンナ地方を教皇に寄進し，両者の提携を深めた。その子
カールがランゴバルド王国を滅ぼすなど西ヨーロッパの主要部を統
一すると，教皇レオ 3 世は800年カールにローマ皇帝の帝冠を授け
た。この結果，東方のビザンツ帝国に対峙するカール大帝の帝国が
西方に誕生した。（400字以内）

16

　西ヨーロッパでは 11，12 世紀の経済発展により，遠隔地商業が盛んに行なわれるようになった。13 世紀から 17 世紀初めのハンザ同盟の活動について，担い手，地域，交易品，そして衰退の理由に触れつつ，同時代の東方（レヴァント）貿易と対比して論じなさい。（400 字以内）

解説 ハンザ同盟の盛衰

〔地域〕ドイツ　〔時代〕中世・近世　〔分野〕経済

　ハンザ同盟の盛衰をテーマとした論述問題。ハンザ同盟の活動を論じる上で、「担い手」「地域」「交易品」「衰退の理由」の 4 点に触れ、その際、北イタリア諸都市による東方（レヴァント）貿易との対比を論じることが条件として求められている。「ハンザ同盟」や「東方（レヴァント）貿易」などは教科書にも記載されており、取り組みやすい歴史事項であるが、対比して論じるには熟考と文章力が欠かせない。なお、ハンザ同盟の「衰退の理由」は教科書に直接の言及がほとんどないため、当時のヨーロッパの経済的動向とドイツ三十年戦争に関する的確な理解と用語集レベルの知識が必要となっている。

設問の要求

〔主題〕13 世紀から 17 世紀初めに至るハンザ同盟の活動。
〔条件〕• 活動の担い手・地域・交易品、衰退の理由。
　　　　• 同時代の東方（レヴァント）貿易との対比。

整理メモ

	ハンザ同盟	東方（レヴァント）貿易
担い手	北ドイツ諸都市	北イタリア諸都市
地域	北海・バルト海地域	東地中海地域
交易品	海産物、穀物、木材、毛皮、毛織物等	香辛料、宝石、絹織物等
衰退の理由	商業革命	

　ハンザ同盟の活動について、担い手、地域、交易品の具体例を示し、これを東方（レヴァント）貿易と比較しながら説明していけばよい。ハンザ同盟衰退の理由については、教科書に直接の言及はほとんどないが、16 世紀の商業革命におけるヨーロッパの経済的変化を推し量りたい。

ハンザ同盟と東方（レヴァント）貿易

- ハンザ同盟：北海・バルト海貿易を支配したドイツの都市同盟
  →14 世紀にバルト海に進出したデンマークを破り最盛期。陸海軍を保持
- 東方（レヴァント）貿易：北イタリア諸都市が東地中海地域で担った貿易

▶ハンザ同盟の担い手・地域・交易品

◎担い手：ハンザ同盟に属する北ドイツの諸都市。ドイツ北部に位置するリューベックが盟主となった都市同盟であることには必ず言及したい。ハンブルク・ブレーメンなど同盟に参加した北ドイツの諸都市名に言及してもよいだろう。主要加盟都市にはケルン・フランクフルトなどのドイツ西部の諸都市や，ドイツ騎士団領のダンツィヒなども参加している。

◎地　域：北海・バルト海一帯の貿易を支配し，ロシア・イギリス・フランドル・北欧・地中海地域など，全ヨーロッパ規模で商業活動を展開した。ブリュージュ・ベルゲン・ノヴゴロド・ロンドンなどヨーロッパ諸都市に 4 大在外商館を置いたことに触れてもよい。

◎交易品：バルト海のニシン，ポーランドの穀物，スカンディナビアの木材，ロシアの毛皮，フランドルの毛織物などで，主として生活必需品を扱った。

▶東方（レヴァント）貿易の担い手・地域・交易品

◎担い手：ヴェネツィア・ジェノヴァなどの北イタリア諸都市が，レヴァント地方（地中海東岸一帯）でアジアから運ばれて来た商品を買い付けた。
◎地　域：東地中海地域。
◎交易品：主として奢侈品が中心で，アジアから香辛料・絹織物・宝石などを輸入し，ヨーロッパの毛織物・銀などを輸出した。

ハンザ同盟と東方（レヴァント）貿易の衰退

16 世紀の大航海時代の商業革命→交易の中心がバルト海・地中海から大西洋に移動
（ハンザ同盟の衰退は，オランダ・イギリスの北方貿易圏への進出など，他にも要因あり）

▶商業革命

　16 世紀以降，大航海時代による世界の一体化の結果，商業革命が起こり，交易の中心が地中海から大西洋岸都市に移動したため東方（レヴァント）貿易が衰退したことは周知の事実であろう。同様に，北海・バルト海を主な交易圏とするハンザ同盟の活動も次第に衰えていったことは推測できると思われる。

　この他，やや専門的ではあるが，以下の複数要因がハンザ同盟衰退の要因として考えられるため，〔解答例〕に反映させている。

① 15 世紀後半にネーデルラント商人が北方貿易圏に進出し，ハンザ同盟の独占体制を脅かしたこと。

② ドイツ領内で領邦君主が自領内の都市を圧迫したため，ハンザ同盟を脱退する都市が増加したこと。

③ 15 世紀末からヨーロッパ各地に強大な主権国家が成立したこと。

④ 16 世紀にスペインから自立したオランダや，絶対主義体制をとり海運力を成長させたイギリスがハンザ同盟の商業圏に食い込んだこと。

⑤ 17 世紀に三十年戦争が勃発し，国土の荒廃や経済混乱のため同盟の実体が失われたこと。

ポイント
① 北海・バルト海貿易の交易品は生活必需品が中心で，東方（レヴァント）貿易はアジアから香辛料などの奢侈品を輸入。
② ハンザ同盟衰退の原因は，商業革命の他，オランダとイギリスの進出，三十年戦争などが挙げられる。

解答例

　ハンザ同盟はリューベックを盟主とする北ドイツの都市同盟で，貿易上の利益と相互扶助を目的として結成されたが，のちには陸海軍を保持し，国王や諸侯に対抗した。地域的には北海・バルト海商業圏を支配し，ブリュージュ・ベルゲン・ノヴゴロド・ロンドンなどに在外商館を設けて，全ヨーロッパで商業活動を展開した。東方貿易が北イタリア諸都市と地中海東岸地域との間で営まれ，アジアから香辛料・絹織物などの奢侈品を輸入し，西欧から銀・毛織物を輸出したのに対し，北海・バルト海貿易では主としてニシンなどの海産物・穀物・木材・毛織物などの日用品が取引きされた。大航海時代の到来とともに交易の中心が大西洋沿岸に移ったため，北海・バルト海貿易，東方貿易は衰退に向かい，ハンザ同盟もオランダやイギリスなどの商業的進出，ドイツの領邦国家の台頭，絶対主義諸国による重商主義政策などによって衰え，三十年戦争によってその機能は全く失われた。（400字以内）

17

　カール大帝とその後継者ルートヴィヒ1世の死後，フランク王国は分裂の道を歩んだ。その過程で東西王国のいずれにおいてもカロリング家の血統に属さない国王が現れ，新しい独自の王国が形成された。王国は後にさらに発展し，西欧中世世界の中心となっていった。とくに東側の王国は神聖ローマ帝国の中核部を構成した。フランク王国の分裂と東側の王国の成立と発展の過程を，分裂に関わる二つの条約の締結から神聖ローマ帝国の初代皇帝となる国王の選出にいたるまでの期間について記しなさい。その際，二つの条約と以下の語句を必ず使用し，その条約名と語句に下線を引きなさい。語句を用いる順序は自由である。(400字以内)

　　マジャール人　　　ロートリンゲン　　　ザクセン朝　　　ハインリヒ1世

解説　東フランク王国からザクセン朝までの政治的経緯

〔地域〕ドイツ　　〔時代〕中世　　〔分野〕政治・宗教

　東フランク王国から神聖ローマ帝国成立までを対象とした論述問題。ヴェルダン条約とメルセン条約の説明は教科書レベルの知識で対応できるが，指定語句の「ロートリンゲン」（フランス語ではロレーヌ）の用い方がかなり難しい。また，指定語句の「ハインリヒ 1 世」が「ザクセン朝」を創立した史実，「マジャール人」の侵入をオットー 1 世がレヒフェルトの戦いで破った史実など，それらの使用にも熟考が必要である。

設問の要求

〔主題〕フランク王国の分裂と東フランク（ドイツ）の政治的発展。

〔条件〕• 分裂に関わる二つの条約と指定語句に言及。
　　　　• 神聖ローマ帝国の初代皇帝となる国王の選出に至るまでの期間について述べる。

整理メモ

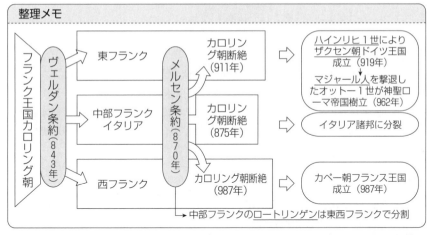

　フランク王国の分裂，東フランク王国の成立，そしてザクセン朝ドイツ王国と神聖ローマ帝国成立に至る政治的過程が問われている。4 つの指定語句を熟考して答案の構想を練っていくよう配慮されている。「分裂に関わる二つの条約」がヴェルダン条約とメルセン条約であることは問題ないだろうが，特に注意を要するのは「ロートリンゲン」で，これをどのように用いるかで得点に影響が出ると思われる。

フランク王国の分裂——「ヴェルダン条約」「メルセン条約」

843年 ヴェルダン条約…フランク王国を3分割
- 長兄ロタール1世　　→中部フランク・イタリア，帝位を継承
- 次兄ルートヴィヒ2世→東フランク（ドイツ）
- 末弟シャルル2世　　→西フランク（フランス）

870年 メルセン条約…中部フランクを東西フランクが分割
　　　　　　　　　　　　　　　→ドイツ・フランス・イタリアの原型が成立
　※中部フランクのロートリンゲン（フランス語でロレーヌ）も東西フランクで分割

▶ヴェルダン条約

　フランク王国は慣習的に息子への分割相続制をとっており，これがのちの王国分裂の原因となった。カール大帝の没後，王国の領土は子のルートヴィヒ1世に継承された。しかし，その死後，息子たちの間で遺領をめぐる争いが起こり，843年のヴェルダン条約で王国は3分割された。すなわち，長兄ロタール1世は帝位と中部フランクとイタリアを，次兄ルートヴィヒ2世は東フランク（ドイツ）を，末弟シャルル2世は西フランク（フランス）をそれぞれ獲得した。

▶メルセン条約

　長子ロタール1世の死後，短期のロタール2世の治世を経て，870年にメルセン条約が結ばれ，中部フランクは東西フランクに併合された。その際，ロートリンゲン（フランス名ロレーヌ）も東西に分割された。その後，ロートリンゲン西部は東フランクに併合されたものの，911年に東フランク（ドイツ）のカロリング朝が断絶したのを機に，この地は西フランク（フランス）に奪回されている。

> 🏴 **ロートリンゲン**
>
> 　ロートリンゲンが後にフランス・ドイツの争奪地となるロレーヌであることに気づくのはかなり難しいと思われる。この名称は，ロタール1世の息子であるロタール2世が継承した領土名（ロタールの地）が由来となっている。〔解答例〕では，この地がメルセン条約（870年）により東西フランクで分割されたことを指摘した。

東フランク（ドイツ）の発展とオットー1世の戴冠
——「ロートリンゲン」「ハインリヒ1世」「ザクセン朝」「マジャール人」

ザクセン朝のドイツ王国成立（919年）…諸侯選挙でザクセン家のハインリヒ1世が建国
オットー1世の治績…ザクセン朝第2代のドイツ国王
　　　　　　　　　　レヒフェルトの戦い（955年）で侵入したマジャール人を撃退
　　　　　　　　　　3回にわたるイタリア遠征←イタリア政策
神聖ローマ帝国の樹立（962年）…教皇ヨハネス12世がオットー1世に帝冠を授与

▶東フランク（ドイツ）の動向

　911 年に東フランク（ドイツ）のカロリング朝が断絶すると，部族を基盤とする有力諸侯（大公）が勢威を伸ばし，有力諸侯の選挙で国王が選ばれる「選挙王政」がしかれた。フランケン大公のコンラート 1 世が最初のドイツ王に選ばれたが短命に終わり，ついで国王に選出されたザクセン大公ハインリヒ 1 世がザクセン朝のドイツ王国を創立してドイツ統一を進め，925 年には西方のロートリンゲンを西フランク（フランス）から奪回した。

▶オットー 1 世の治世

　ハインリヒ 1 世の死後，その子オットー 1 世がザクセン朝第 2 代の国王となった。オットー 1 世は有力諸侯を抑え込むため，教会を国家統治に組み込む「帝国教会政策」をとり，またイタリア政策を推進して教皇への影響力を強めるためイタリア遠征を行った。東方から侵入したマジャール人を 955 年レヒフェルトの戦いで撃退し，西欧キリスト教世界の危機を救ったことは，彼の地位を不動のものとした。ついでオットー 1 世は，教皇ヨハネス 12 世の要請で第 2 回イタリア遠征を実施し，962 年教皇からローマ皇帝の帝冠を受け，神聖ローマ帝国（962 〜 1806 年）を成立させた。

> **ポイント**
> ①「ロートリンゲン」はメルセン条約で，「ハインリヒ 1 世」はザクセン朝でそれぞれ使用。
> ②カロリング朝断絶後に成立したザクセン朝ドイツ王国のハインリヒ 1 世とオットー 1 世の治績に言及。

解答例

カール大帝の子ルートヴィヒ1世の死後，相続争いが発生し，843年のヴェルダン条約でフランク王国は3人の子に分割された。長兄ロタール1世が中部フランクとイタリアを，次兄ルートヴィヒ2世が東フランクを，末弟シャルル2世が西フランクをそれぞれ獲得した。しかし，ロタール死後の870年にメルセン条約が結ばれ，中部フランクは東西フランクに併合され，のちの独仏伊の基礎が築かれた。その際，ロートリンゲンは東西フランクで分割された。東フランクでは10世紀初めにカロリング朝が断絶して選挙王政となり，やがてハインリヒ1世が部族諸侯の推挙で即位し，ザクセン朝を開いた。この王朝の第2代オットー1世は東方から侵入したマジャール人をレヒフェルトの戦いで破り，西欧キリスト教世界の危機を救った。また，教皇の要請でイタリア遠征を行い，その功績によって教皇ヨハネス12世からローマ皇帝の帝冠を受け，神聖ローマ帝国を成立させた。（400字以内）

18

フランク王オットー 1 世（在位 936 〜 973 年）の皇帝戴冠は，中世ヨーロッパ世界に一つの転機をもたらしたといわれる。彼は，10 世紀半ばのイタリア情勢に対応してアルプスを越えて南下し，962 年 2 月にローマで皇帝としての冠を受けた。このとき地中海の周辺には，東方にビザンツ帝国が，また地中海の南岸とイベリア半島にはイスラム勢力があった。オットーの皇帝戴冠の歴史的意義を，9 〜 10 世紀の地中海世界の政治動向との関係に言及しながら論じなさい。（400 字以内）

解説 オットー1世戴冠の歴史的意義

〔地域〕ドイツ　　〔時代〕中世　　〔分野〕政治・宗教

　オットー1世の神聖ローマ皇帝戴冠の歴史的意義を，9～10世紀の地中海世界の政治動向との関係に触れながら論述させる問題。ザクセン朝のドイツ国王がローマ皇帝の帝冠を受けたことで神聖ローマ帝国が成立し，皇帝権と教皇権の2つの普遍的権威が成立した歴史的意義に言及するとよい。また，地中海世界の政治動向については，問題文に言及すべきヒントが提示されており，文中の「ビザンツ帝国」や「地中海の南岸とイベリア半島にはイスラム勢力」などに着目し，それらの勢力の地中海進出が西欧カトリック世界に脅威を及ぼしたことが，オットー1世の皇帝戴冠につながった点に注目する。

設問の要求

〔主題〕オットー1世の戴冠の歴史的意義。
〔条件〕9～10世紀における地中海世界の政治動向との関係に言及する。

整理メモ

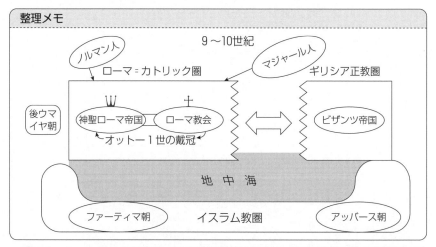

　単にオットー1世の皇帝戴冠の歴史的意義だけでなく，その時代の地中海世界の政治動向との関係を問うなど，グローバルな視点からの歴史理解力が求められており，生半可な知識では対応できない。問題文にある「9～10世紀の地中海世界の政治動向との関係」については，当時のビザンツ帝国やイスラム勢力の地中海進出が西欧カトリック世界を圧迫し，その危機感が教皇とドイツ国王との提携を導き，「オットーの戴冠」と神聖ローマ帝国成立の歴史的要因となった点に着眼することがポイント。

オットー1世即位以前の地中海世界の政治動向（9～10世紀）
- ビザンツ帝国によるバルカン半島と東地中海進出
- イスラム勢力（アッバース朝・ファーティマ朝・後ウマイヤ朝）の脅威

▶**包囲されるヨーロッパ世界**

　ビザンツ帝国はマケドニア朝（867～1057年）の時代に対外進出を活発化させ，10世紀後半にはバルカンのブルガリアに侵入する一方で東地中海方面にも進出した。また10世紀には，地中海南岸のチュニジア・エジプトを支配したファーティマ朝（909～1171年）や，イベリア半島を拠点とした後ウマイヤ朝（756～1031年）などのイスラム勢力の西地中海進出も活発化し，西欧のローマ=カトリック世界に大きな脅威を与えた。こうしたビザンツ帝国やイスラム勢力などの地中海進出という危機的状況下で，教皇による「オットーの戴冠」は西欧カトリック世界を防衛する守護者としての役割が期待された。

オットー1世の戴冠

皇帝権と教皇権の2つの普遍的権威が並立
　　　　　→中世ヨーロッパ世界の新秩序が現出

▶**神聖ローマ帝国の成立**

　東フランク（ドイツ）では911年にカロリング朝が断絶すると，有力諸侯の中から選挙で新しい国王を選出するようになった。ザクセン朝ドイツ王国の初代王となったハインリヒ1世はノルマン人の侵入を撃退し，第2代の国王オットー1世はマジャール人の侵入をレヒフェルトの戦いで破って名声をあげた。また，教皇との提携を図る必要からイタリア政策に力を注ぎ，第2次ローマ遠征の際，教皇ヨハネス12世からローマ皇帝の帝冠を受け，962年に神聖ローマ帝国を樹立した。

▶**オットー1世戴冠の歴史的意義**

　「オットーの戴冠」は800年の「カールの戴冠」の理念を継承したものであり，これにより皇帝権と教皇権の2つの普遍的権威によって主導される中世ヨーロッパ世界の新秩序が現出した。これが歴史的意義である。とはいえ，ドイツ王が新たにローマ皇帝としてヨーロッパにおける超国家的権威をもつにいたったものの，実際には皇帝としての支配権はドイツとイタリアに限定されていた点に注意したい。

▶その後のイタリア政策

　ドイツ国王はローマ教皇から帝冠を受け，皇帝としてドイツに君臨するという形をとったため，教皇との関係の緊密化を図る必要があり，オットー1世以来の歴代のドイツ皇帝はイタリア政策に専念することを余儀なくされた。その結果，ドイツ国内の統治がおろそかにされたため国内の政治的分裂が進み，領邦国家の自立化を促した。また，オットー1世が採用した帝国教会政策（皇帝がドイツ国内の教会の司教・修道院長の任命権を掌握）は，のちに教皇権との対立を招いて，11世紀に叙任権闘争を発生させることになる。

ポイント

①ビザンツ帝国や，ファーティマ朝・後ウマイヤ朝の地中海進出が西欧世界を圧迫。

②「オットーの戴冠」は「カールの戴冠」の理念を継承し，西欧世界に皇帝権と教皇権が並立。

解答例

　10世紀にビザンツ帝国のマケドニア朝がバルカンや東地中海進出を活発化させ，ギリシア正教圏の拡大を図った。一方，チュニジア・エジプトを支配するファーティマ朝や，イベリア半島の後ウマイヤ朝などのイスラム勢力も地中海で勢力を伸ばした。また，ノルマン人の南下や，マジャール人の侵入も西ヨーロッパのカトリック世界に脅威を与えた。こうした情勢のなか，マジャール人の侵入を撃破して功績をあげたザクセン朝のオットー1世が教皇から帝冠を受けて神聖ローマ帝国を樹立した。オットーの戴冠は，ドイツ王が同時に皇帝として西ヨーロッパ世界を防衛する守護者としての地位を確立したのみならず，皇帝権と教皇権の2つの普遍的権威によって主導される西ヨーロッパ世界の新秩序の誕生をも意味した。しかし，教皇との緊密化を図る必要から歴代の皇帝がイタリア政策に専念したことは，のちに皇帝権の弱体化と，ドイツ国内での領邦の自立化を促した。（400字以内）

19

　中世後期のヨーロッパ大陸諸国において，君主によって設けられ，招集される議会が生まれた。フランスの三部会，ドイツの等族議会が良く知られているが，その他にスペインのコルテス，ポーランドのセイムなどがあり，諸身分や団体の代表が出席した。これらは「身分制議会」と呼ばれるが，その歴史的な経緯と主な機能，そしてその政治的役割について，特に近代の議会との違いに留意しながら具体的に述べなさい。（400 字以内）

解説　中世ヨーロッパの身分制議会

〔地域〕ヨーロッパ　　〔時代〕中世　　〔分野〕政治

　中世後期のヨーロッパ大陸諸国の「身分制議会」をテーマとした論述問題。身分制議会の歴史的経緯と主な機能，その政治的役割および近代議会との相違点を問うている。歴史的経緯に関しては，身分制議会の典型であるフランス三部会成立の経緯に言及すると文章を展開しやすいだろう。「近代の議会との違い」については「政治・経済」の基礎知識がないと相当な難問となる可能性がある。

設問の要求

〔主題〕中世ヨーロッパの身分制議会の歴史的経緯と主な機能，その政治的役割。
〔条件〕近代の議会との相違点に留意して具体的に論述する。

整理メモ

中世身分制議会　　　　　　　　　　近代の議会

♔　　　　　　　　　　　　　　　議会主権
君主主権　　　　　　　　　　　（立法機能の強化）

課税の承認 ⇧ 国政への発言権　　　　　　⇧ 国政への参加
　　　身分制の代表　　　　　　　　　　国民の代表
聖職者・貴族・市民　　　　　　　　選挙権は国民

　身分制議会の起源は 1265 年に成立したイギリスの議会にあるが，この論述問題では問題文に「中世後期のヨーロッパ大陸諸国において」とあることから，イギリスのケースは対象外と考えた。それゆえ身分制議会の典型とされるフランス三部会をイメージしながら論述を組み立てるとよいだろう。三部会はどのような背景で成立したのか，議会を構成した身分階層は何かなどを考え，それらが近代の議会とどのように異なるかをまとめればよい。

身分制議会の歴史的経緯と主な機能

＜典型例はフランスの三部会＞
三部会の成立（1302 年）：聖職者課税権問題で教皇と対立した仏王フィリップ 4 世が国民の支持を得るため創設
三部会の機能：国王側は議会の同意という合法的手段を利用して国民に課税
　　　　　　　聖職者・貴族・市民の代表は課税審議権をもつことで国政への発言権を確保
　　　　　　　王権の強大化を抑制する政治的役割

▶三部会の成立

　フランスの三部会を例にとると，カペー朝のフィリップ 4 世は国内教会に対する王権の至上性をとなえて教皇と対立し，聖職者課税権問題に端を発して教皇ボニファティウス 8 世と争った。その際，国内勢力の支持を得る目的から，聖職者・貴族代表に新たに都市の市民代表を加えて，1302 年三部会を創設した。

▶課税への審議権

　三部会の例にみられるように，身分制議会誕生をうながした直接の動機は，王室側が議会という妥協的・合法的手段を通じて租税収入の増加をはかろうとしたことにあった。一方，聖職者・貴族・都市市民の側も，課税審議権をもつことで国政に対する発言権を確保し，君主権を財政面から抑制する政治的役割を担った。

▶身分制議会の限界

　従来の聖職者・貴族代表の諮問会議とは異なり，身分制議会には王と封建的主従関係のない新興の都市市民が参加し，彼らが国政に対して発言権を有するようになったことの政治的意義は大きい。しかし，立法的機能はイギリスを除き弱体で，内政・外交問題の諮問に参加は認められたものの，国家間の政治対立などの大きな問題に対しては君主に請願を提出するにとどまるなど，国政への影響力には限界があった。

近代の議会との相違点

中世の身分制議会：特権身分や都市の上層市民の代表で構成
　　　　　　　　立法機能は弱体 → 国王側の法案の協賛機関
近代の議会：国王主権よりも議会主権に立脚
　　　　　　議員は選挙で国民から選出される
　　　　　　立法機能の強化 → 立憲主義のもとで君主権を制限

▶限定された構成員，立法権の不在

　身分制議会は，近代の国民代表制の議会とは異なり，聖職者・貴族・都市代表者などの身分別に構成され，決して国民の代表者から選出されているのではない。また，議会といっても，国王が各身分別に代表を集めて会議を開き，課税案を提出し，その代わりとして各身分の陳情，あるいは請願に接するという方法がとられた。身分制議会は国王との協約関係に立っており，近代議会のような立法権をもつ独立した権力機関ではなく，議会の開催・運営権などは，原則として国王が掌握していた。

ポイント
①中世の身分制議会の典型であるフランス三部会をイメージする。
②近代の議会は国民から選出され，立法権を有している点に着目。

解答例

　　聖職者・貴族・市民の代表で構成された身分制議会は，中世の封建
社会から絶対王政に至る過渡期に成立した。フランスの三部会は，
聖職者課税権で教皇と対立したフィリップ4世が国内勢力の支持を
得る目的から1302年に創設し，その結果，国王は議会という合法
的・妥協的な手段を利用して国民全体に課税することが可能となっ
た。ドイツの領邦議会やスペインのコルテスなども含め，一般に身
分制議会は課税審議権を有し，国王の課税を承認する代償として国
政に対する発言権をもち，君主権の専制を抑制する役割を果たした。
ただし，市民革命後に成立した近代議会が選挙で国民から選出され
た議員で構成される立法機関であり，同時に国政の最高決定機関で
あるのとは違い，身分制議会は立法や行政の権限は国王が握り，代
表は国民のためではなく自分の所属する身分の利益を代弁し，あく
まで国王の行政・立法を支える協賛機関にすぎなかった。（400字
以内）

20

　宗教改革は，ルターにより神学上の議論として始められたが，その影響は広範囲に及び，近代ヨーロッパ世界の形成に大きな役割を果たした。ドイツとイギリスそれぞれにおける宗教改革の経緯を比較し，その政治的帰結について述べなさい。その際，下記の語句を必ず使用し，その語句に下線を引きなさい。（400 字以内）

　　アウグスブルクの和議　　　首長法

解説　ドイツ・イギリスの宗教改革とその政治的帰結

〔地域〕ドイツ・イギリス　　〔時代〕近世　　〔分野〕政治・宗教

　ドイツ・イギリスの宗教改革の経緯の比較と政治的帰結を概述させる論述問題。「政治的帰結」に関しては歴史的考察力が求められており，ドイツの場合には領邦君主の皇帝権からの自立について，イギリスの場合には国教会を通じての絶対王政の確立について言及することが欠かせない。教科書の重要事項の歴史理解が求められており，指定語句も提示されているので取り組みやすい。

設問の要求

〔主題〕ドイツとイギリスの宗教改革の経緯の比較とその政治的帰結。

整理メモ

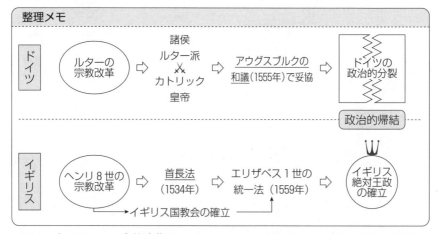

　ドイツとイギリスの宗教改革について，それぞれの国別に，開始→経緯→政治的帰結を述べていけばよい。ドイツでは，カール5世のもとで起こったルター派諸侯と皇帝派の争いやアウグスブルクの和議の内容，神聖ローマ帝国の政治的分裂を説明しよう。イギリスでは，ヘンリ8世からエリザベス1世にいたる君主の宗教政策を中心に据え，絶対王政が確立するまでの経緯を述べればよい。

ドイツの宗教改革の経緯と政治的帰結──「アウグスブルクの和議」

1517 年　　　ルターの「九十五カ条の論題」発表
1524 ～ 25 年　ドイツ農民戦争：ルターは領主側に立ち，鎮圧を要請
1530 年　　　シュマルカルデン同盟：ルター派諸侯・帝国都市が結成。皇帝派に対抗
1546 ～ 47 年　シュマルカルデン戦争：皇帝派の勝利
1555 年　　　アウグスブルクの和議：ルター派の信仰を諸侯に認める
　　　　　　　　　　　　　　「領主の宗教がその地の宗教」→領邦教会制の成立
　　　　　　　　　　　　　　領邦の自立→帝国の政治的分裂を促進

▶**宗教改革の開始**

　そもそもルターの宗教改革は，ローマ教会の贖宥状（しょくゆうじょう）販売に対する神学上の批判から始まった。彼の教説は，「ローマの牝牛（めうし）」と呼ばれたドイツでカトリック教会の搾取の対象となっていた農民や，封建社会の矛盾に不満をもつ没落騎士，反皇帝派諸侯に支持され，社会的に大きな影響を与えた。

▶**宗教改革の展開**

　ドイツ農民戦争（1524 ～ 25 年）では，ルターは初めは農民たちに同情を示したが，反乱が領主制や農奴制の廃止を求めて急進化したため，諸侯に鎮圧を要請した。これを機にルター派は，皇帝の支配からの自立を求める諸侯に支持されていった。1530 年にルター派諸侯と帝国都市はシュマルカルデン同盟を結成して皇帝派に対抗し，シュマルカルデン戦争（1546 ～ 47 年）を戦ったが，皇帝派に敗北した。

▶**アウグスブルクの和議**

　1555 年にアウグスブルクの和議が結ばれ，諸侯にカトリックかルター派かのどちらかを選ぶ自由が認められた。これにより，「領主の宗教がその地の宗教」という原則が確認され，ルター派諸侯は領邦教会を支配下においてその政治的地位を確立した。

▶**政治的帰結**

　諸侯に完全な宗教上の領域主権を認め，帝国法上，カトリックの皇帝派諸侯と同等の権利が付与されたことは，領邦君主の自立を強め，帝国の政治的分裂を促進した。ただし，カルヴァン派の信仰は認められず，そのことが，のちのドイツ三十年戦争（1618 ～ 48 年）につながる要因となった。

> ### イギリスの宗教改革の経緯と政治的帰結──「首長法」
>
> 1534 年　ヘンリ 8 世が首長法を発布：イギリス国教会を創立。国王が首長を兼任
> 1549 年　エドワード 6 世が一般祈禱書を制定：国教会の新教化
> 　　　　　→ メアリ 1 世のカトリック反動
> 1559 年　エリザベス 1 世が統一法を発布：礼拝を統一してイギリス国教会を確立

▶ヘンリ 8 世

　テューダー朝のヘンリ 8 世は，ルターの宗教改革に反対して教皇レオ 10 世から「信仰の擁護者」の称号を得たが，王妃カザリンとの離婚を教皇が承認しなかったため，1534 年首長法を発布し，国王を唯一の首長とするイギリス国教会を創立してローマ教会と絶縁した。ついで修道院を解散して土地・財産を没収し，王室財政を強化して絶対王政の基盤を確立した。

▶エドワード 6 世・メアリ 1 世

　次のエドワード 6 世の治世の 1549 年には，一般祈禱書が制定され，国教会の教義が著しく新教化した。しかし，その後，カトリック国スペインの皇太子フェリペ（のちのフェリペ 2 世）と結婚したメアリ 1 世はイギリスにカトリックを復活させ，政治混乱をもたらした。

▶エリザベス 1 世

　次のエリザベス 1 世は 1559 年に統一法（礼拝統一法）を発布してイギリス国教会体制を確立し，カトリックとピューリタンの急進派を抑圧して国論の統一をはかり，絶対王政の最盛期を現出させた。このように，イギリスの宗教改革はドイツとは異なって，国教会を通じて王権の強大化がもたらされ，絶対君主による中央集権体制の確立に貢献した。

> **ポイント**
> ①ドイツでは政治的分裂，イギリスでは絶対王政の確立が政治的帰結となる。
> ②ドイツの政治的分裂は，領邦の宗教上の主権が確立したことで促進。

解答例

　ドイツではルターの宗教改革の影響で農民戦争が勃発したが，ルターが諸侯による鎮圧を擁護したため失敗に帰した。しかしこれを機にルター派は諸侯の間に広まり，ルター派諸侯と帝国都市はシュマルカルデン同盟を結成してカトリックの皇帝派に対抗し，内戦を展開した。結局，アウグスブルクの和議で妥協が成立し，ルター派諸侯に信仰の保持が認められた。この結果，ドイツでは領邦教会が成立し，政治的分裂が深まった。一方，イギリスでは王妃との離婚をめぐってローマ教皇と対立した国王ヘンリ8世が，1534年に首長法を発布してカトリック教会から分離したイギリス国教会を創立し，この過程で権力を強化して絶対王政を確立した。その後，メアリ1世が一時カトリックを復活させたが，次のエリザベス1世が統一法を発布して国教会体制を確立した。このように宗教改革はドイツでは領邦君主の台頭を，イギリスでは絶対王政の確立をもたらした。

（400字以内）

第2章　大論述Ⅱ・中論述Ⅰ

（注）　解答は，解答用紙の所定の位置に横書きで書きなさい。他のところに書いても無効になることがあります。また，字数などの指示がある場合は，その指示に従って書きなさい。なお，字数制限がある場合，算用数字及びアルファベットに限り，１マスに２文字入れることができます。それ以外の句読点や問題番号には１マスを使用すること。ただし，例えば「問１」ならば「１」とのみ書いても構いません。なお，問題番号は問題ごとに指定された解答字数に含めます。

　　　（例）

　　　　Ⅰの「問１」の場合 ——

21

次の地図を見て，問いに答えなさい。

問い　1963年，アフリカ統一機構(OAU)が創設された。しかし，地図中のAとB
　　　がOAUに加盟したのは，それぞれ1975年と1980年であった。OAU加盟が
　　　10年以上後となった経緯について，AとBの内外の状況に言及しつつ，説明
　　　しなさい。その際，AとBそれぞれの宗主国と独立後の国名を明記するこ
　　　と。(400字以内)

解説 モザンビークとジンバブエが独立した経緯とその背景

〔地域〕アフリカ 〔時代〕現代 〔分野〕政治

地図からモザンビークとジンバブエを判定させ，両国が独立した経緯を説明させる問題。解答の道筋は，両国のOAU加盟が10年以上遅れた理由として，前半部ではモザンビークがポルトガル革命をへて1975年に独立した経緯を，後半部では南ローデシアの白人政権によるアパルトヘイトに対する黒人の独立闘争や国連制裁などで白人政権が倒れ，黒人政権がジンバブエ共和国を1980年に樹立した経緯を説明する。戦後の国際政治は年度によって出題されているが，現代アフリカ史の出題は珍しい。難問。

設問の要求

〔主題〕地図中のAとBのOAU加盟が創設の10年以上後となった経緯。
〔条件〕a．AとBの内外の状況に言及する。
　　　　b．AとBそれぞれの宗主国と独立後の国名を明記する。

整理メモ

モザンビーク独立の経緯	ジンバブエ独立の経緯
（宗主国はポルトガル）	（宗主国はイギリス）

1960 アフリカの年→17カ国独立

1963 アフリカ統一機構（OAU）→パン＝アフリカ主義の高揚

モザンビーク	ジンバブエ
1965 モザンビーク解放戦線→ポルトガルのサラザール独裁政権が独立運動を弾圧 1974 ポルトガルでカーネーション革命→独裁政権が崩壊し新政権へ 1975 モザンビークの独立承認→OAU加盟	1964 北ローデシア→ザンビア共和国，マラウイ共和国として独立／南ローデシア→白人スミス政権が独立運動弾圧 1965 スミス政権が英からの独立宣言→ローデシア共和国→南アと連携してアパルトヘイト→国際世論の批判と国連の制裁 1980 黒人のムガベ政権→ジンバブエ共和国成立→OAU加盟

地図中のAとBの国名が特定できないと答案が書けない仕掛けとなっており，まずアフリカの国々についての地理的知識が試されている。また，Aがモザンビークであると判断できた場合でも「内外の状況」として，ポルトガルのサラザールによって独

立運動が弾圧されたこと，ポルトガル国内の革命によって独立が達成されたことに着目するには，知識と考察力が必要。Bのジンバブエの経緯も詳細な知識が必要で，英領の南ローデシアがローデシア共和国として独立したこと，南アフリカ共和国と連携したアパルトヘイト実施，黒人の解放戦線との抗争，国際世論の反発や国連の制裁などに触れ，総選挙で成立した黒人政権がジンバブエ共和国に改名したことに言及しよう。現代アフリカ史に関するハイレベルな設問である。

モザンビークが独立した経緯

- 内的状況：1963年OAU設立，反植民地主義が高揚→独立運動の開始
- 外的状況：ポルトガル革命→革命政権が1975年に独立を承認

▶モザンビークの独立に及ぼした内外の状況

　第二次世界大戦後もモザンビークはアンゴラとともにポルトガルのサラザール独裁政権（1932〜68年）が植民地として支配し，1960年の「アフリカの年」に多数の独立国が誕生するなか独立を拒否。1963年にアフリカ統一機構（OAU）が設立され反植民地主義が高揚すると，その影響で1965年にモザンビーク解放戦線が結成され，武装闘争を開始した。しかし，独裁者サラザールは独立運動を弾圧し続けた。サラザールが1968年に引退すると，植民地解放を主張する青年将校らが1974年に軍事クーデタを起こし，独裁政権を倒した（カーネーション革命）。新政権が翌1975年に独立を承認した結果，モザンビークは同年OAUへの加盟を実現。なお，1976年にアンゴラの独立も承認されたが，両国は独立後も隣接するローデシアや南アフリカ共和国の白人政権から軍事介入を受け，1990年代初頭まで内戦が続いた。

ジンバブエが独立した経緯

- 内的状況：南ローデシアの白人政権が英から独立→ローデシア共和国を樹立
　　　　　　アパルトヘイト政策→黒人の武装闘争が激化
- 外的状況：国連の制裁→総選挙で黒人政権がジンバブエ共和国を樹立

▶ジンバブエの独立に及ぼした内外の影響
①内的状況

　ブール戦争をへてイギリスは1911年南アフリカ内陸部に植民地ローデシア（植民者セシル=ローズの名に由来）を建設。第二次世界大戦後も白人支配が強固で，1960年の「アフリカの年」でも宗主国イギリスは独立を認めなかった。1963年アフリカ統一機構（OAU）が設立され，パン=アフリカ主義が高揚すると，北ローデシアで独

立運動が激化し，1964年，ザンビア共和国とマラウイ共和国が独立したが，南ローデシアではイギリスによる支配が続いた。本国政府が独立に対して融和的姿勢を示すと，現地の白人支配層はこれに反発し，1965年に白人スミス政権が一方的にイギリスからの独立を宣言し，南ローデシアにローデシア共和国を樹立した。

②外的状況

　独立後のローデシア共和国は，南アフリカ共和国（1961年英連邦から離脱）と同様の人種隔離政策であるアパルトヘイトを実施したため国際的な非難を受け，国際連合にも経済制裁を加えられた。1970年代に入ると黒人による武装闘争が激化して内戦状態となり，死者は3万人にのぼったが，1979年にイギリスの調停で黒人の参政権が付与された。1980年の総選挙では黒人のムガベ政権が成立し，国名をローデシアからジンバブエ共和国に改名し，同年OAUに加盟した。

ポイント
①モザンビークは，ポルトガルのサラザール政権による独立弾圧とポルトガル革命に言及。
②ジンバブエは，ローデシア共和国のアパルトヘイトに対する黒人闘争や国連制裁に着目。

解答例

　1960年の「アフリカの年」に多くのアフリカ諸国の独立が達成され，植民地支配からの解放をめざすパン＝アフリカ主義が高揚し，OAUが結成された。しかし，アフリカ南部にはまだ西欧諸国の植民地支配を受ける国が存続した。Aはポルトガルの植民地のモザンビークで，サラザールの独裁政権により独立運動が弾圧されていた。しかし，カーネーション革命で成立した新政権が植民地の放棄を決めた結果，1975年にモザンビークが独立を達成し，同年OAUに加盟した。Bはジンバブエ。この国の前身は，イギリス領の南ローデシアの白人政権が人種差別政策を維持するため1965年イギリスから独立したローデシア共和国で，南アフリカ共和国の支援を受けてアパルトヘイトを強行した。このため黒人の独立闘争が激化し，また国際世論の批判や国連の制裁を受け，1980年の総選挙で白人政権が倒され，黒人のムガベ政権がジンバブエ共和国として独立を宣言し，同年OAUに加盟した。（400字以内）

22

次の文章を読んで，問いに答えなさい。

　考えてみれば，歴史を通じて，公共投資とインフラが文字通り米国を変革してきた。我々の態度と機会を。大陸横断鉄道や州間ハイウエーが2つの大洋をつなぎ，米国にまったく新しい前進の時代をもたらした。

　全国民への公立学校と大学進学援助が機会への扉を広く開いてきた。科学の大躍進が我々を月に，そして今では火星に送り，ワクチンを発見し，インターネットなど多くの技術革新を可能にしてきた。これらは国家として力を合わせて実施した投資であり，政府のみができる立場にあった。こうした投資は，何度となく我々を未来へ進ませてくれた。

　<u>一世代に一度の米国自身への投資である「米国雇用計画」を提案しているのはそのためだ。</u>これは第2次世界大戦以来最大の雇用計画だ。交通インフラを更新するための雇用，道路，橋，高速道路を近代化するための雇用，港，空港，鉄道網，交通機関路線を建設するための雇用を生み出す。

　（中略）

　米国雇用計画は，何百万もの人々が仕事やキャリアに戻れるよう支援する。このパンデミック（世界的大流行）の間に，200万人の女性が仕事を辞めた。200万人だ。子供や助けが必要な高齢者を世話するために必要な支援を受けられなかったため，という理由が余りにも多い。80万もの家族が，高齢の親や障害を持つ家族を自宅で世話するサービスを受けるための（低所得層向けの公的医療保険である）メディケイドの待機リストに載っている。あなたがこれを重要でないと思うなら，自分の選挙区の状況を確認してほしい。

　（「全文で振り返るバイデン氏議会演説」『日本経済新聞』電子版，2021年5月5日より引用。但し，一部改変）。

問い　下線部からは，この演説が，「米国雇用計画」に比肩しうるような20世紀アメリカの経済政策を念頭に置いていることがうかがえる。この20世紀アメリ

カの経済政策は，それ以降のアメリカの経済政策の基調を作った。しかし，こうした方向性の政策は，その後，強く批判されるようになる。この20世紀の経済政策の内容とそれが実施された背景について論じたうえで，それ以降の経済政策への影響を説明しなさい。また，それが，なぜ，どのような理由から批判されるようになったのかについても説明しなさい。（400字以内）

バイデン大統領の演説と20世紀アメリカの経済政策

〔地域〕アメリカ 〔時代〕現代 〔分野〕経済・社会

バイデン大統領の演説中の「米国雇用計画」に比肩しうる「20世紀アメリカの経済政策」とは，世界恐慌下のニューディールを指している。その背景として，自由放任主義に基づくフーヴァー政権の恐慌に対する姿勢と，フランクリン=ローズヴェルトが実施したニューディールの内容を，修正資本主義と絡めて説明する。その影響として，それ以降の歴代政権の「大きな政府」について述べ，最後にそうした修正資本主義の政策がなぜ批判されたのかを，新自由主義の立場から説明するとよい。

設問の要求

〔主題〕a．ニューディールの内容とそれが実施された背景。

b．ニューディールの，それ以降の経済政策への影響。

c．ニューディールが，なぜ，どのような理由から批判されるようになったのか。

整理メモ

ニューディールの背景と内容	以降の経済政策への影響	ニューディールへの批判
1929〜 世界恐慌 共和党のフーヴァー政権は自由放任主義→効果なし 1933〜 ニューディール政策 民主党のフランクリン=ローズヴェルト政権 ●ケインズの修正資本主義 →「大きな政府」をめざす ●TVA→失業者救済 ●社会保障法(1935) ●ワグナー法 →労働者の諸権利を保障	「大きな政府」が続く ●トルーマン →フェアディール政策 ●ケネディ →ニューフロンティア政策 ●ジョンソン →「偉大な社会」計画	1970年代 ドル=ショックとオイル=ショック →修正資本主義への批判 →フリードマンが提唱する新自由主義台頭 1980年代 共和党のレーガン政権がレーガノミクスを実施 →「小さな政府」をめざす

問題文中の「20世紀アメリカの経済政策」はニューディールであることを，史料から読み取ろう。ニューディール政策の背景と内容は基本的知識で対応できるが，その後の経済政策への影響や，それが批判されるに至った理由には詳細な知識が必要。資料のバイデン演説は，公共投資，インフラ，雇用，公的医療保険などに言及しており，そこに政策上の視点をすえる。ニューディールで実践された修正資本主義と福祉国家政策の路線は，戦後の民主党のトルーマン政権のフェアディール政策，ケネディ政権のニューフロンティア政策，ジョンソン政権の「偉大な社会」計画に継承。いず

れも「大きな政府」をめざした。しかし，1970年代初頭のベトナム戦争による財政悪化とドル＝ショック，1973年の第4次中東戦争とスタグフレーションなどの経済危機から，「小さな政府」をめざす新自由主義が台頭した。

ニューディールの内容とその背景

- フーヴァー政権の自由放任主義→ローズヴェルト政権の修正資本主義
- ニューディールの内容→TVA・社会保障法・全国産業復興法・ワグナー法など

▶ニューディールの内容とそれが実施された背景

①実施された背景

　1929年に起こった世界恐慌を機にアメリカで失業者が大幅に増加したが，当時の共和党のフーヴァー大統領（在任1929～33年）は自由放任主義を踏襲し，不況に対する有効な打開策を講じられなかった。

②ニューディールの内容

　次の民主党のフランクリン＝ローズヴェルト大統領（在任1933～45年）は革新的なニューディールを実施し，いわゆる修正資本主義を採用。これはイギリスの経済学者ケインズによって理論化された経済学で，政府（国家）が積極的に経済に介入して公共投資などで有効需要を拡大し，失業解消を図るという「大きな政府」路線に立脚した政策であった。具体的には，公共投資・雇用に関してはTVA（テネシー川流域開発公社）により失業者の救済につとめ，社会保障法（1935年）で社会福祉の充実をめざし，農業調整法（AAA）で農業生産の調整を図った。また，全国産業復興法（NIRA）で企業生産の規制を図ったが，この法は違憲とされたため，そこに含まれていた労働者の団結権・団体交渉権を保障するワグナー法（1935年）が制定された。

ニューディールが，その後の経済政策に与えた影響

- トルーマン政権→フェアディール政策
- ケネディ政権→ニューフロンティア政策
- ジョンソン政権→「偉大な社会」計画

▶ニューディールが，それ以降の経済政策に及ぼした影響

　ニューディールで採用されたケインズの修正資本主義と福祉国家政策は，その後の歴代民主党政権に継承された。たとえば，トルーマン政権のフェアディール政策，ケネディ政権のニューフロンティア政策にもその理念はみてとれる。ジョンソン政権の「偉大な社会」計画では「貧困との闘い」が宣言され，医療福祉の充実などが提言さ

れている。こうした一連の政策によって「大きな政府」はさらに巨大化していった。

▶修正資本主義への批判と新自由主義

①批判された理由

　1970年代に入ると，ベトナム戦争による軍事費の増大でアメリカの国際収支が悪化してドル危機が生じ，1971年にドル=ショック（金・ドル交換停止）が起こった。また，1973年には第4次中東戦争を機にオイル=ショックが発生して，先進諸国は景気後退の中でインフレーションが進行するスタグフレーションに苦しんだ。

②新自由主義の台頭と「小さな政府」

　こうした経済危機の中で，修正資本主義を批判して台頭したのがフリードマンらが提唱する新自由主義で，ケインズ理論による福祉国家の所得再分配政策がもたらす国家の肥大化を批判し，「小さな政府」をめざして福祉削減・緊縮財政・市場の競争などを主張した。1980年代に共和党のレーガン大統領（在任1981～89年）は，この新自由主義に基づいてレーガノミクスと呼ばれる政策を実行し，自由競争の奨励，大幅減税，社会保障の縮小などを実施して民間経済の活性化を図った。

ポイント

①ニューディールの内容は，TVA・全国産業復興法・社会保障法・ワグナー法。
②修正資本主義と「大きな政府」，新自由主義と「小さな政府」の対比に着目。

解答例

　世界恐慌に対して共和党のフーヴァー政権は自由放任主義に固執し，有効な対策を講ぜず，失業者が増大した。このため民主党のフランクリン=ローズヴェルト政権は政府による強力な統制経済である修正資本主義を採用してニューディールを実施した。この政策のもとで積極財政がとられ，TVAなどの公共事業によって雇用拡大を図る一方，社会保障法の制定など「大きな政府」による社会福祉策が推進された。この修正資本主義による政策は大戦後のトルーマンやケネディらの民主党政権に継承され，ジョンソン政権は「偉大な社会」計画を掲げて差別・貧困の撲滅をめざした。しかし，1970年代に石油危機を機にスタグフレーションが起こると，政府介入による修正資本主義が経済成長の停滞を招いていると批判された。その結果「小さな政府」によって市場の自由競争を重視する新自由主義が台頭し，共和党のレーガン政権はその路線に沿って減税と社会保障の縮小を実施した。（400字以内）

23

ヨーロッパ文化史に関する次の文章を読み，問いに答えなさい。

「シェークスピアのイングランド」，「ゲーテの時代」，このような言葉から，
人々はある特色によって内面的に統一された文化現象の全体的印象を受ける。いや
それ以上に，後代の人々が一種の憧憬れの感情を以て見返るようなもの，後代には
既に失われた青春の活力，後代が僅かにその余映を仰ぐような新しい指導価値が，
突然に国民の中に芽生え，成長し，彼等の月並な伝統的生活，その動脈硬化的生活
力を一新する時代，いわば歴史的な最良の時代を想い浮べる。丁度，それと同じ
ような意味で，「レムブラント〔レンブラント〕時代」という言葉が，オランダの歴史
家達によって使われる。

（村松恒一郎『文化と経済』より引用。但し，一部改変）

問い　下線部(a)(b)について，「ゲーテの時代」と「レムブラント時代」の文化史的特性
　　　の差異を，下の史料1及び史料2を参考にし，当該地域の社会的コンテクスト
　　　を対比しつつ考察しなさい。（400字以内）

史料1

（レンブラント作「織物商組合の幹部たち」）

史料2

　たしかにわれわれの帝国の体制はあまりほめられたようなものではなく，法律の濫用ばかりで成り立っていることをわれわれも認めたが，フランスの現在の体制よりはすぐれていると考えた。〔中略〕しかし他の何物よりもわれわれをフランス人から遠ざけたのは，フランス文化追従に熱心な王と同じく，ドイツ人全般に趣味が欠けているという，繰り返し述べられる無礼な主張であった。〔中略〕フランス文学自体に，努力する青年を引きつけるよりは反発させずにはおかないような性質があったのである。すなわち，フランス文学は年老い，高貴であった。そしてこの二つは，生の享受と自由を求める青年を喜ばせるようなものではなかった。

　　　　　（ゲーテ『詩と真実』山崎章甫訳，岩波書店より引用。但し，一部改変）

解説 「レンブラント時代」のオランダと「ゲーテの時代」のドイツの文化史的特性の差異

〔地域〕オランダ・ドイツ　〔時代〕近世・近代　〔分野〕社会・文化

　「レンブラント時代」と「ゲーテの時代」の文化史的特性の差異をテーマに扱った論述問題で，視覚資料と史料が使用された。「レンブラント時代」の説明は絵画も含めて比較的書きやすいと思われる。これに対して，「ゲーテの時代」について，史料内容を考察しつつ，17世紀のオランダとの文化史的特性の差異を説明するのは，かなり難しいと思われる。なお，2018年度第2問の「ドイツの歴史学派経済学と近代歴史学の相違とその成立背景」でも，本問と同様にコンテクストが問われている。

設問の要求

〔主題〕「レンブラント時代」と「ゲーテの時代」の文化史的特性の差異。
〔条件〕a．史料1のレンブラントの絵画と，史料2のゲーテの『詩と真実』を参考。
　　　　b．当該地域（オランダ・ドイツ）の社会的コンテクストを対比。
　　　　　　　　　　　　　　　　　　※コンテクストとは，文脈，背景の意味。

整理メモ

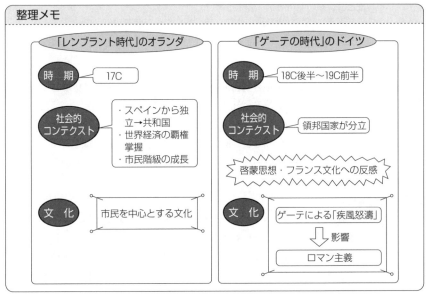

「レンブラント時代」のオランダ

時期	17C
社会的コンテクスト	・スペインから独立→共和国　・世界経済の覇権掌握　・市民階級の成長
文化	市民を中心とする文化

「ゲーテの時代」のドイツ

| 時期 | 18C後半〜19C前半 |
| 社会的コンテクスト | 領邦国家が分立 |

啓蒙思想・フランス文化への反感

| 文化 | ゲーテによる「疾風怒濤」 |

↓影響

ロマン主義

　「レンブラント時代」の17世紀オランダについては，独立後の世界経済覇権の確立という状況と史料1のような絵画が描かれた社会的コンテクストを結びつけたい。また，この絵画の特徴から文化史的特性に言及する必要がある。

　「ゲーテの時代」は，彼が活躍した18世紀後半から19世紀前半が対象となる。史料2から，フランス文学や啓蒙思想に対するゲーテの批判を読み取ったうえで，当時のドイツの社会的コンテクストを考えていきたい。また，文化史的特性については，ゲーテが「疾風怒濤」の文学運動を起こし，ロマン主義の先駆となった点に着目したい。

＊史料から読み取れること

　史料1：「織物商組合の幹部たち」が描かれた17世紀のオランダでは，商人組合の幹部たちの集団肖像画が描かれるような市民側からの需要があった。

　史料2：①「われわれの帝国の体制」とは神聖ローマ帝国の領邦国家体制を指し，「フランスの現在の体制［旧制度］よりはすぐれている」としている。
②「フランス文化追従に熱心な王［プロイセン王フリードリヒ2世］と同じく，ドイツ人全般に趣味が欠けているという，繰り返し述べられる無礼な主張」によって，ドイツ人はフランス人に反感をもったとしている。
③「フランス文学は年老い，高貴であった」として，「生の享受と自由を求める青年を喜ばせるようなものではなかった」と否定的に見ている。

「レンブラント時代」のオランダ（17世紀）

- スペインから独立後，世界経済の覇権を確立
- 商業の発展を背景に市民社会が形成され，市民的な文化が開花

▶**社会的コンテクスト**

　1581年にスペインからの独立を宣言したオランダは，バルト海貿易などで富を蓄積，1602年に設立された東インド会社がアジアの香辛料貿易を独占して経済覇権を握り商業・金融業が大いに栄えた。商業の発展に伴って都市では富裕な市民階層が形成され，市民社会が成立した。市民の間に，職業を重視し，勤勉や富を蓄えることを肯定するカルヴァン主義が広まっていたことも市民社会を成長させる要因となった。

▶**文化史的特性**

　スペインから独立したオランダが絶対王政ではなく共和国を樹立したことが，文化面にも影響を及ぼした。17世紀の絶対主義の国々では王侯貴族を中心とした豪華・華麗なバロック様式の文化が栄えた。これに対し，オランダでは，史料1の大商人の集団肖像画に代表されるような，市民階層を中心とした文化が開花したのである。

「ゲーテの時代」のドイツ（18世紀後半〜19世紀前半）

- 神聖ローマ帝国滅亡（1806年）前後の時期で，ドイツには領邦国家が分立
- ゲーテはフランスの旧制度やその文化（古典主義文学や啓蒙思想）を批判
  → 彼の「疾風怒濤」の文学運動はロマン主義に影響

▶社会的コンテクスト

　ゲーテが活躍した18世紀後半から19世紀前半のドイツは，神聖ローマ帝国が1806年に消滅する前後の時期で，各領邦が主権をもつ分権的状況にあった。また，この時期，ドイツはフランス革命とナポレオン戦争に直面している。当時のドイツ社会でもフランスのようなブルジョワと呼ばれる有産市民が成長し，中でも「教養市民層」と呼ばれる高等教育を受けた社会階層が形成され，ゲーテらの文学運動を支持した。

▶文化史的特性

　フランス革命の思想的背景となった啓蒙主義，革命によって広がった反封建主義・合理主義はドイツにも影響を与えたが，現実や伝統にそぐわない側面もあり，ナポレオン軍の侵入や占領によって，ドイツではフランスに対する反感が強まった。

　ゲーテは，フランス文学や啓蒙思想の影響を強く受けた18世紀後半のドイツ文化の現状に苦言を呈した。1770年代に「疾風怒濤（シュトゥルム＝ウント＝ドランク）」と呼ばれる文学運動を起こし，啓蒙思想の理性偏重や世俗的因習に異議をとなえて，人間感情の自由な発現をめざした。彼の文学運動は，個性や人間感情を重視し，ドイツ民族の文化や歴史を尊重する，19世紀前半のロマン主義の先駆となった。

ポイント
① 「レンブラント時代」のオランダは，市民中心の文化。
② 「ゲーテの時代」のドイツは，「疾風怒濤」とロマン主義に言及する。

解答例

　「レンブラント時代」の 17 世紀オランダはスペインからの独立を果たし，東インド会社のアジア貿易などで世界の経済覇権を握り，社会経済の繁栄を背景に市民社会が成長した。当時の絶対王政の国家では豪華なバロック様式の芸術が宮廷文化として発達したのに対し，共和国のオランダではカルヴァン派の宗教的に寛容な風潮の下で，レンブラントの集団肖像画のように市民層が求める文化が開花した。一方，「ゲーテの時代」の 18 世紀後半から 19 世紀前半のドイツは主権をもつ領邦が分立し，フランス文学や啓蒙主義が広く受容され，フリードリヒ 2 世のような啓蒙専制君主も現れた。フランス革命とナポレオン戦争という変革期を背景に，新興の市民層が成長していく中，ゲーテはフランス絶対主義の旧制度や啓蒙思想を批判し，人間感情の自由な発現をめざして「疾風怒濤」の文学運動を起こした。これはドイツ固有の文化や歴史を重視するロマン主義の先駆となった。（400 字以内）

24

　20世紀中葉において資本主義世界の覇権がイギリスからアメリカ合衆国に移行した過程を，19世紀後半以降の世界史の展開をふまえ，第2次世界大戦・冷戦・脱植民地化との関係に必ず言及して論じなさい。（400字以内）

19世紀後半〜20世紀中葉におけるイギリスから アメリカへの覇権の移行

〔地域〕イギリス・アメリカ 〔時代〕近代・現代 〔分野〕政治・経済

「イギリスからアメリカへの覇権移行の過程」、すなわち、パクス=ブリタニカからパクス=アメリカーナへの移行についての、スケールの大きなテーマ問題。19世紀後半以降の国際政治の動きに経済史の視点を絡め、時代ごとに要点を整理してイギリスからアメリカへの覇権の移行を説明することが求められている。近現代の政治・経済史としては取り組みやすいレベルの問題である。

設問の要求

〔主題〕20世紀中葉に資本主義世界の覇権がイギリスからアメリカに移行した過程。
〔条件〕a. 19世紀後半以降の世界史の展開をふまえる。
　　　　b. 第二次世界大戦・冷戦・脱植民地化との関係に言及する。

整理メモ

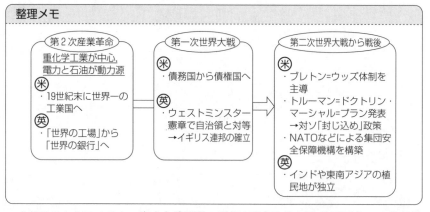

　イギリスからアメリカへ資本主義世界の覇権が移行した歴史的要因を、19世紀後半の第2次産業革命→第一次世界大戦→第二次世界大戦から戦後、という3つの時期に分けて整理するとよいだろう。アメリカ・イギリスがそれぞれどのような状況下で世界の政治や経済に関係していたかを考察しながら時系列に沿って説明したい。

第2次産業革命とアメリカ・イギリス

- アメリカ：19世紀末にイギリスを追い抜き世界一の工業国へ
- イギリス：「世界の工場」から「世界の銀行」へ

▶**第2次産業革命が米英に与えた影響**

イギリスは，第1次産業革命によって「世界の工場」として資本主義世界の覇権を掌握していたが，1870年代からアメリカ・ドイツを中心に第2次産業革命が展開し，アメリカがイギリスを追い越して世界一の工業国となった。とはいえ，工業生産力ではアメリカに追い抜かれたものの，植民地帝国を形成していたイギリスは，ロンドンのシティが依然として世界金融の中心であり，国際金本位制（ポンド体制）をしいて「世界の銀行」の地位を保持していた。

第一次世界大戦とアメリカ・イギリス

- アメリカ：第一次世界大戦を機に債務国から債権国へ
- イギリス：植民地や自治領への支配がゆらぐ

▶**第一次世界大戦後のアメリカ**

アメリカは第一次世界大戦（1914～18年）中に英仏など連合国の戦債を引き受け，債務国から債権国へ転換した。また，国際連盟には参加しなかったが，ドイツ賠償問題やワシントン体制の樹立などで国際政治上の主導権を発揮した。また，1920年代のアメリカには空前の経済的繁栄がもたらされ，世界金融の中心も，ロンドンのシティからニューヨークのウォール街に移った。

▶**第一次世界大戦後のイギリス**

アメリカが経済的に繁栄する一方，大戦後のイギリスは経済が停滞した。戦争遂行に協力したオーストラリア・カナダなどの自治領の発言権が強まったことを背景に，1931年のウェストミンスター憲章で白人の自治領に内政・外交の自主権を認め，イギリス連邦が成立している。一方で，インドやミャンマー（ビルマ）の独立運動が激化するなど海外の植民地支配も不安定化していった。

第二次世界大戦・冷戦・脱植民地化

- 第二次世界大戦中　：アメリカ主導のブレトン=ウッズ体制成立（1944年）
- 第二次世界大戦後　：冷戦が本格化
　　　　　　　　　　　アメリカがトルーマン=ドクトリン，マーシャル=プランを発表
　　　　　　　　　　　（1947年），北大西洋条約機構（NATO）結成（1949年）
- イギリスの脱植民地化：インド独立（1947年），ミャンマー（ビルマ）独立（1948年），
　　　　　　　　　　　マラヤ連邦（現マレーシア連邦）・ガーナ独立（1957年）

▶アメリカ主導のブレトン=ウッズ体制成立

　第二次世界大戦（1939〜45年）が開始すると，米英首脳は1941年に大西洋憲章を発表し，国際協調と民族自決を戦後の国際秩序の原則とすることを表明した。これを土台に，アメリカ主導で1944年にブレトン=ウッズ会議が開催され，世界経済の再建のため国際復興開発銀行（世界銀行）と，ドルを基軸通貨とする為替安定のため国際通貨基金（IMF）の設立が合意された。こうしてブレトン=ウッズ体制が開始することになり，資本主義世界の主導権をアメリカが掌握する下地が整った。

▶冷戦とアメリカ

　第二次世界大戦終結直後，米ソ両陣営の対立が激化し，冷戦が本格化すると，アメリカは，1947年にトルーマン=ドクトリンで対ソ「封じ込め」政策を開始した。続いて，マーシャル=プランで西ヨーロッパ諸国の経済復興を実施し，イギリスも援助を受けた。また1949年の北大西洋条約機構（NATO）結成を皮切りに，太平洋安全保障条約（ANZUS）などの西側陣営の集団安全保障機構構築の盟主となった。こうして戦後の資本主義世界の政治・経済上の覇権はアメリカが掌握することとなった。

▶イギリスの脱植民地化と植民地帝国の瓦解

　イギリスは第二次世界大戦によって国力に深刻な打撃を受け，戦後の脱植民地化の潮流の中で，インド・ミャンマー・マラヤ連邦などアジア諸国が独立し，ガーナなどのアフリカ諸国も独立したことから，イギリスの植民地帝国は瓦解した。また，1956年のスエズ戦争での出兵が国際世論の批判を浴びて撤退を余儀なくされ，イギリスの国際政治上の威信を低下させた。

> **ポイント**
> ①第2次産業革命でアメリカが世界一の工業国となるが，イギリスは「世界の銀行」として役割を保持。
> ②「脱植民地化」は，植民地独立がイギリスにとって打撃となった点に触れる。

解答例

　産業革命でイギリスは「世界の工場」の地位を確立したが，19 世紀後半の第 2 次産業革命によって工業力でアメリカに追い越された。植民地帝国を築いていたイギリスは依然として「世界の銀行」としての役割を保持したが，第一次世界大戦で国力を疲弊させ，自治領はウェストミンスター憲章で対等となり，代わって債務国から債権国に転じたアメリカが戦後の国際政治経済を主導し，ニューヨークのウォール街が国際金融の中心となった。第二次世界大戦後はアメリカがドルを基軸とするブレトン＝ウッズ体制を築いて自由貿易主義を推進した。冷戦開始後は，西側の資本主義陣営の盟主としてトルーマン＝ドクトリンやマーシャル＝プランを発表し，NATOを通じて東側の社会主義陣営に対抗した。一方，戦後の脱植民地化の潮流の中でイギリスは植民地のインドや東南アジア諸国の独立を認めて植民地帝国の地位を失い，スエズ戦争の失敗もあり，国際政治上の威信は失墜した。(400 字以内)

25

　第二次百年戦争とも呼ばれるイギリスとフランスとの争いについて，両国の対立の背景および 1763 年に至るまでの戦いの経緯を説明し，この争いの結末がその後，世界史にどのような影響を及ぼしたかを述べなさい。(400 字以内)

解説　第二次百年戦争の背景・経緯・影響

〔地域〕ヨーロッパ　〔時代〕近世　〔分野〕政治

　イギリスとフランスの第二次百年戦争の背景・経緯・影響という一連の流れを書く王道ともいうべき論述問題。ヨーロッパ本土の戦争に連動して北米やインドで展開した植民地戦争を正確に理解していれば書きやすい問題である。「1763 年」とあるので七年戦争のパリ条約までを対象とすればよい。2009 年度第 2 問にも類似した問題が出題されている。

設問の要求

〔主題〕第二次百年戦争の,
　　　　a．対立の背景
　　　　b．1763 年に至るまでの経緯
　　　　c．戦争の結末
　　　が世界史に及ぼした影響。

整理メモ

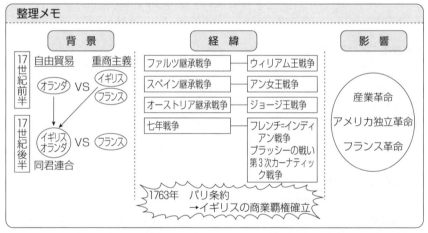

　第二次百年戦争（英仏植民地戦争, 1689 〜 1815 年）の背景, 1763 年までの経緯, 影響について時系列に述べていけばよい。開始となる 1689 年は名誉革命によってイギリスとオランダが同君連合となった年であり, また, 前年に起こったファルツ継承戦争が波及して北米でウィリアム王戦争が始まった年でもある。

　背景として, 当時のオランダ・イギリス・フランスの関係をきちんと説明したい。経緯はヨーロッパ本土の戦争に連動した北米やインドでの植民地戦争を, 影響は産業革命・アメリカ独立革命・フランス革命を述べていけばよい。

イギリスとフランスの対立の背景

- 17世紀前半　オランダの商業覇権とイギリス・フランスの重商主義の対立
- 17世紀後半　イギリスとオランダの同君連合成立→フランスと対立

　17世紀前半は自由貿易に立脚するオランダが世界の商業覇権を握り，イギリスとフランスが重商主義でこれに対抗していた。しかし，3次にわたるイギリス=オランダ戦争はイギリス優位に終結し，名誉革命によってイギリスとオランダは同君連合となった。これにより，イギリスはフランスと商業覇権をめぐって争うことになった。

1763年までの第二次百年戦争の経緯

ファルツ継承戦争（1688～97年）↔ウィリアム王戦争（1689～97年）
スペイン継承戦争（1701～13〈14〉年）↔アン女王戦争（1702～13年）
オーストリア継承戦争（1740～48年）↔ジョージ王戦争（1744～48年）
七年戦争（1756～63年）↔北米：フレンチ=インディアン戦争（1754～63年）
　　　　　　　　　　　インド：プラッシーの戦い（1757年）と第3次カーナティック戦争（1758～63年）
　　　　　　　　　　　→パリ条約（1763年）：イギリスが植民地帝国を形成

▶植民地における抗争

　第二次百年戦争が開始した1689年当時，イギリスは北米に12の植民地を築いており（最後の植民地となるジョージア建設は1732年），フランスはカナダやルイジアナを植民地としていた。また，インドでも英仏は貿易拠点を各地に築いており，両国は，ヨーロッパ大陸の4つの戦争と連動して植民地においても戦争を展開することになった。

▶パリ条約（1763年）

　フランスは，七年戦争で結ばれた1763年のパリ条約でイギリスにカナダやミシシッピ川以東のルイジアナを，ミシシッピ川以西のルイジアナをスペインに割譲し，北米におけるすべての植民地を失った。また，イギリスはインドでもプラッシーの戦いの勝利でベンガル地方の統治権，第3次カーナティック戦争の勝利で南インドの植民地化を達成した。こうしてイギリスは北米とインドからフランス勢力を駆逐して植民地帝国を築き，世界商業における覇権を獲得した。

> **世界史に及ぼした影響**
> - 産業革命：イギリスは世界の海外市場を支配し，資本が蓄積された
> - アメリカ独立革命：13植民地への課税強化に対する反発から開始
> - フランス革命：王権側の財政改革に特権身分が反発

　七年戦争に勝利したイギリスは広大な海外植民地を獲得したことで，市場・原料供給地を確保して資本蓄積も進み，このことが産業革命の背景の1つとなった。一方，七年戦争がもたらした財政危機を打開するため，北米13植民地に一連の課税を実施したことでアメリカ独立革命を招いた。

　また，敗れたフランスでは長期間にわたる戦争継続によって財政が破綻し，特権身分への課税をめぐって対立が起こりフランス革命へとつながった。こうして起こった一連の革命は，近代市民社会を形成する原動力となった。

> **ポイント**
> ①背景として第二次百年戦争が開始した17世紀後半の国際情勢を考える。
> ②ヨーロッパにおける戦争と植民地抗争の組み合わせを正確に述べる。

解答例

　オランダの商業覇権に対し英仏は重商主義政策で対抗したが，名誉革命でイギリスとオランダが同君連合となると，英仏は第二次百年戦争で覇権をかけて争うことになった。ヨーロッパの戦争が海外に波及し，ファルツ継承戦争ではウィリアム王戦争が，スペイン継承戦争ではアン女王戦争が起こり，ユトレヒト条約でイギリスはカナダの一部を獲得した。オーストリア継承戦争ではジョージ王戦争が起こり，七年戦争では北米でフレンチ＝インディアン戦争，インドでプラッシーの戦いやカーナティック戦争が展開した。勝利したイギリスはインドで優位を確定し，1763年のパリ条約でフランスは北米植民地をすべて失った。植民地帝国となったイギリスでは資本蓄積が進んで産業革命が開始したが，戦費による財政難から北米植民地で課税を強めアメリカ独立革命を招いた。また，フランスでは長期の戦争によって財政が破綻し，課税問題からフランス革命が勃発することとなった。（400字以内）

26

　　近代ドイツの史学史に関する次の文章を読み，問いに答えなさい。

　　総じて言へば，一概に古代経済史研究とは称しても，歴史学派〔経済学〕における
ものと〔近代歴史学の〕古典古代学におけるものとは，研究への志向の契機において
も，事象の対象化の方法においても，ひとしからざるものが存するのである。歴史学
派経済学はその根本の性格においては依然として経済学なのであつて——即ち歴史
学ではないのであつて——古代にも生活の一特殊価値たる経済を発見せんとするこ
とが最も主要なる研究契機を形作つてゐるのに，古典古代学にあつては，経済をもそ
のうちに含むところの古代世界への親炙が研究契機になつてゐる。歴史学派において
は全ヨーロッパ的経済発展上の然るべき位置に古代経済を排列することが問題になつ
てゐるのに，古典古代学においては，古代と現代とを本来等質の両世界として，又等
質たるべき両世界として表象することが主要問題になつてゐる。古典古代学にも発展
の理念は存するけれども，それは等質の両世界における，同一律動のそして自界完了
的なる発展の理念であつて，全ヨーロッパ的，又は全人類的発展の観念ではない。古
代の事象は，それが経済世界を構成する方向において対象化せられるのが歴史学派経
済学における方法であるのに，古典古代学においては，古代の事象はそれが歴史的現
実的なる古代を形成する方向において対象化せられる。<u>もしかくの如き観察が——</u>
<u>多数の異例は別として——一般的に下されうるものとすれば，古代経済に関する論</u>
<u>争が単に史料の技術的操作の辺にのみ存するのではない所以と，論争のよつて来ると</u>
<u>ころの精神史的・文化史的深所とをも，同時に理解しうるわけであらう。</u>

　　（『上原專祿著作集3　ドイツ近代歴史学研究　新版』評論社より引用。但し，一部改
　　変）

　問い　文章中の下線部について，歴史学派経済学と近代歴史学の相違とはいかなるも
　　　　のであり，また，それはどのようにして生じたのか，両者の成立した歴史的コン
　　　　テクストを対比させつつ考察しなさい。（400字以内）

解説 ドイツの歴史学派経済学と近代歴史学の相違とその成立背景

〔地域〕ドイツ　〔時代〕近代　〔分野〕経済・文化

19世紀に成立したドイツの歴史学派経済学と近代歴史学の相違を，上原専祿の資料文から読み解き，両者の相違について歴史的コンテクストを対比させながら論じさせる問題。教科書や用語集で接した知識だけでなく，難解な資料から両者の相違を考察する読解力が必要で，これらを総合して対応しなければならない難度の高い問題である。

設問の要求

〔主題〕a．歴史学派経済学と近代歴史学の相違とは何か。
　　　　b．どのようにして相違は生じたのか。
〔条件〕両者が成立した歴史的コンテクストを対比させる。
　　　　　　　　　　　　　　　　　※コンテクストとは，文脈，背景の意味。

整理メモ

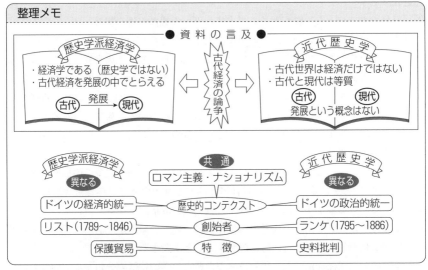

　資料文の歴史学派経済学と近代歴史学を上原専祿がどのように認識しているかを読み取る必要がある。その上で教科書や用語集で学習したリストの歴史学派経済学とランケの近代歴史学について両者の歴史的コンテクストと相違点を対比しながらまとめていきたい。なお，上原専祿（1899～1975年）は一橋大学教授で専門は中世ヨーロッパ史。門下から多くの歴史学者を輩出した。2013年度第1問の阿部謹也もその1人。

　＊資料から読み取れること

　◆問題文には「歴史学派経済学と近代歴史学」とあるのに，資料文では「古典古代学」
　が頻出しているため読解しづらいが，資料文冒頭に「〔近代歴史学の〕古典古代学」
　とあり，以降に出てくる「古典古代学」もすべて〔近代歴史学の〕を「古典古代学」
　に補って読解すると読みやすい。
　◆「親炙」は親しく接してその感化を受けること。「排列」は「配列」と同じ意味。

▶古代経済に対する歴史学派経済学と近代歴史学

◎歴史学派経済学

① 「その根本の性格においては依然として経済学なのであつて——即ち歴史学では
　ない」「古代にも生活の一特殊価値たる経済を発見せんとすることが最も主要なる
　研究契機」＝経済学であって歴史学ではない。

② 「全ヨーロッパ的経済発展上の然るべき位置に古代経済を排列する」「古代の事象
　は，それが経済世界を構成する方向において対象化せられる」
　＝古代経済を全ヨーロッパ的な経済発展段階の中に位置づけている。

◎近代歴史学

① 「経済をもそのうちに含むところの古代世界への親炙が研究契機」
　＝古代を経済だけではなく，他の様々な出来事を含むものとしてとらえる。

② 「古代と現代とを本来等質の両世界として，又等質たるべき両世界として表象する
　ことが主要問題」「等質の両世界における，同一律動のそして自界完了的なる発展
　の理念であつて，全ヨーロッパ的，又は全人類的発展の観念ではない」「古代の事
　象はそれが歴史的現実的なる古代を形成する方向において対象化せられる」
　＝古代と現代を等質のものとして認識し，両者の間に発展という関係は存在しない。

◎資料文下線部の読解

　歴史学派経済学と近代歴史学の古典古代学についての観察が（多くの例外はあるも
のの），一般的とされるならば，古代経済に関する歴史学派経済学と近代歴史学の古
典古代学における論争が単に史料の捉え方（史料の取捨選択や解釈）にだけ関連して
存在するのではない理由と，両者の古代経済についての論争がなされた背景である精
神史的・文化史的な奥深さも同時に理解することができるであろう。

　※筆者の歴史学派経済学と近代歴史学の古典古代学の特徴の分類から，両者の古代
　　経済に関する論争が，史料の捉え方だけに存在するのではない理由と，精神史
　　的・文化史的な背景も同時に理解できるはず，と述べている。

◎問題の条件

　「歴史的コンテクストを対比させつつ」は，資料文下線部の「精神史的・文化史的
深所（＝背景）」とリンクしている。つまり，歴史学派経済学と近代歴史学の相違と
して，精神史的・文化史的な背景を考えることが求められている。時代から考えて啓

蒙主義に対する反動から生じたロマン主義やドイツのナショナリズムを想起したい。

> **歴史学派経済学と近代歴史学が成立した背景と相違点**
> - 共通する歴史的背景→ロマン主義とナショナリズム
> - 異なる歴史的目的→ドイツの経済的統一と政治的統一

▶ロマン主義とナショナリズム

　歴史学派経済学と近代歴史学が成立した 19 世紀前半は，フランス革命やナポレオン戦争後，理性や未来への進歩史観を掲げた啓蒙思想に対する反動としてロマン主義が広がった時代である。ロマン主義は，伝統文化の上に立って歴史における国家や民族の独自性が重視され，ナショナリズムと呼応することになった。

▶ドイツの経済的・政治的統一への歩み

　政治的に分裂していたドイツでは，リストがドイツの経済的後進性を克服するため国家主導による国内産業の保護育成を主張し，ランケは，ドイツの国民国家形成に向けた当時の政治状況を背景に，単に経済だけでなく政治・精神・文化などを含む総合的な歴史研究の重要性を主張した。

> **歴史学派経済学とは**
> リストの主張：後進国ドイツは，自由貿易ではなく国家主導の保護貿易が必要

▶リストの歴史学派経済学

　リストが創始した歴史学派経済学は歴史における経済の発展を重視し，全ヨーロッパの「経済発展段階説」を主張して，これを経済の一般法則とした。この点で，啓蒙主義の発展史観を残していたといえる。リストは当時ドイツが政治的に未統一で，経済も未熟であったことから，当時産業革命が進行中であったイギリスの古典派経済学に対抗して国民経済学をとなえ，自由貿易政策に反対して保護貿易政策を説き，国内産業の育成を主張している。

▶歴史上の意義：ドイツの経済的統一を促進

　リストは 1834 年のドイツ関税同盟の結成に貢献し，この同盟によりドイツの経済的統一が進展することになった。なお，リストは，ドイツ三月革命（1848 年）を待たずに 1846 年に没している。

近代歴史学とは

ランケの主張：史料批判と客観的・実証的な歴史叙述の方法を確立
　　　　　　　　歴史における国家と民族の独自性を重視

▶ランケの近代歴史学

　ランケが創始した近代歴史学は，厳密な史料批判と客観的・実証的な歴史叙述の方法を確立し，ドイツ民族の独自性を唱え，古代・中世といった時代を等質的にとらえた。ランケは歴史学派経済学のような「歴史における進歩」なるものは歴史的・哲学的に実証できないとして否定的な見解を示し，人類のすべての分野が時代とともに発展することはありえず，無条件の進歩は物質的な面だけにとどまると主張した。

▶歴史上の意義：ドイツ統一へのナショナリズムを促進

　ランケの没年は1886年で，1848年の三月革命前後からドイツ統一がプロイセンによって主導され，ドイツ帝国が成立（1871年）する時代に研究活動を行っている。近代歴史学は歴史学派経済学よりも少し遅れて成立し，新たな統一国家への帰属意識としての歴史認識を生みだすことになったのである。

ポイント

①資料文の「古典古代学」が近代歴史学のものであることをしっかりと読み取る。
②「精神史的・文化史的」とは何を指すのかを考えたい。

解答例

　　　両者とも啓蒙思想に対する反動から生じたロマン主義における歴史尊重の風潮の中で成立し，ドイツの国民経済の成長や国民国家統合の気運を背景に歴史論を展開したが，資料文にみられるように経済の発展史観などで見解は異なっていた。歴史学派経済学を提唱したリストは全ヨーロッパ的な経済発展段階説をとなえ，イギリスに比して経済の発展段階が遅れているドイツは国内産業の保護育成が必要だとし，古典派経済学の自由貿易政策に反対して保護貿易政策を説き，ドイツ関税同盟の結成に影響を与えた。一方，厳密な史料批判と実証主義にもとづく歴史研究によって近代歴史学を創始したランケは，当時の政治ナショナリズムを背景に歴史における国家と民族の独自性を重視し，単に経済のみならず政治・精神・文化などを含む総合的な歴史研究の重要性を主張した。そのため啓蒙主義的な進歩史観から古代経済を経済発展上に位置づける歴史学派の見解には否定的であった。（400字以内）

27

黒人奴隷制に関する次の文章を読んで，問いに答えなさい。

ユネスコが1994年に奴隷貿易，奴隷制の記憶を掘り起こす「奴隷の道」プロジェクトを開始して以降，21世紀に入り，環大西洋世界の奴隷貿易に再び注目が集まっている。国連総会では，①ハイチ革命200周年にちなみ，2004年を「奴隷制に対する闘いとその廃止を記念する国際年」とすると宣言され，また1807年に世界に先駆けて奴隷貿易を禁止したイギリスでは，200周年を前に首相が「遺憾の意」を表明した。

下の表は，16世紀以降の環大西洋圏の地域別奴隷輸入数を示したものだが，従来，大西洋奴隷貿易は，英仏などヨーロッパ諸国を起点にアフリカとカリブ海域を結ぶ，主に北大西洋で展開された三角貿易に関心が向けられてきた。だが，表からもわかるとおり，最も多くの奴隷を輸入したのはポルトガルの植民地，ブラジルであり，近年の研究では，②ラテンアメリカ地域，とりわけブラジルとアフリカを直接結ぶ南大西洋の奴隷貿易について，その独自のメカニズムに関心が集まっている。

	ヨーロッパ	英領北米	蘭領カリブ	デンマーク領カリブ	英領カリブ	仏領カリブ	スペイン領	ブラジル	アフリカ
1501 ~ 1600	700	0	0	0	0	0	170,400	29,200	0
1601 ~ 1700	2,990	15,100	124,000	18,000	311,300	38,400	225,600	782,200	3,200
1701 ~ 1800	5,320	297,600	294,700	68,600	1,811,800	996,400	146,000	1,990,700	2,300
1801 ~ 1866	0	78,360	25,000	22,000	195,100	86,100	753,500	2,061,380	149,900
	9,010	391,060	443,700	108,600	2,318,200	1,120,900	1,295,500	4,863,480	155,400

（表）環大西洋圏の地域別奴隷輸入数（1501 ~ 1867 年）

David Eltis and David Richardson, *Atlas of the Transatlantic Slave Trade*
(New Haven : Yale University Press, 2010) より作成。

問1　15世紀末にスペイン，ポルトガルの両国が定めた，支配領域の分界線を定め
　　た条約を何というか。

問2　下線部①にあるハイチ革命を契機に，南北アメリカ大陸における奴隷貿易廃止，
　　奴隷解放の流れは加速した。最後に奴隷制が廃止されたのは，最も多くの黒人奴
　　隷を受け入れてきたブラジル（1888年）であった。この19世紀の南北アメリカ
　　大陸で達成された奴隷解放の歴史のなかで，ハイチとアメリカ合衆国の二つのケ
　　ースだけは，他とは異なる特徴があったが，それはどのようなものだったか簡潔
　　に答えよ。（100字以内）

問3　下線部②にあるラテンアメリカ地域では，1810〜20年代に多くの国々が独立
　　した。その独立運動は，いかなる契機から始まり，どのような人々により担われ，
　　独立後にはどのような経済政策がとられたのか。また，このラテンアメリカの独
　　立運動のなかで，ブラジルの独立にはどのような特徴があったのか，述べなさい。
　　（275字以内）

解説 奴隷解放の経緯とラテンアメリカの独立

〔地域〕南北アメリカ　〔時代〕近世・近代　〔分野〕政治・経済

　問1は，トルデシリャス条約（1494年）を問う一橋大学では珍しい記述問題。問2は，19世紀のハイチとアメリカ合衆国の奴隷解放が他の南北アメリカ大陸と異なる特徴を説明させる問題。問3は，ラテンアメリカ諸国の独立運動の契機，運動の担い手，独立後の経済政策，そしてブラジルにおける独立の特徴などを説明させる論述問題。いずれもヨーロッパとの関係が背景にあることを念頭に説明することが求められている。なお，統計表が示されているが，それを読み込んで論述に反映させる問題ではないことに留意。

問1

　「スペイン，ポルトガルの両国が定めた」とあるので，正解は1494年に締結されたトルデシリャス条約。この条約の前年（1493年），スペイン出身の教皇アレクサンデル6世が，西アフリカのヴェルデ岬西方の子午線をスペイン・ポルトガル両国の植民地分界線（教皇子午線とも言われる）と設定，その東側がポルトガル，西側がスペインの勢力圏となった。スペインに有利であったため，ポルトガルのジョアン2世が不満を抱き，翌1494年，スペインのトルデシリャスで条約を結び，植民地分界線を西方に移動。この結果，のちにカブラルが漂着したブラジルはポルトガル領となった。

問2

設問の要求

〔主題〕ハイチとアメリカ合衆国の奴隷解放が南北アメリカ大陸の他の諸国と異なる特徴。

　ハイチとアメリカ合衆国で奴隷が解放された経緯を考えていけばよい。アメリカ合衆国は南北戦争とすぐに結びつけられるはず。ハイチについては，フランスからの独立と関連づけて述べていけばよい。この2国の奴隷解放の経緯が他の南北アメリカ大陸の諸国と異なる点をどういった視点でとらえるかが重要である。

ハイチ──奴隷反乱→独立を経て奴隷解放

1791年　フランス革命の人権宣言の影響→黒人奴隷の反乱→独立運動へ
　　　　黒人の指導者トゥサン=ルヴェルチュールがナポレオン軍と戦う
1804年　黒人共和国としてハイチがフランスから独立→奴隷解放が実現

　カリブ海のフランス領サン=ドマングでは，フランス革命で国民議会が発した人権宣言に影響を受け，1791年に黒人奴隷が反乱を起こした。「黒いジャコバン」と呼ばれたトゥサン=ルヴェルチュールがこの反乱を主導し，本国フランスの国民公会は

1794年黒人奴隷解放を宣言したが，その後，権力を握ったナポレオンが弾圧に転じ，1802年にルヴェルチュールはナポレオン軍に捕らえられた。この過程でサン=ドマングの奴隷反乱は独立運動に発展し，ナポレオンの派遣したフランス軍に勝利して1804年に史上初の黒人共和国ハイチとして独立を達成，奴隷解放が実現した。

アメリカ合衆国──南北戦争を経て奴隷解放

1861～65年　南北戦争→奴隷制反対の北部と奴隷制擁護の南部との内戦
1863年　　　リンカンの奴隷解放宣言
1865年　　　北部勝利→憲法修正第13条によって奴隷制は廃止

　奴隷制拡大に反対していた共和党のリンカンが1860年大統領に当選すると，翌61年に南部諸州はアメリカ連合国を結成し，アメリカ合衆国は内戦である南北戦争（1861～65年）に突入した。1863年リンカンは奴隷解放宣言を発し，北部の戦争目的の正当性を示して内外世論の支持を得た。戦争に勝利した北部は，1865年の憲法修正第13条によって奴隷解放宣言を明文化し，奴隷制度を正式に廃止した。

ハイチとアメリカの奴隷解放が他の南北アメリカ大陸諸国と異なる特徴

• ハイチ：奴隷反乱→独立戦争→フランスからの独立によって奴隷解放を実現
• アメリカ合衆国：南北戦争で奴隷解放を実現
• 他の南北アメリカ諸国：奴隷制自体をめぐる戦争を経ずに奴隷解放を行った

　ハイチとアメリカ合衆国以外の「南北アメリカ諸国」では，①ラテンアメリカのスペイン植民地が本国からの独立後の1810～20年代，②ポルトガル植民地のブラジルは独立後の19世紀末，③カナダは18世紀末～19世紀初頭にかけて，奴隷制が廃止されている。いずれもハイチやアメリカ合衆国とは異なり，奴隷制自体をめぐる戦争を経ずに奴隷制が廃止されている。

ポイント
①ハイチは奴隷の反乱が独立運動に発展し，独立により奴隷制廃止。
②アメリカ合衆国は内戦である南北戦争により奴隷制廃止。

問3

設問の要求

〔主題〕　a．ラテンアメリカ独立運動の契機，運動の担い手，独立後の経済政策。
　　　　　b．ブラジルの独立の特徴。

整理メモ

ラテンアメリカの独立運動

契機　ナポレオンが本国スペイン
　　　を占領

担い手　クリオーリョ（植民地生まれ
　　　　の白人）

独立後の　・イギリスの経済的支配
経済政策　・自由貿易政策
　　　　　・モノカルチャー経済

ブラジルの独立の特徴

・ナポレオンが本国ポルトガルを占領
　⇩
・王族がブラジルに亡命
　⇩
・ポルトガル王子が皇帝となり
　ブラジル帝国が成立（1822年）

独立戦争を経ずに帝国として独立

---

　aのラテンアメリカの独立運動の契機，担い手，独立後の経済政策については，b
でブラジルを述べることから，「1810 〜 20 年代に」独立を達成したスペイン植民地
を念頭に置いて説明すればよいだろう。独立運動の契機と担い手を説明するのは簡単
だろうが，独立後の経済政策については，イギリスの経済進出との関係についても説
明する必要がある。ブラジルの独立については，ポルトガルからの独立であること以
外に，帝政となったこと，独立戦争にはならなかったことなどを指摘したい。

---

a．ラテンアメリカの独立とその後の経済政策

- 1808 年にナポレオンがスペイン占領→ラテンアメリカのスペイン植民地における独立
　運動激化→独立戦争を経て独立を達成
- シモン=ボリバル，サン=マルティンらクリオーリョが独立運動を指導
- 独立後はイギリスの経済支配，自由貿易政策→モノカルチャー経済へ

▶ラテンアメリカ独立運動の契機と担い手

　ラテンアメリカの独立運動に影響を与えたのは，アメリカ合衆国の独立，フランス
革命，ナポレオン戦争などであるが，独立運動が激化する契機となったのは，1808
年にスペインがナポレオン軍に征服され，本国支配が弱体化したことによる。ナポレ
オン戦争後のウィーン会議で成立したスペイン復古王政は，独立運動の弾圧のため大
軍を派兵し，独立運動は激化した。独立戦争を主導したシモン=ボリバルやサン=マル
ティンは植民地生まれの白人のクリオーリョで，多くは地主層であった。彼らは本国
がガチュピネス（スペイン本国人）の商人や官僚に特権を与えていたことに不満を抱
いていた。

▶ラテンアメリカ諸国の独立後の経済政策

　独立後の各国ではクリオーリョが地主本位の専制的な寡頭政治を実施した。経済面

では，産業革命により原料の供給地と市場を求めていたイギリス資本の進出が強まり，クリオーリョら支配層は，土地改革は実施せず，資源・農産物を輸出してイギリスの工業製品を輸入する自由貿易政策を採用した。そのためラテンアメリカ諸国では資源・農産物に依存するモノカルチャー経済が一般的となり，工業化は遅れ，イギリスに経済的に従属することになった。

b．ブラジルの独立の特徴

1822年　独立戦争を経ずブラジル帝国としてポルトガルから独立

　1807年ナポレオンがポルトガルを占領すると，王族は植民地ブラジルに亡命。ナポレオン失脚後，国王は帰国したが王子はブラジルに留まり，ペドロ1世（位1822〜31年）として皇帝に即位，1822年にブラジル帝国としてポルトガルから独立した。スペイン領植民地とは異なり独立戦争は起こらず，本国ポルトガルから承認を受けて独立を達成している。

ポイント
ブラジルでは帝国として独立した点と独立戦争が起こっていない点に着目。

解答例

　1　トルデシリャス条約

　2　ハイチでは黒人奴隷の反乱が独立戦争へと発展し，フランスから独立することで奴隷制度を廃止した。アメリカ合衆国では奴隷解放をめぐって南北戦争が起こり，北部勝利の後，憲法修正第13条で奴隷制廃止が実現した。（100字以内）

　3　ラテンアメリカでは，本国がナポレオン軍に占領されたのを機に独立運動が本格化した。運動を主導したのは植民地生まれの白人のクリオーリョである。独立後は共和国となったが，地主層であるクリオーリョが政治を支配し，土地改革は行われずプランテーションが拡大した。またイギリスの経済的影響力が強く，資源・農産物を輸出して工業製品を輸入する自由貿易政策を採用したことから，モノカルチャー経済が主流となり工業化は遅れた。ブラジルは，スペイン植民地とは異なり，ナポレオン戦争中に亡命したポルトガル王子が皇帝となってブラジル帝国が成立し，独立戦争を経ずに独立を達成した。（275字以内）

28

次の文章を読んで，問いに答えなさい。

　ベルリンにはたくさんの広場がありますが，その中で「最も美しい広場」と称されるのは，コンツェルトハウスを中央に，ドイツ大聖堂とフランス大聖堂を左右に配した「ジャンダルメン広場」です。この2つの聖堂はともにプロテスタントの教会ですが，フランス大聖堂は，その名の通り，ベルリンに定住した約6千人のユグノーのために特別に建てられたものです。この聖堂の建設は1701年に始まり，1705年に塔を除く部分が完成しました。壮麗な塔が追加されて現在の姿になったのは1785年のことです。

　歴史的事件の舞台として有名な広場もあります。例えば，「ベーベル広場」は，1933年にナチスによって「非ドイツ的」とされた書物の焚書が行われた場所で，現在はこの反省から「本を焼く者はやがて人をも焼く」というハイネの警句を記したモニュメントが設置されています。この広場に面する聖ヘートヴィヒ聖堂は，ポーランド系新住民のために建設されたカトリック教会です。建設は1747年に始まり，資金不足や技術的困難を乗り越えて，1773年に一応の完成にこぎつけました。実際にはカトリック教会として建設されましたが，この円形聖堂は，もともとローマのパンテオンを模して内部に諸宗派の礼拝場所が集うように構想されたものです。この聖堂をデザインしたのは当時の国王自身であり，彼の基本思想を象徴するものと言えるでしょう。

問い　文章中の下線部で述べられている2つの聖堂が建設された理由を比較しながら，これらの聖堂建設をめぐる宗教的・政治的背景を説明しなさい。（400字以内）

解説 18世紀にフランス大聖堂と聖ヘートヴィヒ聖堂が建設された理由と背景

〔地域〕ヨーロッパ　　〔時代〕近世　　〔分野〕政治・宗教

　ベルリンで18世紀初頭にフランス大聖堂がユグノーのために，18世紀中葉に聖ヘートヴィヒ聖堂がポーランド系新住民のために建設された理由と宗教的・政治的背景を説明することが求められている。宗教的には新教（ルター派）国であるプロイセンが，ユグノー（カルヴァン派）と旧教（カトリック）のポーランド系新住民のために聖堂を建てた理由を，ナントの王令廃止，オーストリア継承戦争・七年戦争で獲得したシュレジエンと結びつけて説明することが求められている。やや難のレベル。

設問の要求

〔主題〕フランス大聖堂と聖ヘートヴィヒ聖堂が建設された理由と宗教的・政治的背景。

整理メモ

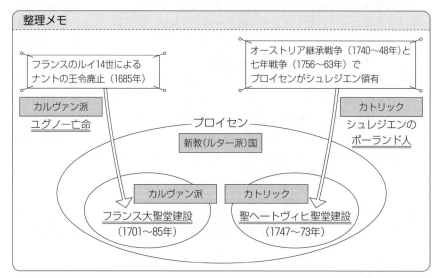

　リード文の年代から，当時のプロイセンをめぐるヨーロッパ情勢を押さえたい。ベルリンに多くのユグノー（カルヴァン派の新教徒）が移住したのはフランスのルイ14世が1685年にナントの王令を廃止したからで，当時，国内産業の育成を進めていた農業国のプロイセンは，商工業者が多いユグノーの亡命を歓迎し，彼らを優遇するためフランス大聖堂を建設した。また，フリードリヒ2世は，オーストリア継承戦争・七年戦争で獲得したシュレジエンからのポーランド系新住民のためカトリックの聖ヘートヴィヒ聖堂を建設した。

　両聖堂の建設に共通しているのは，国家発展に利するなら宗派にかかわらず多くの移民を受け入れようとするプロイセンの国策である。

フランス大聖堂建設の宗教的・政治的背景

1598 年　アンリ 4 世がナントの王令発布→ユグノー戦争の終結
1685 年　ルイ 14 世がナントの王令を廃止→フランスからプロイセンにユグノーが亡命
1701 年　フランス大聖堂建設開始
　　　　　プロイセン王国の誕生（初代国王フリードリヒ 1 世）
1785 年　フランス大聖堂完成

▶フランスのナントの王令廃止

　フランスでは，アンリ 4 世が 1598 年ナントの王令を発布してユグノー（カルヴァン派の新教徒）に信仰の自由を与えユグノー戦争を終結させたが，ルイ 14 世は国内の宗教をカトリックに統一するため，1685 年ナントの王令を廃止した。このためユグノーの商工業者の多くは他国に亡命したが，ホーエンツォレルン家が統治する新教（ルター派）国のプロイセン公国（1525 年成立）は国内産業の育成に力を注いでいたことから，ユグノーの亡命を積極的に受け入れた。

▶プロイセンとユグノー

　フランス大聖堂建設が開始された 1701 年は，プロイセン公国がスペイン継承戦争の際に神聖ローマ皇帝（ハプスブルク家）側に立って参戦したことで王号が許され，プロイセン王国が誕生した年である。新教国家であるプロイセンの初代国王フリードリヒ 1 世（位 1701 ～ 13 年）は，ベルリンに移住したユグノーを商工業発展のため優遇し，その象徴的な施策として 1701 年フランス大聖堂建設の着工を命じた。

聖ヘートヴィヒ聖堂建設の宗教的・政治的背景

1740 年　オーストリア継承戦争開始（～ 1748 年）┐
1747 年　聖ヘートヴィヒ聖堂建設開始　　　　　　│
1756 年　七年戦争開始（～ 1763 年）──────→　プロイセンはシュレジエン領有
1773 年　聖ヘートヴィヒ聖堂完成　　　　　　　　　ポーランド人が新住民に

▶プロイセンとオーストリア継承戦争

　プロイセン第 3 代フリードリヒ 2 世（位 1740 ～ 86 年）はプロイセン絶対主義を確立し，地主貴族ユンカーと協調して官僚制や常備軍を整備し，プロイセンを東欧の大国へと発展させた。彼はオーストリア=ハプスブルク家のマリア=テレジアに対抗し，

オーストリア継承戦争（1740～48年）に乗じてオーストリア領シュレジエン（現ポーランド西南部）を占領し，1748年のアーヘン和約で領有を国際的に承認させた。これによってシュレジエンのカトリック系ポーランド人が新たにプロイセンの住民となり，ベルリンに流入することになったのである。

▶プロイセンのシュレジエン領有

　聖ヘートヴィヒ聖堂建設の着工を命じた1747年はオーストリア継承戦争終結の前年である。続く七年戦争（1756～63年）でもプロイセンが勝利し，1763年のフベルトゥスブルク条約で正式にシュレジエンを領有した。なお，七年戦争中も聖ヘートヴィヒ聖堂の建設は続けられ，完成（1773年）の前年に第1次ポーランド分割（1772年）が行われているが，これは聖堂建設末期にあたるため〔解答例〕では触れていない。

▶啓蒙専制君主フリードリヒ2世の宗教政策

　新教（ルター派）国プロイセンの国王でありながら，フリードリヒ2世がポーランド系新住民のためベルリンにカトリックの聖堂を建設した背景には，当時，国王がヴォルテールらのフランス啓蒙思想に心酔し，啓蒙専制君主として開明的で寛大な宗教政策を採用したことが挙げられる。

> **ポイント**
> ①フランス大聖堂は，ルイ14世のナントの王令廃止で亡命したユグノーのため建設。
> ②聖ヘートヴィヒ聖堂は，オーストリア継承戦争・七年戦争で領有したシュレジエンのポーランド系新住民（カトリック）のため建設。

解答例

フランスのルイ14世は国内の宗教をカトリックに統一するため，1685年ナントの王令を廃止した。この結果，多くのユグノーが亡命すると，プロイセンは国内産業振興のため，商工業者が多いユグノーを積極的に受け入れ，彼らのためにフランス大聖堂を建設した。建設が開始された1701年にプロイセンは王国となり，2代目のフリードリヒ＝ヴィルヘルム1世が絶対王政の基礎を築き，軍国主義体制を確立した。3代目のフリードリヒ2世は，ユンカーと協調して官僚制や軍隊の強化をはかり，オーストリア継承戦争と七年戦争でオーストリアに勝利し，カトリックのポーランド人が住む鉱工業地帯のシュレジエンを領有した。啓蒙専制君主として宗教寛容策を進めていた王はカトリックを容認し，この地域から来たポーランド系新住民のため聖ヘートヴィヒ聖堂を建設した。2つの聖堂建設には，宗派にとらわれることなく国家発展をめざすプロイセンの宗教政策が示されている。（400字以内）

29

　ともに1967年に発足したヨーロッパ共同体と東南アジア諸国連合は，地域機構として大きな成功をおさめた。両機構の歴史的役割について，その共通点と相違点を説明しなさい。(400字以内)

解説 ヨーロッパ共同体と東南アジア諸国連合

〔地域〕ヨーロッパ・東南アジア　〔時代〕現代　〔分野〕政治・経済

　1967 年に設立されたヨーロッパ共同体（EC）と東南アジア諸国連合（ASEAN）を対比させ，歴史的役割の視点から両機構の共通点と相違点に言及することが求められている。共通点として両機構とも経済協力を軸とした地域統合をめざした点を，相違点では経済統合・政治統合の方向性の違いを指摘するとよい。特にヨーロッパ共同体がヨーロッパ連合（EU）に改組し，経済統合だけでなく政治統合に進んだ点に注目すること。

設問の要求

〔主題〕ヨーロッパ共同体と東南アジア諸国連合の歴史的役割について，共通点と相違点を述べる。

整理メモ

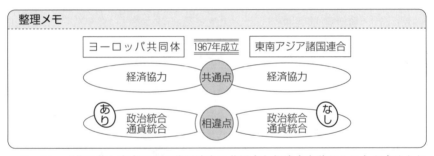

　ヨーロッパ共同体と東南アジア諸国連合の共通点と相違点を論じることが求められており，それぞれを要点整理的に説明するとよい。経済統合と政治統合の 2 要素に視点をすえて，両機構の「統合」のスタイルの違いに触れることがポイント。両機構の設立の背景や統合の経緯を説明する問題ではないことに留意したい。

ヨーロッパ共同体（EC）と東南アジア諸国連合（ASEAN）の共通点

- ヨーロッパ共同体（EC）
　1967 年　ヨーロッパ石炭鉄鋼共同体（ECSC）・ヨーロッパ経済共同体（EEC）・ヨーロッパ原子力共同体（EURATOM）が統合し成立→共同市場の形成（経済統合の達成）をめざす
- 東南アジア諸国連合（ASEAN）
　1967 年　東南アジア諸国連合の成立→当初はベトナム戦争の影響で反共軍事同盟的性格
　1971 年　東南アジア中立地帯宣言→ベトナム戦争後は経済協力機構へ

▶ヨーロッパ共同体の成立

　1952年にシューマン=プランにもとづき，ヨーロッパ石炭鉄鋼共同体（ECSC）が
フランス・西ドイツ・イタリア・ベネルクス3国の6カ国で発足し，1958年にはヨ
ーロッパ経済共同体（EEC）とヨーロッパ原子力共同体（EURATOM）も発足した。
この3つの機構は1967年にヨーロッパ共同体（EC）として統一された。

▶ヨーロッパ共同体と経済統合

　ヨーロッパ共同体は，国家間の関税などの貿易制限を撤廃して域内貿易を自由化す
るとともに域外に対しては共通関税を課し，さらに共通の農業・エネルギー政策や，
資本と労働力の自由化を進めて高度な経済統合を実現した。1973年にイギリス・ア
イルランド・デンマークが加わって拡大ECが成立し，1980年代にはギリシア・ス
ペイン・ポルトガルといった南欧諸国も加えて巨大な統一市場へと発展した。

▶東南アジア諸国連合の成立

　東南アジア諸国連合は1967年にインドネシア・マレーシア・シンガポール・フィ
リピン・タイの5カ国で結成された地域協力組織。ベトナム戦争が激化する過程で発
足したため，当初は反共軍事同盟的な性格をもち，政治的色彩が強かった。

▶東南アジア諸国連合の変化

　その後，ベトナム戦争を背景とする特需もあって，東南アジア諸国連合各国では経
済が発展していった。こうして本来の反共軍事同盟的な性格は薄れ，ベトナム戦争末
期の1971年には東南アジア中立地帯宣言が行われ，経済分野を中心とする地域協力
機構に移行した。

ヨーロッパ共同体（EC）と東南アジア諸国連合（ASEAN）の相違点

- ヨーロッパ共同体（EC）：政治的統一をめざす
  - 1979年　欧州議会の設置
  - 1993年　ヨーロッパ連合（EU）成立→経済統合だけでなく政治統合（共通外交・共通
　　　　　　安全保障政策）や通貨統合を推進
  - 1999年　共通通貨ユーロの導入
- 東南アジア諸国連合（ASEAN）：地域的経済協力機構として
  - 1992年　ASEAN自由貿易地域（AFTA）→貿易の自由化

▶ヨーロッパ共同体（EC）からヨーロッパ連合（EU）へ

　ヨーロッパ共同体（EC）は1993年にヨーロッパ連合（EU）に改組し，国家主権
の一部に制約をもうけて政治統合（共通の外交・安全保障など）の方向に舵を切った。

これに対して，東南アジア諸国連合（ASEAN）はあくまで市場統合をめざす経済協力機構に留まっている点が異なっている。

▶東南アジア諸国連合の発展

　東南アジア諸国連合は，1992年にはASEAN自由貿易地域（AFTA）を結成し，加盟国間の関税の撤廃を通じて貿易自由化の実現をめざした。また，1984年にブルネイ，冷戦終結にともなって社会主義国のベトナムが1995年に加盟，ついで1997年にミャンマーとラオス，1999年にカンボジアが加盟し，「ASEAN 10」が実現した。東南アジア諸国連合は，欧州議会のような超国家的な機関の設置や共通通貨の導入なども実施しておらず，ヨーロッパ連合のような国家主権を制約する機構はめざしていない。

ポイント

①ヨーロッパ共同体の歴史的役割では，政治統合をめざすヨーロッパ連合成立に言及すること。
②東南アジア諸国連合は政治統合をめざしていないことに着目。

解答例

　共通点は地域的な経済協力関係を築いたことで，ヨーロッパ共同体は，米ソに対抗する形で経済統合をめざし，ヨーロッパ石炭鉄鋼共同体，ヨーロッパ経済共同体，ヨーロッパ原子力共同体を統合して発足した。東南アジア諸国連合はベトナム戦争中に結成されたため反共的であったが，中立化を宣言し，経済発展をめざす地域協力機構に移行した。相違点は統合の方向性が異なる点で，ヨーロッパ共同体は二度の世界大戦の反省から恒久平和を築くためヨーロッパの経済・政治統合を目標に掲げて，冷戦終結後にマーストリヒト条約によってヨーロッパ連合を発足させ，単一通貨ユーロの導入や東欧諸国の加盟を実現させた。国家主権の一部を譲り受けた超国家的な機構である点にその特色がある。東南アジア諸国連合は緩やかな地域協力機構で，冷戦後には社会主義国のベトナムも加盟させたが，単一通貨や欧州議会のような国家の枠を超えた通貨統合・政治統合はめざしていない。（400字以内）

30

次の文章を読んで,問いに答えなさい。

文章は編集の都合上省略。
(良知力「48 年革命における歴史なき民によせて」『向う岸からの世界史』〈ちくま
学芸文庫版〉52 頁 1 行目～ 53 頁 11 行目より引用。但し,一部改変)

問い 引用文の筆者である良知は,1976 年に書いたこの論文の中で,「歴史なき民」
に対するエンゲルスの考え方を批判的に考察しながら,1848 年のヨーロッパの
諸事件においてこれらの民が担った役割の再評価を試みた。この文章を参考にし
て,エンゲルスが「歴史の歩み」と「歴史なき民」の関係をどのように理解して
いるかを説明しなさい。それを批判的に踏まえながら,下線部の人々※がどのよ
うな政治的地位にあったかについて,17 世紀頃から 21 世紀までを視野に入れて
論じなさい。(400 字以内)

※編集部注:「下線部の人々」とは,エンゲルスが「歴史なき民」とした「ポーランド人をのぞく西スラヴ
人」を指す。

エンゲルスの歴史観と西スラヴ人の歴史

〔地域〕ヨーロッパ　〔時代〕近世〜現代　〔分野〕政治・思想

　エンゲルスの「歴史の歩み」「歴史なき民」と，ポーランド人をのぞく西スラヴ人（チェック人・スロヴァキア人）の政治的地位の変遷を論述させる問題。「批判的に」考察することが求められており，エンゲルスの歴史観の正確な理解とチェック人・スロヴァキア人の歴史的役割を構造的にまとめる力が試されており，かなり難度の高い論述問題となった。

設問の要求

〔主題〕a．エンゲルスは「歴史の歩み」と「歴史なき民」の関係をどのように理解しているか。

　　　　b．「歴史なき民」であるポーランド人をのぞく西スラヴ人（チェック人とスロヴァキア人）の政治的地位を，17世紀頃から21世紀まで概観する。

〔条件〕エンゲルスの考えを批判的に踏まえる。

整理メモ

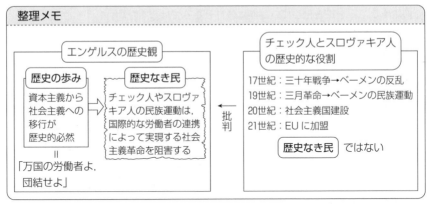

① 史料文（本書では省略）から，エンゲルスは被支配民族である「歴史なき民」が，国家の伝統と歴史を有する民族に服することを正当化していた点に注目する。また，マルクス主義の唯物史観の立場から，彼が「歴史の歩み」を階級闘争による歴史の発展と考えていたことを想起したい。よって「歴史なき民」の民族運動を反革命的とし，歴史的革命へと進む「歴史の歩み」を阻害するものとして把握していたことを論じるとよい。

② 「下線部の人々」とは，エンゲルスが「歴史なき民」とした「ポーランド人をのぞく西スラヴ人」，すなわち，チェック人とスロヴァキア人である。そこからチェコスロヴァキアを想起し，17世紀頃から21世紀までの「政治的地位」を論じると

よい。

③　エンゲルスの「歴史なき民」の歴史観を「批判的に踏まえながら」とあるので，
　チェック人とスロヴァキア人が「歴史なき民」ではなかったことを念頭に置くこと。

エンゲルスの歴史観

歴史の歩み：階級闘争による社会主義革命を歴史の必然とした
歴史なき民：国家としての歴史をもたないスラヴ系に代表される被支配民族
　　　　　　スラヴ人の民族運動は社会主義革命を阻害するとして批判

▶資本主義社会から社会主義社会へという歴史観

　フランスの二月革命の直前，エンゲルスはマルクスと共に『共産党宣言』（1848年
2月）を発表したが，彼らの唯物史観によると人類の歴史は階級闘争の歴史で，資本
主義社会から社会主義社会への移行こそが歴史の必然であるとした。そして偏狭な民
族主義を批判し，「万国の労働者よ，団結せよ」と訴えて国際労働運動における革命
家の役割を説いた。したがって，エンゲルスにとって，社会主義実現のための歴史プ
ロセスが「歴史の歩み」であり，大国が「歴史なき民」である被支配民族の民族運動
を抑圧することを正当化している点に着目しなくてはならない。

▶スラヴ民族運動は社会主義革命実現の阻害要因

　エンゲルスにとって「歴史の歩み」とは，階級闘争による歴史の発展により社会主
義革命を実現することにあり，1848年のウィーン三月革命の際，ベーメンで起こっ
たスラヴ人による民族運動を「歴史の歩み」に逆行し，乱世を生み出す反革命的な行
動として批判した。エンゲルスは，オーストリアの支配下にあったスラヴ系の被支配
民族を「歴史なき民」と定義し，彼らは国家をもった民族，すなわちオーストリアの
ドイツ人や，ハンガリーのマジャール人に吸収同化されることを正当化した。スラヴ
人の民族主義を，国際的な労働者の連帯によって実現する社会主義革命を妨げるもの
と考えたからである。

「歴史なき民」の政治的地位の変遷──チェック人とスロヴァキア人

17世紀　三十年戦争→ベーメン民族運動の萌芽
19世紀　三月革命におけるスラヴ民族運動の高揚
＜20～21世紀＞
1919年　第一次世界大戦後にチェコスロヴァキアとしてオーストリアから独立
1939年　西半のチェコと東半のスロヴァキアに解体←ナチス=ドイツの支配
1948年　チェコスロヴァキア=クーデタで共産党政権が成立←ソ連の衛星国
1989年　東欧革命→ビロード革命で共産党政権が崩壊

1993 年　チェコ共和国とスロヴァキア共和国に分離→二つの主権国家の確立
2004 年　両国が EU（ヨーロッパ連合）に加盟

▶三十年戦争とベーメン

　現チェコの地域に当たる 17 世紀のベーメン（ボヘミア）は，15 世紀以来，神聖ロー
ーマ皇帝を兼ねたオーストリア=ハプスブルク家に支配されていたが，ハプスブルク
家のカトリック強制に反発したベーメンの新教派の反乱から三十年戦争（1618 〜 48
年）が開始。ドイツ人支配に抗したスラヴ系チェック人の宗教反乱は，すでに 15 世
紀前半のフス戦争にもみられ，どちらも民族運動の性格を帯びていた。

▶三月革命とスラヴ人の民族運動

　1848 年にフランスの二月革命の影響でウィーン三月革命が起こると，ベーメンで
もオーストリアに対する独立運動が展開され，民族運動の指導者であるパラツキーが
プラハでスラヴ民族会議を開催し，民族の団結を主張した。しかし，多民族国家の崩
壊を恐れるオーストリアの圧力で解散させられた。

▶第一次世界大戦とチェコスロヴァキア独立

　第一次世界大戦後，1919 年のサンジェルマン条約で正式にオーストリアからの独
立が承認され，チェコスロヴァキア共和国が成立した。しかし，やがてナチス=ドイ
ツが台頭し，1938 年のミュンヘン会談でズデーテン地方の割譲を余儀なくされ，翌
1939 年には西半のチェコと東半のスロヴァキアに解体された。

▶社会主義国建設から冷戦崩壊後まで

　第二次世界大戦後の 1948 年にはクーデタで共産党政権が成立し，チェコスロヴァ
キアはソ連が主導する社会主義陣営に組み入れられた。その後，1968 年の「プラハ
の春」でドプチェク政権が自由改革路線を推進，これに対し，ソ連軍を主力とするワ
ルシャワ条約機構軍が軍事介入を行い，改革の試みは失敗に終わった。

　1989 年の東欧革命の際，チェコスロヴァキアではビロード革命により共産党政権
が崩壊することになる。しかし，この直後，チェコとスロヴァキアの対立が表面化し，
1993 年に連邦制が解消されてチェコ共和国とスロヴァキア共和国（主権国家を確立）
に正式に分離した。そして 2004 年に両国は同時に EU（ヨーロッパ連合）に加盟し
た。

▶エンゲルスへの批判

　以上から，エンゲルスが「歴史なき民」としたチェック人とスロヴァキア人が歴史

的役割を担いながら主権国家を建設したことを指摘したい。エンゲルスは社会主義の実現を「歴史の歩み」と考えていたが，彼が「歴史なき民」と考えていたチェック人とスロヴァキア人が第二次世界大戦後，社会主義国家を建設したことは大きな皮肉とも言えるだろう。

> **ポイント**
> ①「歴史なき民」がチェック人とスロヴァキア人であることを押さえる。
> ②エンゲルスの歴史観を，チェック人とスロヴァキア人の歴史を踏まえ批判する。

解答例

　エンゲルスは，国家としての歴史をもたない「歴史なき民」が，国家を担ってきた民族に服するのは当然だとし，その民族運動は社会主義の歴史的革命に向かう「歴史の歩み」を妨げると考えた。しかし，その考えはチェック人とスロヴァキア人に当てはめることはできない。彼らは，オーストリアの支配を受けたが，17世紀の三十年戦争はベーメンの反乱が発端となり，1848年の三月革命に際して独立運動を起こすなどその支配に激しく抵抗した。第一次世界大戦後チェコスロヴァキアとして独立し，ナチス＝ドイツに侵略され，第二次世界大戦後は共産党政権が成立してソ連の衛星国となり，「プラハの春」の自由化路線も鎮圧されたが，その後，1989年に共産党政権は崩壊した。1993年にはチェコとスロヴァキアに分離，2004年に両国はEUに加盟した。このように両民族は強国の支配に翻弄されながらも，それぞれが主権国家を形成して歴史的役割を担っている。（400字以内）

31

次の文章を読んで，下線部に関する問いに答えなさい。

　フランスの歴史家アルベール・マチエはその著書『フランス大革命』の第一巻を
「君主制の瓦解（一七八七年—一七九二年）」とし，その第二章を「貴族の反乱」と
した。王室財政の破産がこのままでは不可避とみた国王政府は，貴族への課税を中心
とする改革案を作り，主として大貴族からなる「名士会」を 1787 年に召集して改革
案の承認を求めたが，「名士会」は，貴族が課税されることよりも，むしろこのよう
に臨時にしか貴族が国政に発言できない政治体制そのものを批判し，全国三部会の開
催を要求した。マチエはこの「名士会」の召集から『フランス大革命』の論述を始め
たのである。従来は 1789 年に始まると考えられていたフランス革命の叙述を 1787 年
から始めたのはマチエの卓見であったが，1787 年—88 年の段階は「革命」ではなく
「反乱」とされた。それに対してジョルジュ・ルフェーヴルは「フランス革命と農
民」と題する論文において，マチエの「1787 年開始説」を引き継ぎながら，「…した
がって，フランス革命の開始期ではまだブルジョワ革命ではなくて貴族革命である。
貴族革命は結局流産したが，それを無視してはブルジョワ革命を説明できないであろ
う。（中略）フランス革命の火蓋はそのために滅んでゆく階級によってきられたので
あって，そのために利益をえる階級によってではなかった」と記し，マチエが「貴族
の反乱」と呼んだものを「貴族革命」と言い換えた。他方，この論文の訳者である柴
田三千雄氏はその著書『フランス革命』において「まず，フランス革命はいつからい
つまでかといえば，一七八九年から九九年までの約一〇年間とみるのが，通説です。
貴族の反抗をいれると一二年になりますが，それはいわば前段階です。」として「反
乱（もしくは反抗）」についてはマチエ説に立ち返るとともに，フランス革命の叙述
を 1789 年から始めている。
　<u>1787 年—88 年の貴族の動きが「反乱（もしくは反抗）」であるか「革命」であるか</u>
は，一見すると些細な用語の違いにすぎないと思われるかもしれないが，この用語の
違いは，「そもそも革命とは何か」という大きな問題に直結しており，フランス革命
という世界史上の大事件の定義もしくは性格付けに直接にかかわる問題なのである。
　（ジョルジュ・ルフェーブル著／柴田三千雄訳『フランス革命と農民』，柴田三千雄
　　著『フランス革命』より引用。）

問い　「革命」をどのようなものと考えるとこの貴族の動きは「反乱（もしくは反抗）」とみなされ，また「革命」を逆にどのようなものと考えると同じ動きが「革命」とみなされることになるのかを答えなさい。絶対王政の成立による国王と貴族の関係の変化，フランス革命の際のスローガンなどを参考に考察しなさい。
　（400字以内）

解説　フランス革命における「革命」の意味

〔地域〕フランス　　〔時代〕近世・近代　　〔分野〕政治・思想

　1787 ～ 88 年の名士会で免税特権をもつ貴族らは王権による貴族への課税に反発し，三部会の召集を要求したが，こうした貴族の動きは「反乱」なのか「革命」なのかを判断させる相当に難度の高い問題。「革命」を政治体制の打倒と考えるか，政治体制の打倒だけでなく社会システムの変革を伴うものと考えるかで定義が異なってくる。「フランス革命の際のスローガン」では，旧制度の否定につながる『第三身分とは何か』に着目したい。

設問の要求

〔主題〕1787 ～ 88 年の貴族の動きは，「反乱」なのか「革命」なのか。
〔条件〕絶対王政の成立による国王と貴族の関係の変化，フランス革命の際のスローガンなどを参考に考察する。

整理メモ

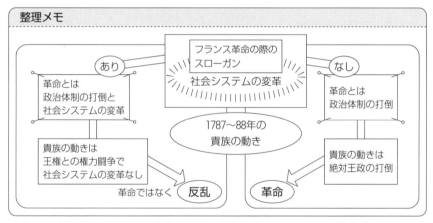

　絶対王政成立による国王と貴族の関係の変化を考察し，そこから特権身分への課税問題が王権と貴族の最大の対立点となったことを説明したい。
　「革命」は，従来の政治体制を打倒して新しい権力を樹立することであるが，これに社会システム（社会構造）を根底から変革することも含むか否かでその解釈に違いがでてくる。「反乱」は，政治体制への不満から起こる行動をさし，必ずしも国家権力を奪うことを目的としてはいない。例えば，ワット＝タイラーの乱，フロンドの乱などをイメージするとよい。
　ここから，①貴族の動きが「革命」である場合，②貴族の動きが「反乱」である場合を考えていきたい。

絶対王政成立による国王と貴族の関係変化

中世　　　貴族は諸侯・領主として国王から自立

　　　　　三部会を通じて国政に参加→免税などの特権あり

絶対王政期　官僚に登用され，国王の廷臣としての従属的な地位

　　　　　三部会が解散され，国政への参加権なし

　　　　　国王による免税特権の廃止の動きに貴族は反発

▶中世から絶対王政期における王権と貴族の地位の変化

　貴族は，中世の封建制度の下で，地方の諸侯・領主として一定の政治権力を有し，国王から自立する政治勢力であったが，百年戦争による疲弊や荘園経済の崩壊によって中世末期からその地位が変質し，王権の集権化の過程で国王の廷臣に組み込まれ，絶対王政期には官僚に登用されて王権を支えることになった。その一方で，貴族は中世以来の免税などの封建的特権を保障され，旧制度の身分制の下で特権身分として優遇された。

▶財政難と三部会開催要求

　アメリカ独立戦争への参戦や宮廷の浪費などで王室の財政が悪化すると，ルイ16世は特権身分へ課税を企図し，1787年に名士会を召集してその支持を得ようとした。ところが名士会において，貴族は，国王が貴族の免税特権を廃止して一方的に課税することは，中世以来，貴族に与えられていた封建的特権を侵犯するものとして断固反対し，1615年以来解散されていた全国三部会の開催を要求した。この三部会開催の要求（1787年）から1788年までを，フランスの歴史家アルベール=マチエは「貴族の反乱」と呼び，ジョルジュ=ルフェーヴルは「貴族革命」とした。

1787〜88年の貴族の動向は「反乱」なのか「革命」なのか

フランス革命の際のスローガン：社会システムの変革

　　　　「革命」を政治体制の打倒と定義した場合→貴族の動きは「革命」

　　　　「革命」を政治体制の打倒と社会システムの変革と定義した場合

　　　　　　　　　　　　　　　　　　　　　→貴族の動きは「反乱」

▶フランス革命の際のスローガン

　第三身分出身の聖職者シェイエスが著したパンフレット『第三身分とは何か』を考えるとよい。その中で彼は特権身分（聖職者・貴族）を批判し，国民を代表するのは平民（市民・農民）からなる第三身分であると主張し，三部会から離脱して第三身分の代表が国民議会を結成（1789年6月17日）することに大きな影響を与えた。また，

ルソーの啓蒙思想の影響を受けて「自由・平等」を自然権として規定した「人権宣言」(1789年8月26日) にも言及することができる。どちらのスローガンにも社会システムの変革が含まれており，これのあるなしが「革命」の定義を異なるものにすることに留意したい。

▶**政治体制の打倒としての「革命」→ 貴族の動きは「革命」**

　貴族は，王権が一方的に貴族に課税することは，中世以来，貴族に付与されてきた封建的特権（免税・領主権）を侵犯するものとして断固反対した。そしてルイ13世の治世に宰相リシュリューがブルボン朝の集権化のため貴族から国政参加権を奪う目的で，1615年に解散した三部会を再び開催することを要求した。貴族らの身分制議会の復活要求は，制限された自らの権利を回復するという意味において，絶対王政という体制の打倒を意味していたから，こうした貴族の動向は「革命」とみなすことができる。

▶**社会システムの変革を含むものとしての「革命」→ 貴族の動きは「反乱」**

　フランス革命の際のスローガンにみられるように，このように「革命」を，特権身分の否定，農奴制や領主裁判権の廃止など広範な社会システムの変革を伴い，旧制度（アンシャン=レジーム）を廃して近代市民社会への移行を用意したという視点でみると，1787〜88年の貴族の動きは王権に対する政治権力闘争に過ぎず，「反乱」とみなしうる。

ポイント
①フランス革命のスローガンは社会システムの変革。
②貴族の動きが「革命」か「反乱」かは，社会システムの変革が含まれるか否か。

解 答 例

　　絶対王政の成立で君主権が強化された結果，三部会の召集停止にみられるように，中世以来，貴族に認められていた国政への発言権は奪われた。その一方で貴族は，旧制度の下で特権身分として絶対王政と結びつき，免税などの封建的特権を有した。しかし，ルイ16世は戦争出費などで王室財政が悪化したのを理由に，貴族の免税特権を廃止しようとした。これに反発した貴族らは，名士会で貴族への課税には三部会の承認が必要であるとし，その開催を要求した。もし「革命」を政治体制の打倒と考えるならば，こうした貴族の動きは絶対王政の打倒を意味するから，「革命」と呼んでもよい。一方，「革命」を政治体制の打倒だけでなく社会変革を含むと考えた場合は，1789年のフランス革命にみられる『第三身分とは何か』や自由・平等を保障した人権宣言のような，旧制度から近代市民社会への社会変革を伴っていないから，当時の貴族の動きは王権への「反乱」とみなせる。（400字以内）

32

次の宣言は，1943 年 10 月に出されたものである。これを読んで，以下の問いに答えなさい。

アメリカ合衆国，連合王国，ソヴィエト連邦および中国の政府は，各国が 1942 年 1 月の連合国による宣言，およびその後の諸宣言に従って，四カ国がそれぞれ交戦状態にある枢軸諸国に対する戦争を，枢軸諸国が無条件降伏を基礎として降伏するまで継続するという決意において結束し，四カ国自身及び四カ国と同盟を結ぶ人々を侵略の脅威から解放することを保障する義務を自覚し，戦争から平和への迅速で秩序ある移行を確保し，且つ，世界の人的及び経済的資源が兵器のために流用されることを最小限にしながら国際的な平和と安全を確立・維持する必要を認め，以下のように共同で宣言する：

1．各自の敵国に対する戦争遂行のために誓約された四カ国の共同行動は，平和と安全を組織化し維持するために継続される。
2．四カ国のうち共通の敵と交戦状態にある国は，その敵国の降伏及び武装解除に関する全ての事項について共同で行動する。
3．四カ国は，敵国に課される条件の違反に対して，必要と認める全ての措置をとる。
4．四カ国は，全ての平和愛好国の主権平等の原則に基づき，且つ，そのような大国小国の全てが参加し得る，国際的な平和と安全の維持のための一般的国際機構を，実現可能な限り早期に設置する必要性を認める。

（以下略）

問い　この宣言の名称を答えなさい。ところで 20 世紀には，この宣言で打ち出された目的を実現するための国際機構を作る試みが二度行われている。どのような国際機構が設立されたのか，またそれらはどのような問題に直面したのか，20 世紀の国際関係の展開をふまえながら論じなさい。その際，次の語句を必ず用い，用いた語句に下線を引きなさい。（400 字以内）

総力戦　　安全保障理事会　　イタリア　　冷戦　　PKO*

*PKO ＝平和維持活動

国際連盟と国際連合の設立とその問題点

〔地域〕多地域　　〔時代〕現代　　〔分野〕政治

　史料文が「モスクワ宣言」であることを特定するのは難しいが，国際連盟と国際連合の比較を問う問題であることは容易に推測できる。それぞれの国際機構が直面した問題点も指定語句に道筋が示されている。熟考を要するのは「イタリア」と「PKO」の用い方で，戦後の国際情勢の変化の中で国際連合の問題点がどのように変容したかに着目し，近年のアメリカ単独主義行動にも言及しておくとよい。現代史からの 400 字論述ということもあって難度は高い。

設問の要求

〔主題〕国際連盟と国際連合の設立，その直面した問題。
〔条件〕20 世紀の国際関係の展開を踏まえる。

整理メモ

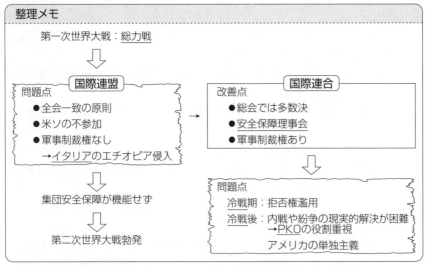

　史料となっているのは 1943 年に出されたモスクワ宣言である。アメリカ・イギリス・ソ連・中国の 4 カ国外相会談で発せられたもので，初めて公式に平和機構設立の必要性に言及した。

　「国際機構を作る試みが二度行われている」は，国際連盟と国際連合を指すことはすぐにわかるだろう。国際連盟の弱点を指摘し，それを克服するために国際連合がどのような機能をもったのか，また，その限界を指摘する。「総力戦」「イタリア」は国際連盟，「安全保障理事会」「冷戦」「PKO」は国際連合で使用すればよい。

国際連盟──「総力戦」「イタリア」

〔設立〕　1920 年にジュネーヴに設立←ウィルソンの十四カ条
　　　　　背景…第一次世界大戦が総力戦となり，甚大な被害
〔機能〕　弱点：総会の決議は全会一致
　　　　　　　　　大国アメリカの不参加とソ連の排除
　　　　　　　　　侵略国家への制裁が不徹底→経済制裁のみ
〔問題の表面化〕　ファシズム諸国の侵略を防止できず
　　　　　　　　　1933 年　日本・ドイツが連盟脱退
　　　　　　　　　1935 ～ 36 年　イタリアのエチオピア侵入
　　　　　　　　　　　　→経済制裁を加えたが効果なし

▶国際連盟の成立

　第一次世界大戦では，戦争の長期化に伴い各国が生産力・経済力の向上のため国民を総動員する総力戦の戦時体制がとられ，各国は未曾有の惨禍をこうむることとなった。このためアメリカのウィルソン大統領の十四カ条をもとに，ヴェルサイユ条約によって 1920 年史上初の集団的国際安全保障機構である国際連盟が発足した。

▶国際連盟の弱点

　国際連盟は，主に以下の 3 つに代表されるシステム的な弱点を抱えていた。これにより，国際平和維持機構としての機能を十分に発揮できなかった。

①　総会の決定は全会一致を原則→有効な意思決定が困難
②　アメリカは最後まで参加せず，ドイツ・ソ連は当初は除外→主要構成国の偏り
③　軍事制裁はなく経済制裁のみ

▶戦間期の国際関係の展開と弱点の表面化

　国際連盟は，特に大国が直接当事国となった紛争には積極的な介入ができず，イタリアのエチオピア侵入（1935 ～ 36 年）に対しては，経済制裁が議決されたものの，石油の禁輸が実行されず具体的な効果があがらなかった。また，世界恐慌後の社会的不安の中で，ファシズム諸国が台頭してくるが，日本・ドイツが 1933 年，イタリアが 1937 年に国際連盟を脱退するなど，加盟国の離脱が相つぎ，結局集団安全保障は有効に機能せず，第二次世界大戦勃発を防止することができなかった。

国際連合──「安全保障理事会」「冷戦」「PKO」

〔設立〕 1945年にニューヨークに本部←サンフランシスコ会議で国際連合憲章を採択
〔機能〕 総会の決議は多数決制←国際連盟の失敗の反省
　　　　5常任理事国を中心とする安全保障理事会が強大な権限
　　　　→国際紛争解決のための軍事制裁権をもつ
　　　　→「大国一致の原則」から拒否権を付与
〔問題の表面化〕 ● 冷戦の進展で米ソの対立激化→拒否権の濫用
　　　　　　　　 ● 冷戦後，各国で内戦や民族・宗教紛争が頻発
　　　　　　　　　 →軍事制裁や経済制裁による解決が困難化
　　　　　　　　　 →調停のためのPKO（国連平和維持活動）が活動の中心へ
　　　　　　　　 ● アメリカの単独主義的傾向

▶国際連合のシステム

　国際連合は，主に以下の3つを取り入れることで，国際連盟の弱点を克服し，国際平和維持機構としての機能を発揮させようとした。

　①　総会で多数決制を導入
　②　大国一致の原則を採用：5常任理事国（アメリカ・イギリス・フランス・ソ連・中国）を中心に設けられた安全保障理事会に大幅な権限を付与し，大国一致の原則から5常任理事国には拒否権が与えられた。
　③　国連軍による軍事制裁

▶冷戦と弱点の表面化

　安全保障理事会には国際紛争解決に必要な経済・軍事制裁の権限が付与され，国連軍の設置も決まったが，冷戦が進む中で米ソの対立が激化し，両国が拒否権を濫発しあったため，大国一致の原則が足かせとなり，十分にその機能を果たせなかった。

▶冷戦後の問題

　冷戦後，国連の平和維持活動は，軍事制裁によらずに紛争当時国の同意を得て調停活動を行うPKO（国連平和維持活動）に中心が移った。PKOの目的は紛争の沈静化にあるため中立的性格を保持していることが前提で，主としてPKF（国連平和維持軍）と非武装の停戦監視団・選挙監視団などに区別されている。しかし，冷戦後に増加した内戦や地域紛争は，武力や経済制裁によって解決することは困難で，PKOが先進国主導で行われるため，民族・宗教などが先進国とは異なる紛争地にとっては受け入れることが難しい政治・社会秩序を強要されるという批判もある。また，国際連合の意思とは無関係に対アフガニスタン，イラク攻撃を断行したアメリカの単独主義行動も問題となっている。

ポイント
①指定語句の「総力戦」と「イタリア」は，国際連盟の説明で使用。
②国際連合では，冷戦後に PKO の役割が大きくなった背景に言及。

解答例

モスクワ宣言。第一次世界大戦は長期の総力戦となり，各国に深刻な被害をもたらした。戦後，ヴェルサイユ体制のもとで世界初の国際平和維持機構である国際連盟が設立されたが，全会一致の原則，米ソの不参加などの制約があり，イタリアのエチオピア侵入に対する経済制裁も不徹底に終わった。また，世界恐慌後には日独伊のファシズム諸国が相ついで脱退したことから，国際連盟の目的であった集団的安全保障は結局有効に機能せず，第二次世界大戦勃発を防止できなかった。国際連合では国際連盟への反省から安全保障理事会の権限を強化し，米英仏ソ中の５大国に拒否権を与え，国連軍設置も認められた。しかし，冷戦下では米ソの対立から拒否権が濫発され，問題解決を十分に果たせず，冷戦後は，軍事制裁に頼らず，停戦監視などの調停活動を行う PKO が重視されている。一方で，対イラク攻撃のように自国の利害を優先するアメリカの単独主義行動が顕在化している。（400字以内）

33

次の文章を読んで，問いに答えなさい。

　明治 4 年 11 月 12 日（陰暦），右大臣岩倉具視を特命全権大使とし，木戸孝允，大久保利通，伊藤博文らを副使とする総勢 46 名の外交団をのせた商船アメリカ号が横浜港を出港した。一般に岩倉使節団と呼ばれるこの一行は，約 3 週間の太平洋横断航海ののちサンフランシスコに到着し，1 年半あまりに及ぶ長い欧米歴訪を開始した。竣工したばかりの大陸横断鉄道などを使ってワシントンD.C.へ移動した岩倉らは，その後，大西洋を渡ってロンドンへ，ドーヴァー海峡を越えて(a)パリへ行き，ここで，(b)明治 6 年 1 月 1 日の改暦(注)を迎えた。その後も，ブリュッセル，ハーグ，ベルリン，サンクトペテルブルク，コペンハーゲン，ストックホルム，ローマ，ウィーン，そしてベルンなどの各都市を訪問した一行は，同年 7 月にマルセイユから再び船上の人となり，完成まもないスエズ運河を経由して，9 月に横浜に帰着した。

　岩倉使節団の目的は，幕末に相次いで結ばれた条約の締約国を訪れて元首に謁見し，加えて条約改正の予備交渉を行うこと，さらには，欧米諸国の政治制度，経済状況から都市や農村の景観に至るまで，さまざまな側面について見聞を広めることであった。

　随行した久米邦武が帰国後にまとめて出版した記録『特命全権大使米欧回覧実記』には，多くの風景スケッチや各国についての概説がもりこまれており，明治初年の日本人が欧米に対してどのようなまなざしを向けていたかを知ることができる。とくに，本書で久米が大国だけでなく，東欧や中欧の小国についても十分な紙幅を割き，それぞれが有する可能性と直面する課題を論じていることは注目に値する。小国に対するこのような関心は，その後，日本が大国への道を歩み始めるにつれて急速に薄れていくことになる。

　（注）陰暦明治 5 年 12 月 3 日を，陽暦に基づき明治 6 年 1 月 1 日とした。

問 1　下線部(a)での滞在中に，久米らは，その 2 年足らず前にこの都市を舞台にして起こったある出来事で最後の大規模な戦闘があった墓地を訪れている。この出来事については，カール・マルクスが『フランスにおける内乱』と題した冊子で議論している。この出来事を説明しなさい。（50 字以内）

問 2　下線部(b)に先立つ十数年間のうちに，ヨーロッパの国際関係は大きく変化した。この変化が準備し，この世紀の末にかけて顕著になる国際関係上の趨勢を視野に

入れながら，この変化を説明しなさい。ただし，下記の語句をすべて必ず使用し，その語句に下線を引きなさい。(350字以内)

教皇　　　ヴェルサイユ　　　資本　　　バルカン　　　アフリカ

解説　19世紀後半のヨーロッパの国際関係

〔地域〕ヨーロッパ　〔時代〕近代　〔分野〕政治

　「岩倉使節団」に関する文章を利用した論述問題。問1は，パリ=コミューンの説明を求めるスタンダードな問題であるが，短文論述なので要点整理的な記述力が欠かせない。問2は，1873年に先立つ十数年間におけるヨーロッパの国際関係の変化と，それによってもたらされた19世紀末までの国際情勢を考察させる問題で，ドイツとイタリアの統一国家形成を主軸にヨーロッパの国際関係を説明することが求められており，構成が難しい。「資本」と「バルカン」の使い方には工夫が必要で，熟考を要する。

問1

設問の要求

〔主題〕パリ=コミューンの成立と鎮圧。

　パリでの滞在が明治6年であるので，西暦では1873年。明治維新が1868年で，これが明治元年。もしくは1900年が明治33年であったことなどから計算できるはず。
　「その2年足らず前に」起こった「最後の大規模な戦闘」とは，普仏（プロイセン=フランス）戦争（1870～71年）後のパリ=コミューン（1871年3月18日～5月28日）崩壊時の戦闘を指す。パリ=コミューンは史上初の労働者による革命的な自治政府であったが，ドイツの支援をとりつけたティエールの臨時政府軍の攻撃による「血の一週間」の戦闘で多数の死者を出し，崩壊した。

問2

設問の要求

〔主題〕1860年代および1870年代初めのヨーロッパの国際関係の変化。
〔条件〕19世紀末の趨勢を視野に入れる。

整理メモ

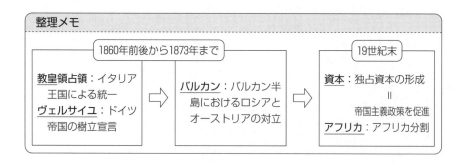

　下線部(b)の「明治6年」は1873年。1873年の「十数年」前は1860年前後となる。
したがって，1860年前後から1873年までの「変化」と「この世紀の末にかけて顕著
になる国際関係上の趨勢」を述べればよい。
　「教皇」「ヴェルサイユ」からイタリア・ドイツの国民国家成立，「バルカン」から
オーストリアとロシアの対立，「資本」「アフリカ」から19世紀末における帝国主義
をまとめる方向を考えたい。

> ### 1860年前後から1873年までのヨーロッパ国際関係の推移
> ### ──「教皇」「ヴェルサイユ」「バルカン」
>
> 1861年　イタリア王国の成立→ヴェネツィア併合（1866年）
> 　　　　　　　　　　　　　　→教皇領を占領し，イタリアを統一（1870年）
> 1862年　プロイセン王国でビスマルクが首相就任→鉄血政策
> 1866年　普墺戦争→オーストリアをドイツ連邦から除外し，北ドイツ連邦を創立（1867
> 　　　　　　　年）
> 1867年　オーストリア＝ハンガリー帝国の成立→バルカンに進出し，ロシアと対立
> 1870～71年　普仏戦争→プロイセンが勝利。ナポレオン3世の第二帝政が崩壊
> 1871年　ドイツ帝国の成立→プロイセン王がヴェルサイユ宮殿でドイツ皇帝に即位

▶ドイツとイタリアにおける国民国家の成立

　問題文の時代の設定から考えると，指定語句の「教皇」からは，1861年に成立し
たイタリア王国が1870年に占領した教皇領のことを連想すべきだろう。また，指定
語句の「ヴェルサイユ」からは，1871年1月にヴィルヘルム1世がドイツ皇帝とし
てヴェルサイユ（宮殿）で即位し，ドイツ帝国が成立したことを想起したい。このイ
タリア王国とドイツ帝国は，19世紀後半の西ヨーロッパに最後に現れた国民国家で
あるという点をまず把握したい。世紀末には，経済的に後進国であった両国は，先進
資本主義国のイギリス・フランスに対抗するためアフリカ分割に参加し，帝国主義列
強に成長していく。

▶ロシアとオーストリアのバルカン進出

　ウィーン体制期の大国でありながら，国民国家を形成しなかったロシアとオースト
リアにも注目したい。1870年代半ば以降，民族運動の中心はバルカンなど中・東欧
に移った。ビスマルク外交のもとで一時的に緩和されるものの，大きな流れとしては，
世紀末に向けて，こうしたバルカン半島での民族主義の動きにパン＝スラヴ主義をか
かげるロシアと，パン＝ゲルマン主義をかかげるオーストリアがそれぞれ介入をはか
り，両国が対立する図式が明確になってくる。

19世紀末の国際関係上の推移――「資本」「アフリカ」

19世紀末 〔帝国主義時代〕…西欧列強で急速な工業化（第2次産業革命）
　　　　　　　　　　→独占資本の形成
　　　　　　　　　　アフリカ分割などの帝国主義列強の抗争
　　　　　　　　　　<u>イギリス</u>に対抗して<u>ドイツ皇帝が世界政策を推進</u>
　　　　　　　　　　　└3C政策　　　　　　　　└3B政策

　「資本」「アフリカ」という指定語句から19世紀末の帝国主義を導き出すのは比較的容易と思われる。

　19世紀後半に展開された第2次産業革命によって列強では独占資本が形成され，「資本の輸出」が促進された。これを背景として資源供給地や輸出市場としての植民地の獲得が求められ，各国は帝国主義政策を推進し，イギリスとドイツの対立も激しくなるが，これが，「ドイツとイタリアにおける国民国家の成立」によって準備されたものであったという視点で整理するとよい。

ポイント

① 「教皇」はイタリア王国の教皇領占領，「ヴェルサイユ」はドイツ皇帝の戴冠に着目。
② 「資本」は，19世紀末に帝国主義を促進した独占資本を想起すること。

解答例

　1 普仏戦争の仮講和条約に反対して組織されたパリ＝コミューンが臨時政府によって鎮圧された。（50字以内）

　2 ウィーン体制による勢力均衡は，クリミア戦争におけるロシアの敗北によって崩壊し，国家統一が遅れていたイタリア・ドイツにおいても，普仏戦争の際，<u>教皇領占領</u>でイタリア統一が実現，ドイツ帝国が<u>ヴェルサイユ</u>で成立し，19世紀末に帝国主義列強となる国民国家が出揃うことになった。東方ではドイツ統一から除かれたオーストリアを中心に多民族国家オーストリア＝ハンガリー帝国が成立し，<u>バルカン</u>におけるスラヴ人の民族運動を支援するロシアとオーストリアの対立を生んだ。第2次産業革命によって列強各国が工業化を進めて独占資本を発展させた結果，市場や原料供給地としての植民地が重視されるようになり，19世紀末の帝国主義時代には<u>アフリカ</u>やアジアにおける植民地獲得をめぐって列強間の争いが顕著になった。（350字以内）

34

次の文章を読んで，問いに答えなさい。

　2008年アメリカ大統領選における民主党候補者争いは，ヒラリー・クリントンとバラク・オバマによる史上まれに見る接戦となった。いずれも本選で当選すれば，アメリカ政治史上，初の女性大統領，黒人大統領の誕生となることから大きな注目を集めることとなった。しかし，歴史をさかのぼれば，そもそも，アメリカ合衆国の建国時，女性にも黒人にも，大統領に立候補する被選挙権はもちろんのこと，政治に一票を投じる参政権すら付与されていなかった。

　アメリカでは，19世紀前半のジャクソン大統領の時代に男子普通選挙制が採用されたが，黒人（奴隷）や女性は蚊帳の外に置かれた。南北の激しい内戦をへて，奴隷制が解体されたのちの再建の時代になって，憲法修正15条により「合衆国市民の投票権は，人種，肌の色，または過去における労役の状態を理由にして，合衆国または州によって拒否または制限されることはない」（1870年）と定められ，黒人男子の政治参加への道が開かれるかにみえた。しかし，白人による激しい抵抗にあい投票権を剥奪され，実質的な政治参加は，約百年後に成立した1965年の投票権法の成立を待たなければならなかった。

　一方の女性たちの参政権運動は，1848年にセネカ・フォールズにて開催されたアメリカ女性の権利獲得のための集会から始まったといわれる。19世紀後半には女性団体が運動を展開し，1920年になってようやく憲法修正19条により「合衆国市民の投票権は，性別を理由として，合衆国またはいかなる州によっても，これを拒否または制限されてはならない」と定められ，女性の連邦政治への参加が可能となった。

問1　南北戦争後の1869年には，アメリカの政治・経済の統合に大きな役割を果たす交通網が完成する。これは何か。また，海外においても同年，ヨーロッパとアジアの距離を短縮する交通史上の大きな変化が起こるが，それは何か。（50字以内）

問2　アメリカ合衆国以外の各国においても，この1920年前後に，女性参政権が実現した国々が多い。なぜこの時期に多くの国々で女性参政権が実現したのか，その歴史的背景を説明しなさい。その際，下記の語句を必ず使用し，その語句に下線を引きなさい。（350字以内）

　　クリミア戦争　　総力戦　　ウィルソン　　ロシア革命　　国民

解説 **1869年に完成した世界の交通網，女性参政権**

〔地域〕多地域　　〔時代〕近代・現代　　〔分野〕社会・政治

　問1はアメリカ大陸横断鉄道の開通と，スエズ運河の完成が求められており，平易な問題である。問2は近現代における女性の社会進出と参政権獲得をテーマとする女性史で，一橋大学では珍しい視点からの出題。1920年前後に欧米諸国で女性参政権が実現した歴史的背景が問われているが，指定語句では「ロシア革命」の用い方がやや難しく，革命で成立したソヴィエト政権が女性参政権を認めたことが欧米主要国にも影響を与えた点に着眼しなくてはならない。

問1

設問の要求

〔主題〕1869年の交通網の完成と交通史上の変化。

　アメリカでは1869年に大西洋岸と太平洋岸とを結ぶ大陸横断鉄道が開通したが，同年，エジプトでもフランス人のレセップスによって地中海と紅海を結ぶスエズ運河が完成し，ヨーロッパとアジアの距離が著しく短縮した。

問2

設問の要求

〔主題〕1920年前後に多くの国々で女性参政権が実現した歴史的背景。

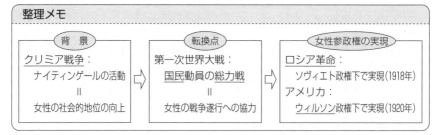

整理メモ

背景	転換点	女性参政権の実現
クリミア戦争： 　ナイティンゲールの活動 　＝ 女性の社会的地位の向上	第一次世界大戦： 　国民動員の総力戦 　＝ 女性の戦争遂行への協力	ロシア革命： 　ソヴィエト政権下で実現(1918年) アメリカ： 　ウィルソン政権下で実現(1920年)

　女性参政権実現の背景として，多くの国ですでに男性の普通選挙が実現していたこと，クリミア戦争におけるナイティンゲールの看護活動，総力戦となった第一次世界大戦での女性の活躍の順で述べていけばよい。加えて，ソヴィエト政権下の女性参政権実現（1918年）が欧米主要国の女性参政権実現に影響を与えたことを示したい。

　「歴史的背景」の説明が求められているので，ソヴィエト政権とアメリカ以外の諸国における女性参政権実現について細かく述べる必要はないだろう。

女性参政権運動の背景——「クリミア戦争」

19世紀における女性の役割…妻として，母親として家庭生活を営むことを重視
クリミア戦争（1853〜56年）…イギリスの看護師ナイティンゲールが活躍
　　　　　　　　　　　　　→女性の社会進出に貢献

▶ **19世紀における女性の役割**

　19世紀を通じて，イギリス・フランス・ドイツなどヨーロッパ諸国では次第に男性の普通選挙権が実現・拡大していった。しかし，産業革命による工業化の過程で，男性は仕事，女性は家庭という性別による役割分担が一般的となったことで，女性は妻として，また母としての役割を担うことが強く意識されるようになり，政治活動から遠ざけられ，女性参政権への道は閉ざされていた。

▶ **クリミア戦争**

　19世紀半ばに起こったクリミア戦争と「1920年前後」が時代的に離れているので悩むかもしれないが，クリミア戦争におけるナイティンゲールの看護活動を思い出したい。彼女の活動は，女性の社会進出と地位向上の気運を高めるのに大きく貢献しており，それを指摘することが求められている。

第一次世界大戦——「国民」「総力戦」

第一次世界大戦（1914〜18年）…参戦各国は総力戦体制をしき国民を動員
　　　　　　　　　　　　　→女性が工場などで活躍し，国家に貢献
　　　　　　　　　　　　　→女性の政治的地位の向上

　第一次世界大戦における総力戦は，国民を総動員して戦争遂行にあたらせる体制である。第一次世界大戦では女性も軍需工場での労働力として自国の戦争遂行に大きくかかわり，こうした国家への貢献が女性の社会的・政治的地位を向上させ，戦後の参政権獲得につながったことを説明したい。

女性参政権実現——「ウィルソン」「ロシア革命」

欧米諸国での女性参政権…1918年　ソヴィエト政権→男女普通選挙を実施
　　　　　　　　　　　　　　└ロシア革命で成立
　　　　　　　　　　1918年　イギリス→30歳以上の女性に参政権
　　　　　　　　　　1919年　ドイツ→ヴァイマル憲法で男女普通選挙
　　　　　　　　　　1920年　アメリカ→ウィルソン大統領時代に女性に参政権

　ロシア革命によって成立したソヴィエト政権は，社会主義的平等の立場から1918年に女性参政権を認めた。この社会主義国家での男女普通選挙が西欧諸国に与えたインパクトは大きく，アメリカ合衆国でもウィルソン政権のもとで1920年に女性参政権が認められている。

ポイント

①「クリミア戦争」では，ナイティンゲールの看護活動を想起すること。
②女性参政権実現の転換点となったのは第一次世界大戦とロシア革命。

解答例

　　1アメリカでは大陸横断鉄道が開通した。エジプトでは地中海と紅海を結ぶスエズ運河が完成した。（50字以内）

　　2産業革命進展による社会構造の変化の中で，各国では男性普通選挙が成立していったが，女性の役割は家庭生活や育児にあるという考えから，女性には選挙権が与えられなかった。しかし，19世紀半ばに起こったクリミア戦争でのナイティンゲールの看護活動は，女性の地位向上の気運を高めるきっかけとなり，次第に女性参政権を求める運動が盛んになった。第一次世界大戦は国民を総動員しての総力戦となったことから，女性も出征した男性に代わって軍需工場などに動員されたが，こうした女性の戦争遂行への協力が評価されたことが，各国において女性参政権が実現する背景となり，アメリカでは戦後ウィルソン政権下で女性参政権が実現した。また，ロシア革命後に成立したソヴィエト政権が社会主義的平等から女性参政権を実現させたことの影響も大きい。（350字以内）

35

次の文章を読んで，問いに答えなさい。

第一次世界大戦は，植民地をめぐる帝国主義列強間の対立を要因として勃発したことから，戦火はヨーロッパの内部にとどまらず，かつてない規模での紛争をもたらした。しかし，人類がグローバルな紛争を体験したのは，このときが最初ではなかった。大航海時代がもたらした空間秩序は，しだいに緊密の度を強め，局地的な紛争がグローバルに波及する構造を創り出した。世界大戦のように総力戦体制をともなうものではなかったが，これらの紛争では，先住民や移民など植民地に住む人々や，ヨーロッパの外にある独立諸国が，すでに「主体」として一定の役割を果たしていた。

問い　下線部に関連して，18 世紀なかばに生じた「グローバルな紛争」について論じなさい。（400 字以内）

解説 # 18世紀なかばの「グローバルな紛争」

〔地域〕多地域　〔時代〕近世　〔分野〕政治

　「18世紀なかばに生じた『グローバルな紛争』」とあるから，英仏植民地戦争が問われていることに気づくことが前提となる。そして「18世紀なかば」から七年戦争（1756～63年）にスポットをあてて答案をまとめていくとよい。七年戦争がグローバルな植民地戦争に発展した原因，この戦争に連動した北アメリカとインドでの英仏植民地戦争の経緯，勝利を収めたイギリスが植民地帝国を形成した点などに触れることがポイントとなる。

設問の要求

〔主題〕18世紀なかばに生じた「グローバルな紛争」について論じる。

整理メモ

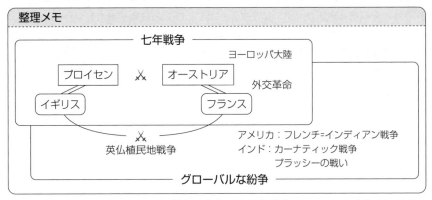

　「18世紀なかば」にヨーロッパ大陸で戦われた七年戦争（1756～63年）が，「グローバルな紛争」として北アメリカではフレンチ=インディアン戦争，インドではプラッシーの戦いなどに波及した点を整理する。

　最終的に植民地戦争に勝利したイギリスが，世界的な植民地帝国を形成し，商業覇権を確立したことを述べることで結論とすればよい。

ヨーロッパでの七年戦争（1756～63年）

〔発端〕イギリスと結んだプロイセンがフランスと結んだオーストリアを攻撃
〔経緯〕プロイセンはヨーロッパで苦戦したが，イギリスが海外植民地でフランスに圧勝
〔結果〕パリ条約…フランスは海外領土の大半を喪失
　　　　カナダ，ミシシッピ川以東のルイジアナ→イギリスへ
　　　　ミシシッピ川以西のルイジアナ→スペインへ

　七年戦争はオーストリアのマリア=テレジアが，オーストリア継承戦争でプロイセンに奪われたシュレジエンを奪回するため，宿敵であったフランス=ブルボン家と外交革命で提携したことから，プロイセン側から開戦した戦争である。その際，イギリスがプロイセンを支援したことから，オーストリアと結んだフランスとの間で北アメリカとインドにおいて英仏植民地戦争が展開されることとなった。

「グローバルな紛争」――アメリカ大陸とインド

アメリカ大陸：
　　フレンチ=インディアン戦争（1754～63年）
　　　　　　→イギリスが北アメリカでフランスに圧勝
インド：
　　カーナティック戦争（1744～63年）←オーストリア継承戦争と七年戦争
　　　　　　→イギリスがフランスを破り，インド南部の支配権を獲得
　　プラッシーの戦い（1757年）←七年戦争
　　　　　　→イギリス東インド会社軍が勝利し，ベンガル地方を植民地化
　　　　　　→敗れたフランスはインドシナ植民地化へ転換

▶フレンチ=インディアン戦争

　北アメリカで展開されたフレンチ=インディアン戦争では，フランスは先住民のインディアン諸部族と同盟してイギリスと戦ったが，ケベックとモントリオールを攻略されて敗れた。1763年のパリ条約でイギリスはカナダとミシシッピ川以東のルイジアナをフランスから獲得し，北アメリカでのイギリスの覇権を確立した。

▶カーナティック戦争とプラッシーの戦い

　すでにオーストリア継承戦争（1740～48年）の頃から英仏は南インド東岸をめぐってカーナティック戦争（1744～48，50～54，58～63年）を展開しており，七年戦争中の第3次カーナティック戦争の勝利でイギリスは南インドでの覇権を確立した。
　また北インド東部のベンガル地方でも，クライヴの率いるイギリス東インド会社軍が1757年にプラッシーの戦いでフランス・ベンガル太守連合軍に圧勝した。この結果イギリス東インド会社はベンガルの徴税権（ディーワーニー）を獲得し，インド植民地化を本格化させた。一方，敗れたフランスはインドから撤退し，インドシナ植民地化に矛先を転換した。

▶「グローバルな紛争」とイギリス

　イギリスは北アメリカとインドにおいてフランス勢力を圧倒し，世界にまたがる植民帝国の基礎を確立した。それは同時に，イギリスが18世紀中葉に世界規模の商

業覇権と植民地市場を確保したということであり，そうした広大な海外市場と植民地の存在はイギリスが世界に先駆けて産業革命を展開する原動力となった。

ポイント

①北アメリカでのフレンチ=インディアン戦争，インドでのプラッシーの戦いに着目。

②「グローバルな紛争」に勝利したイギリスの商業覇権について述べる。

解答例

　18世紀なかばに勃発した七年戦争はシュレジエンをめぐるプロイセンとオーストリアとの対立から始まったが，このときイギリスがプロイセンを支援し，フランスがオーストリアを支援したため，戦争はヨーロッパ大陸での国際戦争にとどまらず，アメリカ大陸やインドにおける英仏間の対立に連動して植民地戦争に発展した。北アメリカで生じたフレンチ=インディアン戦争では，フランスが先住民のインディアンと提携してイギリスと戦った。一方，南インドでも英仏間でカーナティック戦争が展開され，北インドではフランスとベンガル地方政権の連合軍がプラッシーでイギリス東インド会社軍と戦った。これらの戦いに勝利したイギリスは，1763年のパリ条約でフランスからカナダやミシシッピ川以東の地を奪い，インドでもフランス勢力を排除してベンガル地方の支配権を握った。こうしてイギリスは植民地帝国の基礎を築くと同時に国際規模の商業覇権を確立した。（400字以内）

36

以下の設問に答えなさい。

問 1 　1898 年のアメリカ=スペイン戦争（米西戦争）の原因を述べなさい。(100 字以内)

問 2 　米西戦争がフィリピンの独立運動に与えた影響を述べなさい。(150 字以内)

問 3 　米西戦争以後，アジア太平洋の国際関係への関心を強めたアメリカの，太平洋戦争（1941―45 年）開戦にいたるまでのアジア政策を述べなさい。(150 字以内)

解説　米西戦争とアメリカ合衆国のアジア政策

〔地域〕多地域　　〔時代〕近代・現代　　〔分野〕政治

　問1は標準レベルの設問テーマなので，確実に押さえたい。問2は熟考を要する設問であるが，アギナルドの独立運動に着眼すれば答えは容易となる。その際，フィリピン=アメリカ戦争に言及することがポイント。問3はやや難で，アメリカの門戸開放政策と，日本の中国進出との関係を念頭に置いて記述しないと得点につながらない。ワシントン会議の九カ国条約の意義に触れることを忘れないようにしたい。

問1

設問の要求

〔主題〕1898年のアメリカ=スペイン戦争（米西戦争）の原因。

▶フロンティアの消滅とアメリカ合衆国の海外進出

　アメリカ合衆国では1890年フロンティアが消滅すると，東部の大資本家を中心に海外進出を望む声が高まった。このため共和党のマッキンリー大統領は帝国主義政策を採用し，対外的にはカリブ海と太平洋への進出をうかがった。

▶キューバ独立運動への介入

　当時，スペインの圧政に対し，キューバで独立闘争が高まっていたが，アメリカはキューバに製糖業を中心に多額の投資をしていたこともあり，キューバ問題に重大な関心を寄せていた。1898年にハバナ湾に派遣されていた米艦メーン号が爆発で沈没すると，アメリカはこれを口実にスペインに宣戦し，米西戦争となった。そのねらいは，スペインからカリブ海・太平洋の諸島を奪うことにあった。

ポイント

キューバ独立をめぐってアメリカが介入した経緯を説明する。

問2

設問の要求

〔主題〕米西戦争がフィリピン独立運動に与えた影響。

▶フィリピン独立への動き

　フィリピンでは，すでにホセ=リサールがスペインに対する独立運動を指導し，1892 年にフィリピン（民族）同盟を結成した。しかし，彼は秘密結社カティプーナンの蜂起（1896 年）に関与したとされ，処刑された。

▶アギナルドとフィリピン独立運動

　その後，独立運動を指導したのがアギナルドで，彼は 1898 年に米西戦争が勃発するとアメリカを支持し，フィリピン共和国（マロロス共和国ともいう）の独立を宣言して大統領に就任した（1899 年 1 月）。しかし，アメリカが独立を認めなかったため，フィリピン=アメリカ戦争（1899 ～ 1902 年）が勃発。結局，アギナルドは逮捕され，引退を余儀なくされた。この戦争の勝利で，アメリカがフィリピンの新しい支配者となることが確定した。

ポイント
アギナルドのスペインからの独立運動とアメリカによるフィリピン植民地化の関係に着目。

問 3

設問の要求
〔主題〕米西戦争後～太平洋戦争開戦にいたるまでのアメリカのアジア政策。

▶ジョン=ヘイの門戸開放宣言

　1898 年の米西戦争でスペインからフィリピンとグアム島を獲得し，太平洋に進出したアメリカは，翌 1899 年にマッキンリー大統領の国務長官ジョン=ヘイが門戸開放宣言を発し，列強に中国における領土保全・門戸開放・機会均等の 3 原則を保障することを求めた。その目的は，列強の中国分割を牽制し，アメリカの中国市場への経済進出が可能になるような国際秩序を築くことにあり，これ以後，門戸開放政策がアメリカのアジア政策の基調となった。

▶ワシントン体制

　このようなアメリカの門戸開放政策は，やがて日本の中国進出の意図と衝突することとなったが，それが具現化した例として第一次世界大戦後のワシントン会議（1921 ～ 22 年）で締結された九カ国条約が挙げられる。この条約によって日本は山東省の旧ドイツ権益を中国に返還することとなり，日米対立が根深いものとなった。

▶日中戦争勃発後

　1931年の満州事変以後，日本はアメリカのアジア政策の基本である中国の領土保全と行政の保全を無視する形で中国侵略を本格化した。1937年に日中戦争を開始すると，アメリカは重慶の国民政府側に武器支援などを行った。このため日米関係はさらに険悪化し，1941年に太平洋戦争が勃発することとなった。

```
ポイント
①アメリカのアジア政策の基調は中国の門戸開放政策。
②日本の中国進出と激しく対立したことに言及。
```

解答例

　1 フロンティア消滅後アメリカは帝国主義政策を強め，カリブ海進出をめざした。スペイン領キューバで独立運動が起こるとアメリカはこれを支援し，ハバナ湾でのメーン号爆沈事件を口実としてスペインに宣戦した。（100字以内）

　2 米西戦争が起こると，スペインに対する独立運動を指導していたアギナルドがアメリカの支持を期待してフィリピン共和国の独立を宣言し大統領に就任した。しかし，アメリカがこれを認めなかったためフィリピン=アメリカ戦争が勃発し，敗れたアギナルドは逮捕された。この結果，フィリピンはアメリカ領に編入された。（150字以内）

　3 米西戦争の翌年アメリカは中国に対する門戸開放宣言を発した。この門戸開放政策は以後アメリカのアジア政策の基調となり，第一次世界大戦後，ワシントン会議で九カ国条約を結び，日本の山東進出を阻止した。また，日中戦争に際してアメリカは国民政府を支援して日本との対立を深め，太平洋戦争が勃発することになる。（150字以内）

37

　18 世紀後半のフランスは，それまでの絶対王政がゆきづまり，不安定な時代を迎えていたとされる。とりわけルイ 16 世（在位 1774—92 年）時代は多くの社会的矛盾や財政難が顕著となる時期であり，政府はそうした事態への対応を迫られていた。ルイ 16 世の即位からフランス革命勃発に至るまでの期間を取り上げ，その間，どういった問題が生じていたかを説明したうえで，政府はそれに対処するためにどのような改革を行おうとしたのか，そして，そうした改革はなぜ挫折したのかを述べなさい。

　（400 字以内）

解説 # フランス革命の歴史的背景

〔地域〕フランス　　〔時代〕近世・近代　　〔分野〕政治・社会

　ルイ16世の即位からフランス革命勃発に至る期間を対象に，どのような社会的・財政的問題が革命を勃発させたかを考察させようとしている。テーマが明確なので取り組みやすい問題であるが，フランス革命前夜の社会的矛盾をもたらしたアンシャン=レジーム（旧制度），財政悪化をもたらした諸要因，そして国王側の財政改革が挫折し，革命をもたらすこととなった経緯に言及することが求められている。この問題の論点は，特権身分がなぜ王権による改革に激しく抵抗したのかの背景と経過にあり，それらを正確に論じることが求められている。

設問の要求

〔主題〕a．ルイ16世の即位からフランス革命勃発に至る期間に起こった諸問題。
　　　　b．aに対する改革とその改革が挫折した理由。

整理メモ

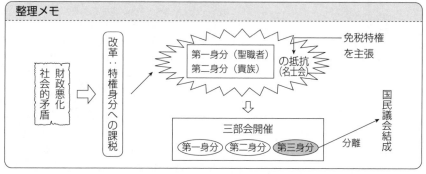

　言及すべきポイントを3つに整理し，系統立てて説明していくとよい。すなわち，①ルイ16世時代の諸問題，②財政難と政府側の対応，そして③三部会の開催である。この論述問題でぜひ言及しておきたいのは，王権の課税に反対して三部会の開催を要求した特権身分の反抗である。問題文に「改革はなぜ挫折したのか」とあるのは，このことを指している。

ルイ16世の治世中の諸問題

社会的矛盾…アンシャン=レジーム（旧制度）の身分制社会に対する第三身分（平民）の不満
財政悪化…宮廷の浪費，アメリカ独立戦争への援助

▶アンシャン=レジーム下の社会的矛盾

フランス革命以前の社会は，アンシャン=レジーム（旧制度）と呼ばれる封建的な身分制の下にあり，第一身分の聖職者，第二身分の貴族らは特権身分として免税特権を有していた。一方，市民や農民などの平民は第三身分に属し，特に大半を占める農民は租税や貢納などの負担を負い，困窮していた。市民の中でも新興の商工業者は当時の啓蒙思想の影響などもあり，旧制度の矛盾にもっとも批判的であった。

▶財政悪化の理由

ルイ16世の時代になると，それまでのフランスが行ってきた多くの戦争などの影響もあって財政赤字が累積し，財政問題が王政の危機をもたらした。宮廷の浪費や，アメリカ独立戦争（1775～83年）への参戦などで戦費が増大し，革命直前になると財政難は危機的レベルに達した。

政府の財政再建策

財務総監のテュルゴーやネッケルらの改革→特権身分への課税
名士会の開催（1787～88年）…貴族・聖職者らの特権身分は三部会の召集を要求
　　　　　　　　　　　　→この「貴族の反乱」がフランス革命の発端

▶財政危機への対応

財政危機を打開するためルイ16世により財務総監に任命された重農主義経済学者のテュルゴーは，穀物取引の自由化，ギルドの廃止などの自由主義改革を図ったが，特権身分の反対で失脚した。次に財務総監となったスイス生まれの銀行家ネッケルは，宮廷費の削減や貴族への年金停止などの諸改革を試みたが，やはり特権身分の反対で失敗した。

▶財政改革の挫折──貴族の抵抗

1783年に財務総監となったカロンヌは，特権身分への課税（免税特権の廃止）以外に財政危機は解決できないと考え，1787年に名士会を召集し，その支持を得ようとしたが，貴族らの猛反発にあい失脚した。この名士会で貴族の代表は特権身分の免税特権を再確認させる目的から，1615年以来開かれていない三部会の開催を要求。このため1788年に再び財務総監となったネッケルは，国王の承諾を得て三部会の召集を決定した。

三部会の召集と国民議会の成立

1789年5月　三部会の開催…議決法をめぐって特権身分と第三身分が対立
　　　　6月　国民議会の成立…第三身分代表が三部会から分離して結成
　　　　7月　バスティーユ牢獄を襲撃…フランス革命の勃発

▶三部会の召集からフランス革命勃発への経緯

　1789年5月5日，ヴェルサイユで三部会が開催されたが，議決法をめぐって対立が生じた。個人別票決を主張する第三身分の議員らは三部会から離脱し，6月17日に国民議会を設立し，特権身分にも合流を呼びかけた。国王もやむなく国民議会を認めたが，7月上旬，国王はヴェルサイユに軍隊を集結させ，財務総監のネッケルを罷免した。国王が国民議会弾圧を策したことに激怒したパリ民衆は7月14日に蜂起し，バスティーユ牢獄を襲撃した。こうしてフランス革命が勃発した。

ポイント

①社会的矛盾ではアンシャン=レジーム，財政難ではアメリカ独立戦争への参戦に言及。
②政府が進めた改革は特権身分への課税であり，貴族の抵抗で挫折したことに着目。

解答例

　18世紀後半のフランス社会では，アンシャン=レジームという身分制のもとで第一身分の聖職者，第二身分の貴族が免税特権を有する一方で，第三身分の大多数を占める農民は地代と税の負担に困窮していた。また商工業に従事するブルジョワ市民層は啓蒙思想などの影響を受けて，こうした旧制度の社会的矛盾に対して批判を強めていた。当時，アメリカ独立戦争への参戦や宮廷の浪費などで国家の財政赤字は危機的状況にあった。このため国王のルイ16世はテュルゴーやネッケルらを財務総監に起用し，特権身分への課税をはかったが失敗に帰した。1787年の名士会で貴族の代表らは特権身分への課税に抵抗し，三部会の開催を要求した。こうして1789年に三部会が召集されたが，議決法をめぐって特権身分と対立した第三身分の議員らは新たに国民議会を設立した。まもなく国王と議会との対立が激化すると，パリ市民がバスティーユ牢獄を襲撃し，フランス革命が勃発した。（400字以内）

38

次の文章を読んで、問いに答えなさい。

　1996 年にユネスコ世界文化遺産に指定されたケルン大聖堂は、代表的なゴシック様式の教会建築である。ライン地方に位置するケルンは、古くから交通・交易の要衝であった。大聖堂は、ローマ帝政時代からキリスト教徒たちの集う聖堂があった場所に、1248 年から建立が始められた。1164 年に三聖王（東方三博士）の聖遺物がもたらされたことで、ヨーロッパ中から巡礼者を集めることになったのが直接の契機だが、①その背景には、領主であったケルン大司教から 12 世紀初頭に自治権をかちとった市民たちがいた。建立は、内陣が 1322 年に完成した後も続けられたが、16 世紀になると市民の関心が薄れ資金難から中断してしまった。1794 年から 1801 年までは、フランス軍の占領下で、大聖堂はもっぱら倉庫の代わりに用いられる有様だった。しかし、②大聖堂建立への情熱は、まさにこの時期から再びよみがえった。1842 年に再開された建立資金の半分はプロイセン政府が、残り半分は市民たちが負担した。1880 年、ついに高さ 157 メートルの双塔を擁する大聖堂が完成した。南塔に据えられた「皇帝の鐘」は、フランス軍から奪った大砲を溶かして作られた。とはいえ、この「皇帝の鐘」は第一次世界大戦に際して武器鋳造のため溶かされてしまい、また大聖堂は第二次世界大戦に際して 14 回もの爆撃を被った。修復工事を終えた現在も、大聖堂は、深刻な酸性雨被害に加えて、周辺の高層ビル開発計画にさらされている。

問 1　下線①について、この時代の市民をめぐる一般的状況を説明しなさい。（250 字以内）

問 2　下線②について、理由として考えられる政治的・文化的状況を説明しなさい。（150 字以内）

解説　中世ドイツの市民，ケルン大聖堂の建立

〔地域〕ドイツ　　〔時代〕中世・近代　　〔分野〕社会・政治・文化

　問1は中世ドイツの市民の一般的状況をテーマとした問題。当時の市民の自治と自由をギルドとの関係に触れながら論じるとよい。問2は19世紀前半のケルン大聖堂建立（こんりゅう）をめぐるドイツの政治的・文化的状況をテーマとした問題。大聖堂建立への情熱を駆り立てたドイツのナショナリズムやロマン主義に言及することが求められている。どちらの問題も歴史事象の考察と，歴史的因果関係に対する洞察が求められており，ハイレベルな論述問題といえる。問1はやや難，問2は難問。

問1

設問の要求

〔主題〕12世紀初頭の市民をめぐる一般的状況。

整理メモ

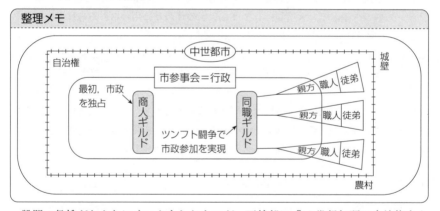

　設問の趣旨がわかりにくいかもしれないが，下線部に「12世紀初頭に自治権をかちとった市民たちがいた」とあることから，自治都市における市民の自由のあり方に主眼を置いて答案を作成するとよい。その際，都市の自治権獲得，市政をめぐる商人ギルドと同職ギルドとの対立（ツンフト闘争），そして親方・職人・徒弟などの同職ギルドにおける厳格な身分制などに言及することが必要で，特に市民とギルドとの関係を要点整理的に説明したい。

都市市民の「自由」

11～12世紀の商工業の発展→都市の市民は封建領主から自由と自治を獲得
＝
「都市の空気は（人を）自由にする」
↑
・都市市民の自由とは，領主支配からの自由
・都市のギルド規制…市民の生活を細かく規制
　　　　　　　　　　　徒弟制などの厳格な身分制

　中世のドイツに「都市の空気は（人を）自由にする」という言葉があるが，これは，農奴が自治都市へ逃れて1年と1日住めば自由な身分になれたことを指している。荘園に縛られた農奴とは異なり，都市の市民には自由があったが，それはあくまで領主支配からの自由にすぎなかった。一般に，都市にはギルド規制があり，商品・流通はもとより，冠婚葬祭など市民の日常生活は細かく規制されていた。

都市の自治とギルド

12世紀　商人ギルドの大商人が市政運営を独占
13世紀　同職ギルドが市政参加を要求し，ツンフト闘争を展開

▶中世都市の自治

　11～12世紀以降，商工業の発展を背景に，経済的に富裕となった都市の市民は封建領主に対して自由と自治を要求するようになり，国王・皇帝と結んで自治権を獲得していった。都市内部では商人ギルドを指導する大商人が行政を担う市参事会を独占していたが，13世紀ごろからドイツでは手工業者を中心とする同職ギルド（ツンフト）が市政参加を要求してツンフト闘争を展開し，市政への参加を実現していった。

▶ギルドと自由の限界

　同職ギルドでは商品の品質・価格・生産量が規制され，親方・職人・徒弟の厳格な身分制度が設けられ，組合員も親方に限定されていた。経済的には，過度の統制によって生産・販売の自由が失われ，自由であるはずの都市生活の中に，このような不自由が生じていた。そうした経済的な封建遺制は産業革命直前まで存続した。

ポイント
①都市の自治を「都市の空気は（人を）自由にする」の言葉を用いて説明。
②同職ギルドの厳格な身分制や，ギルド規制に言及。

問2

設問の要求

〔主題〕19世紀前半にケルン大聖堂建立への情熱が高まった政治的・文化的状況。

▶政治的状況──ドイツ統一への気運

　プロイセンはナポレオン軍に敗れ，1807年のティルジット条約で領土の半分が奪われた。ナポレオン占領下でシュタインとハルデンベルクが近代化改革を遂行し，哲学者フィヒテが「ドイツ国民に告ぐ」の講演でドイツ人の愛国心を鼓舞した。

　こうした国民のナショナリズム高揚を背景に，ウィーン体制下に学生らがブルシェンシャフトの運動を起こした。その後，プロイセン王国がドイツ統一を主導する主体となり，1834年にドイツ関税同盟を結成してドイツの経済的統一を達成し，このような状況のもと，1842年にドイツ統一のシンボルとして大聖堂建立が再開された。

▶文化的状況──ロマン主義の流行

　19世紀前半にはドイツを中心に歴史や民族の伝統を尊重するロマン主義の文芸運動が盛んとなり，中世を賛美する風潮が強まった。こうした気運を利用してプロイセン政府は，国民統合の象徴としてゴシック様式のケルン大聖堂建立再開のための資金の半分を負担し，市民たちも残り半分の建立資金を負担したのである。

> **ポイント**
> 19世紀前半のドイツの政治的状況と文化的状況を考える。

解 答 例

　1 商業の復活などで経済力をつけた都市の市民は，皇帝や国王など
から特許状を得て自治権を獲得した。「都市の空気は自由にする」
という言葉が示すように，荘園の農奴とは異なり，都市の市民には
自由があったが，それはあくまで領主支配からの自由であった。都
市では当初，商人ギルドが結成され市政を独占したが，やがて手工
業者らの同職ギルドがこれに反発し，ツンフト闘争をへて市政参加
を達成した。一般に同職ギルドでは親方を頂点として職人・徒弟と
続く厳格な身分制度が存在し，ギルド規制のもとで市民生活の自由
も制約を受けた。（250字以内）

　2 ドイツではナポレオン戦争での敗北を機に高まった民族意識を背
景に，ウィーン体制下に国家統一をめざす国民主義が高揚し，プロ
イセンがドイツ統一に主導的役割を果たした。一方，19世紀前半の
ドイツでは民族の伝統や歴史を重んじるロマン主義が盛んとなり，
中世を賛美する風潮が強まる中，大聖堂建立の気運が高まった。
（150字以内）

39

　第二次世界大戦後に「冷たい戦争（冷戦）」という米ソ両体制の対立する時代が形成された背景には，大国による核開発，核保有が大きな役割を果たしている。第二次世界大戦後の冷戦勃発から，1989 年のベルリンの壁の崩壊に至るまでの時期を対象に，各国の核保有，各国間の核軍縮の経緯を押さえた上で，この冷戦期の国際政治に核兵器が果たした歴史的役割について述べなさい。その際，下記の語句を必ず使用し，その語句に下線を引きなさい。（400 字以内）

　　キューバ危機　　　中距離核兵器全廃条約　　　封じ込め政策
　　ワルシャワ条約機構

解説 冷戦期の国際政治に核兵器が果たした歴史的役割

〔地域〕多地域 〔時代〕現代 〔分野〕政治

第二次世界大戦後の現代史からの出題。冷戦期の国際政治に核兵器が果たした歴史的役割を主題としており，4つの指定語句が書くべき道筋を提示している。各国の核保有や戦後の核軍縮の経緯については比較的書きやすいが，核兵器が果たした歴史的役割に関しては考察力が欠かせない。やや難のレベル。

設問の要求

〔主題〕冷戦期の国際政治に核兵器が果たした歴史的役割。
〔条件〕第二次世界大戦後の冷戦開始から1989年のベルリンの壁崩壊に至るまでの各国の核保有，各国間の核軍縮の経緯を押さえる。

整理メモ

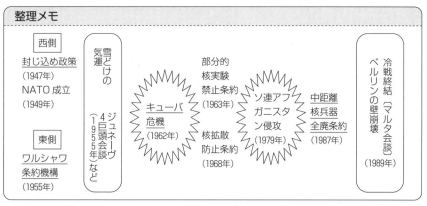

4つの指定語句を年代順に並べると「封じ込め政策」→「ワルシャワ条約機構」→「キューバ危機」→「中距離核兵器全廃条約」となるので，それぞれの歴史事項を因果関係に着目して構成を考えていけばよい。

冷戦の開始――「封じ込め政策」「ワルシャワ条約機構」

1947年　トルーマン＝ドクトリン…対ソ封じ込め政策の開始
1955年　ワルシャワ条約機構…北大西洋条約機構に対抗して東側陣営が設立

冷戦の歴史は，米ソ間の核兵器開発競争の過程でもあった。アメリカは1945年7月に原爆実験に成功し，核兵器独占で国際政治上の発言力を増したが，ソ連も1949年に原爆を保有したため，以後米ソ2国は核兵器を誇示することによって国際政治上の対立を深めていった。一方，1947年にはトルーマン＝ドクトリンの発表を機に対ソ

「封じ込め政策」が始まり，1949年には西側の軍事同盟である北大西洋条約機構（NATO）が結成された。これに対抗するため，ソ連など東側陣営は，1955年ワルシャワ条約機構を結成した。

核戦争の危機とその対応——「キューバ危機」

1962年　キューバ危機…米ソ間で核戦争の危機的状況が現出
1963年　部分的核実験禁止条約…地下核実験以外を禁止
1968年　核拡散防止条約（NPT）…核非保有国への核兵器譲渡を禁止

　1962年にキューバ危機が発生し，世界は米ソの直接衝突による核戦争の危機にさらされた。この反省から米ソの平和共存が進み，翌63年に米・英・ソの間で部分的核実験禁止条約が調印された。この条約は，地下実験以外の大気圏，宇宙空間，水中における核実験を禁止するものであった。しかし，核保有国は，1952年にイギリス，1960年にフランス，1964年に中国と拡散した。このため，国連は1968年，核保有国を米・英・ソ・仏・中の5カ国に限定し，非保有国の核兵器独自開発，保有国からの譲渡を禁止する核拡散防止条約（NPT）を決議したが，1998年にはインドとパキスタンが核実験を行い，核拡散が続いている。

冷戦終結へ向かって——「中距離核兵器全廃条約」

1987年　中距離核兵器全廃条約…米ソが中距離核ミサイル全廃
1989年　ベルリンの壁崩壊…マルタ会談で冷戦の終結へ

　1979年，ソ連のアフガニスタン侵攻をめぐって米ソ間は激しく対立し，冷戦が再燃した。しかし，1985年にソ連共産党最後の書記長に就任したゴルバチョフが新思考外交を展開して核抑止論を否定し，アメリカのレーガン大統領に核軍縮を提案，1987年，中距離核兵器全廃条約（中距離核戦力〈INF〉全廃条約ともいう）に調印。こうして，米ソは初めて既存の核兵器を廃棄することに合意した。そして1989年11月のベルリンの壁崩壊後，両国はマルタ会談を開き，冷戦の終結を宣言した。

冷戦期に核兵器が果たした歴史的役割

- 米ソの核の軍拡競争が冷戦構造を固定化→核軍縮が冷戦終結を導き出す
- 米ソ両国は「核の恐怖の均衡」を共有→大国間の戦争の抑止力へ
- 核を背景とした米ソの対立→代理戦争は発生したが米ソ間の大戦を抑制

　冷戦期の米ソの対立は，核兵器による相互の脅しによって膠着状態に陥った。朝鮮戦争やベトナム戦争のような局地的な代理戦争はあったが，米ソ両国は「核の恐怖の均衡」を共有し，そうした核の抑止力によって両国間の軍事衝突は避けられた。

核兵器の制限・削減に関する主な条約（交渉）

1963 年　部分的核実験禁止条約
1968 年　核拡散防止条約（NPT）→核保有国が核を独占
1972 年　戦略兵器制限交渉（第 1 次 SALT）調印→米ソが核保有数を制限
1973 年　核戦争防止協定→米ソ間
1979 年　戦略兵器制限交渉（第 2 次 SALT）調印→アメリカ議会が批准せず無効
1987 年　中距離核兵器全廃条約→米ソが中距離核ミサイルを全廃

ポイント
① 4 つの指定語句の「事件の因果関係」に着目しつつ，時系列に説明していく。
②核兵器が果たした役割では，「核の恐怖」が米ソ間の戦争を抑制した点に言及。

解答例

　1945年にアメリカが原爆実験に成功すると，ソ連も1949年に原爆を保有し，核兵器を独占する米ソが国際政治上の主導権を握った。戦後，アメリカはソ連に対して封じ込め政策を開始して北大西洋条約機構を結成したが，一方，東側陣営もワルシャワ条約機構で対抗し，冷戦が本格化した。1962年にキューバ危機が発生し，米ソ間に核戦争の危機が生じたため，その反省から翌63年に米英ソ間で部分的核実験禁止条約が調印された。しかし，フランスや中国がこれに参加せず核開発を進めたことから，1968年に国連は核拡散防止条約で核保有国の制限をめざした。その後，ソ連のアフガニスタン侵攻で米ソの軍拡競争が激化したが，1987年，ソ連のゴルバチョフの核軍縮の提案によって中距離核兵器全廃条約が調印され，89年にはベルリンの壁が崩壊し，冷戦も終結した。戦後，核兵器の出現が冷戦構造を固定化したが，反面，核の恐怖の均衡を生み出し，大国間の戦争抑止につながった。（400字以内）

40

　次の文章は，1725年1月に亡くなったロシアの皇帝ピョートル1世の業績を称え
た詩である。これを読んで，下の設問に答えなさい。

　彼は亡くなった。だが彼は我々を貧しく不幸なまま残さなかった。彼のもたらした
巨大な力と栄誉は我々とともにある。彼が我がロシアを形づくったように，ロシアは
存続するだろう。彼が良き人びとにロシアを愛すべきものにしたように，ロシアは愛
されるであろう。彼が敵にロシアを恐れるものにしたように，ロシアは恐れられるだ
ろう。彼は世界中にロシアの名を高からしめ，そしてロシアの栄光は終わることはな
いだろう。彼は我々に<u>精神の，民政の，そして軍事の改革</u>を残した。たとえ彼の亡骸
が我々に残されたとしても，彼の精神は生きつづける。

問1　ピョートルの改革は「西欧化」と特徴づけられるが，当時のヨーロッパの政治
　　と経済の基本的動向について述べなさい。（100字以内）

問2　文中下線部にある「精神の，民政の，そして軍事の改革」とはどういう改革を
　　指すのか。できるだけ具体的に述べなさい。（300字以内）

解説　ピョートル 1 世時代の西欧政治と経済，諸改革

〔地域〕ヨーロッパ・ロシア　　〔時代〕近世　　〔分野〕政治・経済

　問 1 は，ピョートル 1 世時代のヨーロッパの政治・経済に関する 100 字の論述問題で，絶対王政期の政治・経済動向を洞察することが求められている。

　問 2 は，ピョートル 1 世の諸改革をテーマとした 300 字の論述問題で，精神や民政などの諸改革を論じるのは難しく，教科書レベルを超えた難問である。西欧の風習の強制，徴兵制などの軍事改革，そして「西欧への窓」となる新都ペテルブルクの建設などのような，教科書に記載されている知識をどれだけ駆使できるかで得点差が生じるだろう。

問 1

設問の要求

〔主題〕ピョートル 1 世の改革当時におけるヨーロッパの政治と経済の基本的動向。

▶政治動向は絶対王政

　ピョートル 1 世時代のヨーロッパでは，太陽王と称されたフランスのルイ 14 世が典型的な絶対王政を確立していた。その政治体制は，封建諸侯と市民階級（ブルジョワジー）の両勢力の均衡の上に，国王が絶対的な権力によって専制的支配を行った点に特色がある。国王はその権力を神から与えられているとする王権神授説を奉じ，三部会を召集することもないまま君主権が絶対化された。

▶経済動向は重商主義

　フランスでは，絶対王政の 2 大支柱として官僚制と常備軍が整備され，その財源を確保するため重商主義政策が実施された。その内容は，産業の保護育成，保護関税政策，東インド会社の再建と育成，植民地獲得などである。なお，イギリスではこのころ，名誉革命（1688 ～ 89 年）の結果「権利の章典」が発布されて，王権に対する議会の優位，すなわち国王主権から議会主権への移行が実現し，早くも立憲王政が開始されている。設問の趣旨は「ヨーロッパの……基本的動向」であり，字数からいってもイギリスの新しい政治形態に言及する必要はないだろう。当時のフランスなどの西欧諸国で確立していた絶対王政とその特色に言及することが求められている。ピョートル 1 世がめざしたのも，こうした絶対王政であった。

問2

設問の要求

〔主題〕ピョートル1世が実施した「精神の，民政の，そして軍事の改革」とは何か。

整理メモ

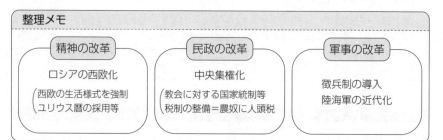

ピョートル1世の諸改革については，教科書でもそれほど具体例が掲載されていないため，イメージするのが難しいと思われる。特に民政の改革についてはまとめるのは難しい。民政をピョートル1世の国民への政治的・社会的政策と考え，ピョートル1世の中央集権化から導き出される諸改革に言及するとよいだろう。

精神の改革

ロシアに西欧的な風俗や制度を強制

ピョートル1世は，1697年，西欧への使節団に自ら加わり，プロイセンでは砲術を学び，オランダでは一職工として造船所で働き，西欧の技術・制度・風俗などに心酔した。帰国後，彼はロシアの西欧化をめざし，ロシア貴族にあごひげを切ることを命じ，従わない者に「ひげ税」を課した。さらに西欧風の服装と風俗を強制し，暦法を改めてユリウス暦を採用したが，これらはロシアの伝統的な習俗や生活様式を無視するものであったため，保守的な貴族や聖職者の激しい反発を招いた。また，ロシアで初めて新聞を創刊し，航海学校や鉱山学校などの専門的な学校を設立するなど出版や教育面でも改革を行っている。

民政の改革

• 中央集権化…県制度や元老院の設置，教会に対する国家統制などを実施
　　　　　　　　税制の整備
• 新都ペテルブルクの建設

ピョートル1世は民政の改革にも踏み切り，行政の中央集権化のため県制度を設置し，県知事をおいて徴税と徴兵に当たらせ，君主権を強化するため従来の貴族会議に

代わって元老院を設けた。そして，教会を国家に従属させるため，総主教の制度を廃して宗務庁を設けた。さらに戦争遂行に多額の税収入を必要としたため，全国的な人口調査を命じ，農奴に人頭税を課して税制を整備した。また「西欧への窓」として新都ペテルブルクを建設し，バルト海への出口を確保したことで，ロシア国民の西欧への関心を一層高めた。

軍事の改革

徴兵制を実施，武器や造船に西欧の技術を導入

　スウェーデンとの間に北方戦争（1700〜21年）が始まると，ピョートル1世は軍制改革を断行し，徴兵制の導入や陸海軍の近代化に着手した。そして富国強兵をはかるため国営マニュファクチュアを設立し，造船業や鉄工業の育成に努めた。

ポイント

① 「精神の改革」では西欧の風俗の強制などに言及。
② 「民政の改革」では中央集権化，「軍事の改革」では徴兵制に着目。

解答例

　1 政治的には，ルイ14世のフランスに代表されるように，官僚制や常備軍を支柱とする絶対王政が展開した。経済的には富国強兵をはかるため重商主義政策が採用され，国内産業の保護育成や植民地の拡大が推進された。（100字以内）

　2 ピョートル1世はロシアの近代化を強く志向し，西欧の技術・制度・風俗の導入を積極的に進めた。服装など西欧の生活様式を強制し，ユリウス暦の採用，新聞の創刊，学校の設置などを断行した。さらに中央と地方の行政機構の整備，官僚制度の導入による貴族の官僚化，教会に対する国家統制などを実施した。また農奴に人頭税を課すなど税制を改革し，財政の強化をはかった。その一方で，大国をめざして軍制改革を進め，徴兵制をしいて陸海軍を強化し，造船業や鉄工業などの育成に努めた。そしてスウェーデンとの北方戦争に勝利してバルト海沿岸に進出し，新都ペテルブルクを建設するなど，後進国ロシアを東欧の強国にひきあげることに尽力した。
　（300字以内）

第3章　大論述Ⅲ・中論述Ⅱ・小論述

（注）　解答は，解答用紙の所定の位置に横書きで書きなさい。他のところに書いても無効になることがあります。また，字数などの指示がある場合は，その指示に従って書きなさい。なお，字数制限がある場合，算用数字及びアルファベットに限り，１マスに２文字入れることができます。それ以外の句読点や問題番号には１マスを使用すること。ただし，例えば「問１」ならば「１」とのみ書いても構いません。なお，問題番号は問題ごとに指定された解答字数に含めます。

　　　　（例）

　　　　　Ⅰの「問１」の場合 ⟶

Ⅰ
1	・	・	・	・	・		

41

次の文章を読み，問いに答えなさい。(400字以内)

　　孫逸仙博士とロシア駐華特命全権代表Ａ・Ａ・ヨッフェ氏は，以下の声明の公表を承認した。

(1)　孫逸仙博士は共産主義的秩序，あるいはソビエト制度でさえも，実際に中国へ導入することはできないと考える。なぜなら，ここには共産主義であれソビエト主義であれ，その確立に成功しうる条件が存在しないからである。この見解は，ヨッフェ氏も完全に共有するもので，さらに中国の最も重要かつ緊急の問題は，国家的統一の実現と完全な国家的独立の達成だと，同氏は考える。そして，この偉大な任務をめぐって中国は，ロシア人民の衷心からの共感を得ており，ロシアの支援を期待することができると，同氏は孫逸仙博士に確約した。

(2)　状況を明らかにするため，孫逸仙博士はヨッフェ氏に対して，ロシアの1920年9月27日付け中国政府宛て通達〔第2次カラハン宣言〕に定められた諸原則を，再確認するよう求めた。そこでヨッフェ氏は，それらの諸原則を再確認するとともに，帝政ロシアが中国に強制した全ての条約や搾取を，ロシアが放棄することを基本原則として，ロシア政府は中国との交渉を開始する準備があり，またその意志を有する旨を，孫逸仙博士に対して断言した。これには，中東鉄道(その管理は上記通達の第7条で特に言及された課題である)に関する一連の条約や協定を含む。
……

上海　1923年1月26日

(深町英夫編訳『孫文革命文集』より，一部改変)

問い　下線部のような状況に陥った歴史的経緯を説明した上で，この声明がなされた時期の両国関係の変化が中国に与えた影響を論じなさい。

解説 ロシアの中国進出と孫文・ヨッフェ会談が中国に与えた影響

〔地域〕中国　〔時代〕近代・現代　〔分野〕政治

　史料に基づいた設問は2つあり，19世紀後半から20世紀初頭に「帝政ロシアが中国に強制した全ての条約や搾取」の歴史的経緯と，ロシア革命で成立したソヴィエト政権による中国への接近，特に孫文・ヨッフェの共同声明が出された1923年前後の中ソ関係の変化とその影響を問うている。史料が記述すべき道筋を提示しており，テーマが明確なので教科書・用語集レベルの知識で十分対応できる。

設問の要求

〔主題〕a．帝政ロシアが中国に条約や搾取を強制するような状況に陥った歴史的経緯。
　　　　b．孫文・ヨッフェの共同声明がなされた時期の中ソ関係の変化が中国に与えた影響。

整理メモ

＜中ソ関係の変化＞
1917年　ロシア革命（十一月革命）→ソヴィエト政権
1919年　コミンテルン（第3インターナショナル）→世界革命をめざす
　　　　カラハン宣言→帝政ロシアの対中不平等条約の廃棄
1921年　中国共産党の設立←コミンテルンの援助
1923年　孫文・ヨッフェ会談
1924年　第1次国共合作→「連ソ・容共・扶助工農」の3大政策
1926～28年　北伐→1927年の上海クーデタで国共合作は崩壊

　答案の前半では，a．帝政ロシアが清に強制した条約や利権として，アロー戦争の際のアイグン条約と北京条約，新疆のイリ事件でのイリ条約，三国干渉の代償として東清鉄道敷設権，旅順・大連の租借権の獲得などに言及する。後半では，b．1923年前後の中ソ関係の変化が中国に与えた影響を述べる。ロシア革命後にソヴィエト政権が中国接近をはかり，カラハン宣言，コミンテルンによる中国共産党の結成を支援した経緯と，孫文・ヨッフェ会談で孫文が第1次国共合作を成立させ，北伐への道を開いた点に言及。なお，史料中の「孫逸仙博士」は，ヨッフェと会談していることからも孫文と判断できる。

ロシアが中国に強制した条約と搾取

19世紀後半	アイグン条約で黒竜江以北，北京条約で沿海州を獲得
	イリ条約→中央アジア（新疆）の国境を有利に画定
	三国干渉の代償→東清鉄道敷設権，旅順と大連の租借
20世紀初頭	北京議定書（義和団事件後）→北京駐兵権を獲得

▶ 19世紀後半，ロシアが清と結んだ条約とその利権

　帝政ロシアが中国に進出する契機となったのはアロー戦争（1856〜60年）からで，戦争に便乗してアイグン条約（1858年）で黒竜江（アムール川）以北を獲得。ついで戦争の講和を調停した代償として結んだ北京条約（1860年）で沿海州を獲得し，ウラジヴォストーク港を建設して極東経営の拠点とした。新疆をめぐる清との紛争が生じるとイリ条約（1881年）を結び，中央アジアの国境をロシアに有利に画定し，貿易特権を獲得した。日清戦争（1894〜95年）の下関条約で日本が獲得した遼東半島に対し，ロシアは三国干渉（1895年）に加わって遼東半島を清に返還させ，その代償として1896年に東清鉄道の敷設権と，中国東北地方の鉱山採掘権を獲得し，1898年に旅順と大連を租借した。

▶ 20世紀初頭，ロシアが清と結んだ条約とその利権

　義和団事件（1900〜01年）が起こると，ロシアなど8カ国が共同出兵し，1901年の北京議定書（辛丑和約）で北京駐兵権や賠償金を獲得。事件後もロシアは中国東北地方を軍事占領し，朝鮮への進出を図った。以上のようなロシアが中国に強制した条約や利権は，辛亥革命をへて1912年に中華民国が建国されても継続された。

　なお，史料中の「中東鉄道」とは1896年にロシアが敷設権を得た東清鉄道のこと。答案で触れる必要はないが，1919年の第1次カラハン宣言で東清鉄道の利権を中国に返還するとしたが，1920年の第2次カラハン宣言では鉄道利権の返還は除外された。

中ソ関係の変化が中国に及ぼした影響

1917年	ロシア革命でソヴィエト政権成立
1919年	カラハン宣言→対中国不平等条約の廃棄。同年，孫文が中国国民党を結成
1921年	中国共産党の結成（コミンテルンの指導）
1923年	孫文・ヨッフェ会談→翌年，第1次国共合作が成立

　1917年のロシア革命で成立したソヴィエト政権は中国への接近を図り，1919年のカラハン宣言で，帝政ロシアが強制した条約や利権の破棄を発表。ついで1921年にはコミンテルン（第3インターナショナル）の指導で上海で中国共産党が結成された。そして史料の1923年の孫文・ヨッフェ共同声明で，孫文はソ連との協力関係を受け

入れ，国民党と共産党との提携を図り，翌 1924 年に「連ソ・容共・扶助工農」の 3 大綱領を掲げて第 1 次国共合作を成立させた。この結果，中国国民党は従来の民族資本家・知識人を中心とする政党から，労農大衆の支持のもと帝国主義や軍閥の打倒をめざす国民革命の政党に転換し，北京の軍閥政府の打倒をめざす北伐（1926〜28 年）を準備した。

ポイント

①歴史的経緯では，アイグン条約・北京条約・イリ条約・三国干渉などの代償に着目。
②中ソ関係はカラハン宣言，中国共産党結成，孫文・ヨッフェ会談と国共合作に言及。

解 答 例

19 世紀半ば以降，帝政ロシアはアロー戦争に乗じてアイグン条約で黒竜江以北を，北京条約で沿海州を割譲させ，イリ条約で中央アジアの国境を有利に画定した。また，三国干渉の代償として東清鉄道の敷設権を獲得し，旅順・大連を租借した。義和団事件後の北京議定書では，他の列強とともに北京駐兵権を獲得した。こうした中国に強制された条約は，辛亥革命後の中華民国に継承された。しかし，1917 年のロシア革命で成立したソヴィエト政権は，世界革命をめざして中国への接近を図り，カラハン宣言で帝政ロシアが清と締結した不平等条約の撤廃を発表すると，中国では社会主義への共感が高まり，コミンテルンの指導で中国共産党が創立。ついで孫文・ヨッフェ会談により国民党が共産党と提携することを条件として孫文の国民革命にソ連が全面的に支援することを約し，その結果「連ソ・容共・扶助工農」を掲げて第 1 次国共合作を成立させ，のちの北伐への道を開いた。（400 字以内）

42

次の文章を読んで，問いに答えなさい。（問1から問3まですべてで400字以内）

　光化門広場はソウル市民の憩いの場であり，多くの観光客が訪れる名所である。一方，ここは社会運動が活発である現在の韓国社会を象徴する空間でもある。2014年にセウォル号沈没事故が発生した際には，犠牲者の追悼や事故の責任を追及するデモがおこなわれた。さらに，2016〜2017年には，当時の朴槿恵大統領の退陣を求めて，火を灯したろうそくを持った市民が光化門広場などでたびたびデモを実施し，同大統領は罷免されるに至った。韓国で，このプロセスは「ろうそく革命」と呼ばれており，20世紀後半の民主化運動を継承したものと評価されている。
(a)

　光化門広場の奥には，朝鮮王朝の始祖・李成桂が漢城（ソウル）に建造した王宮・景福宮がある（光化門は景福宮の正門である）。近年は，韓国のアーティストBTSがここでパフォーマンスを披露したことでも話題になった。きらびやかなイメージのある景福宮だが，その歩んできた道のりは決して平坦なものではなかった。まず，1592年に景福宮の建造物の多くが戦乱のなかで消失した。再建されたのは19
(b)
世紀半ばのことである。さらに，1894年に景福宮は日清戦争開戦に先立って日本
(c)
軍に占領され，1895年には日本の朝鮮公使・三浦梧楼らの計画による朝鮮王妃（閔妃，明成皇后）殺害事件の現場ともなった。「韓国併合」後には，日本は景福宮の建造物を撤去し，その敷地内に朝鮮総督府の庁舎を建設した。そして，植民地支配からの解放50年を迎えた1995年以降，朝鮮総督府旧庁舎が撤去された。現在，景福宮の復元事業は大部分が完了している。

問1　下線部(a)に関して，1979年から1980年までの韓国における政治の動向について述べなさい。

問2　下線部(b)が示す戦乱（1592〜1598年）の朝鮮側における名称を記したうえで，この戦乱の展開過程，また，この戦乱が明に与えた影響について述べなさい。

問 3　下線部(C)に関して，1880 年代から 1894 年までの朝鮮・清・日本の関係につ
　　いて述べなさい。

解説　朝鮮の近世から現代に至る政治史

〔地域〕朝鮮　　〔時代〕近世〜現代　　〔分野〕政治

　問1は，1979年から1980年までの韓国の政治動向，すなわち朴正熙の暗殺と全斗煥による民主化運動弾圧の光州事件，問2は，豊臣秀吉による朝鮮出兵である壬辰・丁酉倭乱の展開過程と明に及ぼした影響，問3は，1880年代から1894年までの朝鮮・清・日本の関係を問うている。どれもスタンダードなテーマ問題なので記述しやすい。例年，第3問では朝鮮や中国の近現代史が頻出しており，過去問の研究が欠かせない。

問1

設問の要求

〔主題〕民主化運動に関して，1979年から1980年までの韓国における政治の動向。

　長期の反共軍事独裁体制を維持した朴正熙大統領（在任1963〜79年）が1979年に暗殺されたことを機に民主化運動が高揚すると，軍部を掌握した全斗煥が，1980年に学生らのデモを武力制圧する光州事件を起こして民主化運動を弾圧し，同年大統領に就任。トータルで400字なので，問1は短文で記述しよう。

問2

設問の要求

〔主題〕壬辰・丁酉倭乱の展開過程とそれが明に与えた影響。

整理メモ

壬辰・丁酉倭乱：第1次朝鮮出兵（1592〜93年）と第2次出兵（1597〜98年）
　　　　　　　　日本側では文禄・慶長の役
　　　　　　　　当初は日本軍が優勢，のち明の援軍や李舜臣の活躍で劣勢へ
明に与えた影響：明の万暦帝（在位1572〜1620年）が朝鮮側の要請で出兵
　　　　　　　　戦費増大で財政難が生じ，さらに女真の台頭で国力衰退

▶壬辰・丁酉倭乱（1592〜98年）の展開過程

　明の征服をめざす豊臣秀吉が遠征のための交通路の協力を朝鮮に求めたが拒否され，朝鮮に侵攻した。当初，日本軍は首都の漢城（現ソウル）を陥落させ，さらに平壌を占領するなど優勢であったが，やがて宗主国の明が援軍を派兵し，また李舜臣の水軍や民間の義兵の活躍もあって戦局が悪化し，秀吉の死を機に日本軍は撤退した。

▶戦乱が明に与えた影響

　明の万暦帝は朝鮮側の要請で援軍を派遣したが，軍事支出の増大で財政の悪化を招き，明衰退の要因となったことを指摘するとよい。なお，明が朝鮮出兵で苦戦し，辺境防衛が弱体化したため満州の女真の族長ヌルハチが台頭し，やがて後金を建国（1616 年）して明を圧迫した点に触れてもよい。

問3

設問の要求

〔主題〕日清戦争に関して，1880 年代から 1894 年までの朝鮮・清・日本の関係。

整理メモ

1882 年	壬午軍乱	閔氏の開化政策と日本の進出に反対して大院君派がクーデタ
		→清軍が介入して鎮圧，清は朝鮮に対する宗主権を強化
1884 年	甲申政変	金玉均らの開化派が日本と結んで閔氏政権の打倒を図る
		→清軍による鎮圧後，日本と清は天津条約を結んで撤兵
1894 年	日清戦争	甲午農民戦争（東学の乱）を機に日清両国が出兵
		→日本は朝鮮に甲午改革を強制し，反発する清と戦争開始

▶壬午軍乱の経緯

　日朝修好条規（1876 年）で朝鮮を開国させ，進出を強める日本に対し，1882 年，閔氏政権の専制と日本の進出に反対する大院君派の軍人が壬午軍乱を起こした。宗主国である清が介入してこれを鎮圧すると，閔氏は清と結ぶ立場を明確にした。

▶甲申政変の経緯

　一方，日本と結んで近代化をめざす金玉均や朴泳孝らの開化派は，日本の武力を借りて 1884 年甲申政変を起こしたが，清軍の介入で失敗。翌 1885 年に日清間で天津条約が結ばれ，日清両軍の撤兵と，将来出兵時の事前通告が約された。

▶甲午農民戦争と日清戦争

　1894 年，全羅道で甲午農民戦争（東学の乱）が起こると，清は朝鮮王朝（李朝）の要請で出兵し，日本も居留民保護を口実に出兵した。日本は閔氏を追放して開化派政権を樹立させ，「甲午の改革」と呼ばれる内政改革を実施し，清軍を攻撃して日清戦争（1894～95 年）を開始した。

ポイント

①問2は，壬申・丁酉倭乱の展開過程では，原因・経過・結末に言及すること。
②問3は，壬午軍乱→甲申政変→甲午農民戦争→日清戦争の順で説明。

解答例

　1軍事独裁をとった朴正煕の暗殺後，実権を握った軍部の全斗煥は光州事件などで民主化運動を武力弾圧し，大統領に就任した。2壬辰・丁酉倭乱。明の征服を企てた豊臣秀吉は，朝鮮に協力を拒否されたため侵攻した。当初は優勢に戦いを進めたが，明の援軍や李舜臣の水軍などの抵抗で苦戦を強いられ，秀吉の死を機に撤退した。明は多額の軍事費を費やしたため財政難に陥り，女真の台頭を招き衰退した。3日本に協力的な閔氏政権に対し，大院君派の軍人が1882年に壬午軍乱を起こしたが，宗主国の清が介入して鎮圧した。以後，閔氏は清と結んで政権を維持したが，日本と結んで近代化を図ろうとする金玉均らの開化派がこれに反発して1884年に甲申政変を起こした。清はこの政変も鎮圧し，清と日本は天津条約を結んで撤兵した。1894年に甲午農民戦争が起こると，これを機に出兵した日本と清の両国は朝鮮統治の主導権をめぐって対立し，日清戦争が勃発した。（1から3まですべてで400字以内）

43

次の文章を読み，問いに答えなさい。

1977年8月，第11回中国共産党代表大会が開かれ，華国鋒が「政治報告」をおこなった。そのなかで彼は依然として継続革命論を「偉大な理論」と称賛し，党路線の中心は「毛主席の旗幟を掲げ守ること」と強調している。しかし同時に，革命と建設の新たな段階に入ったとの認識に立ち，「第1次文化大革命の終了」を宣言し，「4つの近代化建設」を掲げた。ここでの華国鋒の主張は，まさに彼が毛沢東の威信に依拠したために毛の遺産を背負いながら，同時に混乱した経済・社会，そしてむろん政治の混乱を建て直さねばならないというディレンマを物語っていたのである。他方，鄧小平の戦略は極めて明確であった。政治闘争に明け暮れる雰囲気をいかに一掃して経済再建，経済発展に力を集中するかであった。そのためには，文革路線，毛沢東路線さえ事実上，否定してもかまわない，それを積極的に支持するグループを排除しなければならないという決意だったのだろうか。もちろんできる限り政治混乱を起こさないで「巧くやる」ことが大切だという前提であった。

（天児慧『巨龍の胎動：毛沢東VS鄧小平』より，一部改変）

問い 「第1次文化大革命」の経緯を述べた上で，「4つの近代化建設」が1980年代の中国に与えた影響を説明しなさい。（400字以内）

解説 「第1次文化大革命」と「4つの近代化建設」

〔地域〕中国　　〔時代〕現代　　〔分野〕政治

　教科書レベルで対応できるが，「第1次文化大革命」「4つの近代化建設」と表現されているので，戸惑うかもしれない。それぞれ文脈から，「プロレタリア文化大革命」と「4つの現代化」を指していると判断できるので，あわてずに論述したい。この時代は，毛沢東・劉少奇・林彪・周恩来・華国鋒・鄧小平ら多くの政治家が登場するので，彼らの動向を正確に理解していることが必要となっている。なお，2019年度第3問でも，中国共産党の政治史を扱った中国現代史が出題されている。

設問の要求

〔主題〕　a．「第1次文化大革命」の経緯。
　　　　　b．「4つの近代化建設」が1980年代の中国に与えた影響。

※以下，すべて，「第1次文化大革命」「4つの近代化建設」という表現を使用したが，それぞれ「文化大革命（プロレタリア文化大革命）」「4つの現代化」を使用しても許容されると思われる。

整理メモ

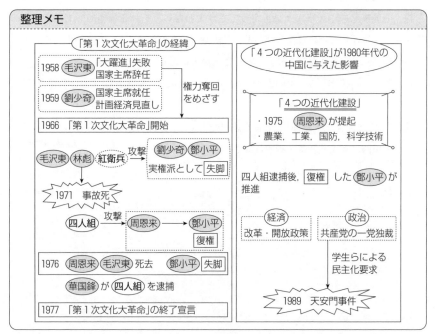

前半で「第1次文化大革命」の経緯を説明し，後半で「4つの近代化建設」が

1980 年代の中国に与えた影響を論じればよい。

前半では，毛沢東による劉少奇・鄧小平ら実権派への攻撃と紅衛兵らによる文革の急進化，四人組の台頭，周恩来・毛沢東の死去後の文革の終結を，時系列にそって正確に整理したい。後半では，経済面で改革・開放政策が行われた一方，政治改革が進まなかったことを指摘し，学生らの民主化運動が弾圧された 1989 年の天安門事件まで言及すればよい。

---

a.「第1次文化大革命」の経緯

1958 年 「大躍進」開始→失敗

1959 年 劉少奇が毛沢東に代わって国家主席に就任→大躍進と人民公社運動を縮小

1966 年 毛沢東が軍代表の林彪と組んで権力奪回の「第1次文化大革命」を発動
→紅衛兵を動員→劉少奇・鄧小平ら実権派（走資派）が失脚

1971 年 林彪がクーデタ未遂事件で死亡

1973 年 鄧小平復権

1976 年 周恩来死去→鄧小平失脚
毛沢東死去→華国鋒が文革派の「四人組」を逮捕

1977 年 「第1次文化大革命」の終了宣言

▶「第1次文化大革命」の背景

毛沢東は 1958 年，「大躍進」を掲げて農村での人民公社設立を推進したが，天災や無理な計画もあって，多大な犠牲者を出して失敗した。翌 1959 年に毛沢東は国家主席を辞任し，新たに国家主席に就任した劉少奇は，農業の回復を図るため，1962 年「調整政策」を進めて人民公社を縮小した。

▶「第1次文化大革命」の経過

権力奪回をめざす毛沢東は 1966 年に「第1次文化大革命」を発動した。学生を中心とする紅衛兵が動員され，全国的な大衆運動に発展し，これに林彪の指導する人民解放軍も加わった。劉少奇や鄧小平は資本主義の復活を図る実権派（走資派）と非難されて失脚し，毛沢東が党の指導権を回復した。

1971 年，毛沢東の後継者と目された林彪が，反毛運動に失敗し，ソ連への亡命途上，飛行機で事故死した（真相は不明）。以後，周恩来によって復権した鄧小平ら旧幹部と，新たに権力を握った文革推進派の江青ら「四人組」との権力闘争が激化していった。

▶「第1次文化大革命」の終了

　1976年1月に周恩来が死去すると，彼の死を悼んで民衆が献花した花を天安門広場から当局が撤去したことを契機に衝突事件が発生した（これを第1次天安門事件と呼ぶ場合がある）。同年9月に毛沢東が死去すると，首相の華国鋒が「四人組」を逮捕し，翌1977年に「第1次文化大革命」の終了を宣言した。

---

b．「4つの近代化建設」が1980年代の中国に与えた影響

1975年	周恩来が「4つの近代化建設」を提起
1977年	鄧小平復活，「4つの近代化建設」をめざす
1980年代	趙紫陽・胡耀邦らを首相・総書記に起用→鄧小平のトロイカ体制
	改革・開放政策→人民公社の解体，外資導入と経済特区の設置
1989年	鄧小平が天安門広場の民主化デモを武力弾圧→天安門事件

▶「4つの近代化建設」とその影響

　もともとは周恩来が死の前年の1975年に提起したもので，農業・工業・国防・科学技術の近代化がめざされた。華国鋒体制下で再復活した鄧小平は，毛沢東路線を固持しようとする華国鋒を失脚させ，共産党の指導権を握った。その後，趙紫陽（首相：1980〜87年，総書記：1987〜89年），胡耀邦（総書記：1982〜87年）を首相・総書記として鄧小平体制を確立し，「4つの近代化建設」を推し進め，改革・開放政策にもとづく一連の経済改革（社会主義市場経済）を実施した。具体的には，人民公社の解体と農業生産の請負制，外資の導入による「経済特区」の設置などが行われた。

▶天安門事件

　中国経済は驚異的な成長を遂げたが，その一方で，経済改革の副産物として物価の上昇，経済格差の拡大が表面化した。また，経済の自由化が政治の民主化に進むことへの期待が裏切られたことに不満を抱いた学生・知識人らは，1989年，改革派として知られていた前総書記胡耀邦の死去を契機として北京の天安門広場に集まり，民主化を要求したが，政府によって武力弾圧されている（天安門事件）。

ポイント

① 「第1次文化大革命」の本質は，毛沢東による実権派打倒の権力奪回闘争であることを押さえる。

② 鄧小平は失脚と復権を繰り返しているので注意したい。

解答例

　「大躍進」失敗で毛沢東が国家主席を辞任すると，後任の劉少奇は鄧小平らと計画経済の見直しを図った。毛沢東は権力奪回をめざして林彪らと「第1次文化大革命」を起こしたが，動員された紅衛兵が過激な政治闘争を展開し社会は混乱した。その中で劉少奇・鄧小平は実権派とされて失脚し，毛沢東と対立した林彪もクーデタ失敗後に事故死して文革推進派の四人組が台頭した。その後，周恩来が鄧小平を復権させ，農業・工業・国防・科学技術の「4つの近代化建設」を掲げたが，1976年の周恩来の死後，鄧小平は再び失脚した。同年，毛沢東が死去すると華国鋒が四人組を逮捕し翌年「第1次文化大革命」終了を宣言した。再復権した鄧小平は「4つの近代化建設」のもと改革・開放政策を進め，人民公社解体や経済特区の設置など市場経済の導入を図った。一方で政治の自由化は進まず，共産党独裁に対する不満から学生らが民主化運動を起こしたが，天安門事件で弾圧された。(400字以内)

44

　次の文章 A，B を読んで，問いに答えなさい。(問 1，問 2 をあわせて 400 字以内)

A　(1860 年代において，当時の朝鮮の政権と思想的方向性を同じくする)奇正鎮・李恒老は(中略)攘夷論を開陳した。たとえば奇正鎮は，「洋胡」(西洋諸国)と条約を結べば，儒教の道徳や礼制はたちまちに滅び，「人類」(朝鮮の人間)は禽獣となると危機感を表明した。これは，「邪説」を排撃して「正学」(朱子学)を崇ぶという「衛正斥邪」の内容をさらに拡大して，西洋諸国を夷狄(「洋夷」)・禽獣であるとして全面的に排斥し，儒教道徳・礼制，それに支えられた支配体制を維持擁護しようとする主張であった。

　西洋諸国を夷狄・禽獣と視るのは，　①　意識によるものであった。(中略)西洋諸国は儒教を否定する「邪教」の国であるから，夷狄あるいはそれ以下の存在である禽獣ということになる。

B　(1876 年に)李恒老の門人の崔益鉉は開国反対上疏を呈した。崔益鉉は条約調印に反対する理由として五点を挙げたが，そのなかには次のような点があった。

　「日本との交易を通じて，『邪学』が広まり，人類は禽獣に化してしまう。」「内地往来・居住を拒めないから，日本人による財貨・婦女の略奪，殺人，放火が横行して，人理は地を払い，『生霊(じんみん)』の生活は脅かされる。」「人と『禽獣』の日本人とが和約して，何の憂いもないということはありえない。」

　崔益鉉の描く日本人像は，奇正鎮の描いた「洋夷」像と何ら異なるところがない。実際に崔益鉉は上疏において，倭(日本)と洋は一心同体であるとする「倭洋一体論」を展開した。

　(糟谷憲一「朝鮮ナショナリズムの展開」『岩波講座世界歴史 20　アジアの＜近代＞』より引用。但し，一部改変)

問 1　　①　　は，17 世紀の国際関係の変化を受けて高揚した，自国に対する
　　朝鮮の支配層の意識を示す言葉である。これを記しなさい。

問 2　　①　　意識がいかなるものであり，どのような背景があったのか，ま
　　た，それが 1860〜70 年代にどのような役割を果たしたのかについて，それぞ
　　れ国際関係の変化と関連付けて述べなさい。

解説 朝鮮の小中華意識と，それが 1860～70 年代に果たした役割

〔地域〕朝鮮 〔時代〕近代 〔分野〕政治・思想

　問1の小中華を確定したうえで，問2の論述が求められている。問2は，小中華意識の内容とその成立背景，そしてそれが 1860～70 年代に果たした役割を，国際関係の変化と関連づけて説明することが求められた。史料Bに朝鮮の朱子学者が説く「華夷の別」の引用が含まれており，朝鮮の朱子学についての基礎的知識があるか否かで得点差が生じよう。政治情勢と儒教の関係を複合的な視点でまとめる力が要求されたハイレベルな問題である。なお，2014 年度第3問でも明清と朝鮮の関係が出題されている。

問1

　「17 世紀の国際関係の変化を受けて高揚」とは，1637 年に朝鮮が女真の清に服属し，1644 年に明が清に滅ぼされた変化を指している。朝鮮の朱子学者らは，女真の清を野蛮な夷狄として見下し，一方，滅亡した明の「大中華」の正統な文化を継承したのは自分たちであると考え，朝鮮の支配層（両班）に小中華意識が醸成された。

問2

設問の要求

〔主題〕a．小中華意識の内容とそれが成立した背景。
　　　　b．小中華意識が 1860～70 年代に朝鮮で果たした役割。
〔条件〕a・bについてそれぞれ国際関係の変化に関連づけて説明。

整理メモ

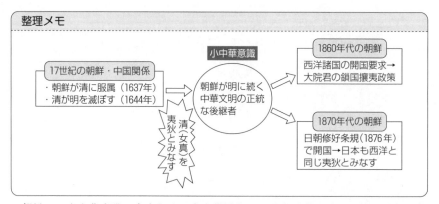

　朝鮮での小中華意識の内容とその成立背景を，17 世紀中葉に生じた明と清の王朝交代に関連づけて朱子学の「華夷の別」の視点から論じ，ついで 1860 年代の西洋諸

国による開国要求に対して大院君が小中華意識から鎖国攘夷策を進めたことに触れ，1870年代に日本が日朝修好条規で朝鮮を開国させたことに対し，朱子学者らが反対した理由を説明すればよい。

＊史料から読み取れること

Aは，奇正鎮を例にあげ，「正学」（朱子学）を尊ぶ「衛正斥邪」に視点をすえて，「邪教」の西洋諸国を夷狄として排斥し，正学である朱子学の体制を守るべきとする小中華意識について説明している。Bは，「1876年」「開国反対」から，同年に結ばれた日朝修好条規による朝鮮開国直後の状況であると判断できる。「　」内の崔益鉉からの引用文では，開国に反対する理由が小中華意識を背景に述べられている。筆者は，彼の描く日本人像は，Aで述べられた西洋を洋夷とするのと同じであるとしている。

---

a．小中華意識の内容とそれが成立した背景

- 朝鮮：女真の清の侵攻を受け，清に服属（1637年）
- 中国：明が清によって滅亡（1644年）→朝鮮こそが明の中華文化の正統な後継者と考える小中華意識が醸成

▶朝鮮と明

　朝鮮王朝（李朝：1392〜1910年）は1368年の明の建国以来，明に朝貢してその冊封下に入り，明の官制や文化的伝統を受け入れた。特に朱子学を根幹として政治・社会体制を築き，16世紀末に起こった豊臣秀吉による壬辰・丁酉倭乱（日本では文禄・慶長の役）に際しては明の援助によって撃退に成功した。これらは，朝鮮にとって明への恩義という歴史的記憶となった。

▶明から清への王朝交替と小中華意識の醸成

　朝鮮は1637年女真の清の侵攻を受け，その属国となり，1644年に明は清に滅ぼされた。これに対し，朝鮮の朱子学者は，清は女真という夷狄が建国した王朝であると蔑視し，「大中華」であった漢民族王朝の明滅亡後は，朝鮮こそが中華の伝統文化を正統に継承したとする小中華意識が生ずることになった。そして朱子学の「華夷の別」から，異民族の清は夷狄，西洋は洋夷，日本は倭夷として蔑視する思潮が生じ，19世紀の鎖国攘夷の思想的基盤となった。

---

b．小中華意識が1860〜70年代に朝鮮で果たした役割

- 1860年代：大院君が「衛正斥邪」を主張し，西洋諸国に対して鎖国攘夷を堅持
- 1870年代：江華島事件（1875年）→翌1876年に日朝修好条規で日本が朝鮮を開国

▶ 1860 年代の朝鮮

　19世紀後半，朝鮮王朝では高宗の父である大院君が摂政（1863～73年）として実権を握り，朱子学にもとづく「衛正斥邪」論を主張し，開国を迫る西洋諸国を夷狄とみなして鎖国攘夷策を堅持した。小中華意識から西洋諸国を「正学」である朱子学を否定する「邪教」の国々として強硬な攘夷策を進めていった。

▶ 1870 年代の朝鮮

　大院君は1873年に失脚し，高宗による親政が開始したが，実権は，協調外交を進める閔妃の一族（閔氏）が掌握した。1875年に江華島事件が起こると，日本は閔氏政権を武力で威嚇し，翌1876年に日朝修好条規（江華島条約）を結んで清の冊封体制下にある朝鮮を開国させ，日本に領事裁判権を認めさせる不平等条約を締結した。これを屈辱として朱子学者らは日本を非難し，史料Bにある崔益鉉は1868年の明治維新で欧化策に転換した倭（日本）も欧米と同じ夷狄とし，「倭洋一体論」を説いて開国に反対した。

ポイント
①小中華意識の背景には明清の王朝交代が影響。
②欧米や日本を夷狄の国家とみなす朱子学の「華夷の別」から鎖国攘夷策に言及。

解 答 例

　　　1小中華。2朝鮮王朝は明から冊封されて朱子学や官制を導入し，豊臣秀吉の朝鮮侵略の際には明から援軍を受けたが，女真の清の侵攻でその属国となり，明も17世紀半ばに清に滅ぼされた。この明清王朝交代を背景に，朝鮮では華夷の別を説く朱子学の影響で自らが中華の伝統的文化の正統な後継者とする小中華意識が支配層の間で共有された。1860年代，西洋諸国の開国要求に対し，大院君の政権は「衛正斥邪」論に立って，西洋諸国を「正学」たる朱子学を否定する夷狄として排斥する鎖国攘夷策をとった。1870年代，大院君が失脚し，開化政策を進める閔氏政権が成立すると，明治維新で欧化政策に転じた日本が江華島事件で朝鮮に圧力をかけ，不平等条約である日朝修好条規を結んで，清の冊封体制下にある朝鮮を開国させた。これに対し，朱子学者らは「倭洋一体論」を唱えて日本も西洋諸国と同じ夷狄とみなし，小中華意識を基に鎖国体制の堅持を求めた。（1と2をあわせて400字以内）

45

　　1960 年代後半に書かれた以下の文章を読み，下の問いに答えなさい。（問1，問2
をあわせて 400 字以内）

　　文章は編集の都合上省略。

（蒋経国『わが父を語る』より引用。但し，一部改変）

問1　①に入る語句を記しなさい。

問2　ここで対立する両勢力の関係と 1949 年に至るその変遷についてまとめなさい。

　　※編集部注：蒋経国は蒋介石の息子。資料文は蒋経国が中国共産党とソ連を倒さねばならない敵であると主
　　　張している。「対立する両勢力」とは，国民党と共産党のこと。

解説 1949 年までの中国国民党と中国共産党の政治史

〔地域〕中国　　〔時代〕現代　　〔分野〕政治

　20 世紀の中国から，蔣経国が著した『わが父を語る』を史料文として出題された。文章は読みやすい内容で，求められている「両勢力の関係」についても，すぐに国民党と共産党との関係と判断できる。国民党と共産党の関係を共産党が勝利した 1949 年まで論じるという長文論述の定番ともいえる出題で，教科書レベルの知識で十分に対応できる。

設問の要求

〔主題〕中国国民党と中国共産党の関係とその変遷。
〔条件〕1949 年まで。

整理メモ

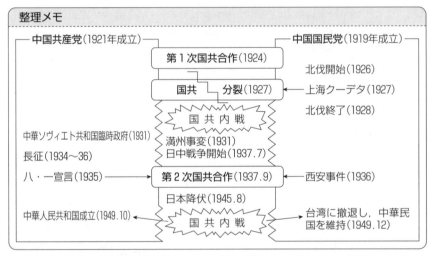

　蔣介石の息子である蔣経国が著した『わが父を語る』からの出典。問 1 の空欄①は，2 カ所あり，いずれも蔣経国によって非難されていることから，国民党と敵対した中国共産党（中共）が入る（原文では「中共」）。

　「ここで対立する両勢力の関係」とは，国民党と共産党との関係であり，その変遷を「1949 年」の中華人民共和国の成立と国民党の台湾撤退についてまとめればよい。

　「両勢力」である国民党と共産党の結成から始め，① 1920 年代の第 1 次国共合作と国共分裂の経緯，② 1930 年代の第 2 次国共合作が成立した経緯，③日本降伏後の国共内戦から 1949 年の中華人民共和国樹立と国民党の台湾撤退までの経緯，の 3 段階に分け，その間に両党の動向に影響を与えた政治的な諸事件に言及しながら，両勢力

の関係の過程を時系列で説明したい。

第 1 次国共合作と国共分裂

1919 年　中国国民党結成←五・四運動の影響
1921 年　中国共産党結成←コミンテルンの指導
1924 年　第 1 次国共合作←孫文，「連ソ・容共・扶助工農」をスローガン
1926 年　北伐の開始……蔣介石の国民革命軍，広州から出撃
1927 年　上海クーデタ……共産党を弾圧（国共分裂と内戦開始），
　　　　　　　　　　　　　　南京国民政府の樹立
1928 年　北伐の完了……張学良，国民政府に帰順し，国民革命が達成

▶第 1 次国共合作

　1919 年，反帝国主義の五・四運動が大衆運動に発展すると，これを機に孫文は大衆政党としての中国国民党を結成した。その後，1921 年にはコミンテルンの指導のもと上海で，陳独秀を委員長として中国共産党が創立された。まもなく孫文はソ連外交官ヨッフェとの会談で「連ソ・容共・扶助工農」の 3 大綱領を確認し，1924 年に第 1 次国共合作が成立した。

▶国共分裂と内戦開始

　以後，孫文は共産党と協力して軍閥打倒と中国統一を図る国民革命をめざしたが，孫文は 1925 年に死去した。同年，国民党は広州国民政府を樹立し，翌 26 年から蔣介石が国民革命軍を率いて北伐を開始した。彼は浙江財閥や米英の要請に応えて 1927年上海クーデタで共産党を弾圧し，南京国民政府を樹立した。こうして第 1 次国共合作は崩壊し，国共内戦が開始した。

第 2 次国共合作に至る過程

1931 年　　　満州事変→日本の中国侵略開始。満州国の建設（1932 年）
　　　　　　　共産党が中華ソヴィエト共和国臨時政府を樹立……首都は瑞金
1934 年　　　共産党は長征を開始→国民党軍の攻勢で，瑞金から延安へ
1935 年　　　八・一宣言……共産党が内戦停止と抗日民族統一戦線の呼びかけ
1936 年　　　西安事件→国共の再接近
1937 年 7 月　日中戦争の開始←盧溝橋事件
　　　 9 月　第 2 次国共合作の成立

▶満州事変の勃発

　国共内戦中の 1931 年満州事変が勃発したが，蔣介石は日本軍との戦いより討共戦

に全力を投入した。一方，中国共産党は江西省の瑞金に毛沢東を主席とする中華ソヴィエト共和国臨時政府を樹立してこれに抗戦した。しかし，劣勢に立たされた共産党軍（紅軍）は，1934年から瑞金を放棄して陝西省の延安へ根拠地を移動する長征（大西遷）を敢行した。

▶第2次国共合作の成立

　長征途上の1935年，共産党は八・一宣言を発して内戦停止と抗日民族統一戦線の結成を国民に訴えた。共産党軍を攻撃していた張学良はこれに共鳴し，1936年西安を訪れた蔣介石を監禁して抗日戦を迫る西安事件を起こした。この結果，両党は再び接近し，翌1937年7月，北京郊外の盧溝橋事件から日中戦争が勃発すると，その直後に第2次国共合作が成立することになった。

中華人民共和国の樹立と国民党の台湾撤退
1945年　　　日本の降伏（8月）→内戦の再開（11月）
1947年　　　共産党の土地改革←「土地法大綱」。地主制廃止により農民の支持拡大
1949年10月　中華人民共和国の成立……首都は北京。主席は毛沢東
12月　中華民国政府（台湾国民政府）……台湾で蔣介石が国民政府を維持

　日本降伏（1945年8月15日）後，両党の内戦は再開・本格化した。蔣介石は1948年に中華民国の初代総統に就任したが，国民党幹部の腐敗，通貨改革の失敗によるインフレ激化などで民衆の離反を招いた。一方，共産党はこの間，1947年に「土地法大綱」を発して地主制廃止と農民への土地の無償分配を決めて農民の支持を獲得。東北地方から総反攻を開始して勝利を収め，1949年10月に毛沢東を主席とする中華人民共和国の樹立を宣言した。敗れた蔣介石が率いる国民党は台湾に逃れ，中華民国政府を維持し続けることになる。

ポイント
①2次にわたる国共合作の成立と崩壊について正確に論じる。
②満州事変や日中戦争などとの関連にも言及する。

解答例

1中国共産党。2中国国民党は五・四運動を機に孫文によって結成され，中国共産党はコミンテルン支援によって結成された。孫文はソ連の仲介で「連ソ・容共・扶助工農」を掲げ，1924年第1次国共合作が成立した。孫文死後，広州国民政府が成立したが，北伐を開始した蔣介石が上海クーデタで共産党を弾圧し，南京国民政府を樹立した結果，国共は内戦となった。満州事変勃発後も蔣介石は対日戦より中華ソヴィエト共和国臨時政府を樹立した共産党への攻撃を優先したが，共産党は瑞金から延安への長征を行い，この途上で内戦停止と抗日民族統一戦線を呼びかける八・一宣言を発表した。これに共鳴した張学良が西安事件を起こしたのを機に両者は再接近し，1937年日中戦争勃発直後に第2次国共合作が成立した。日本降伏後，内戦が再開したが，土地改革で農民の支持を得た共産党が勝利を収め，1949年中華人民共和国を建国すると，敗れた国民政府は台湾に逃れた。（1と2をあわせて400字以内）

※1は中共でも可

46

　次の文章は，ある朝鮮人革命家が，アメリカのジャーナリストに語った回想を元に書かれたものである。これを読んで，問いに答えなさい。（問 1，問 2 をあわせて 400 字以内）

　先生は，中学校の教室の前に芝居じみた厳粛さで立ち，生涯忘れられない美しい言葉のあふれる演説をした——今日それはなんと反語的に響くことか！

　「この日，朝鮮独立の宣言はなされた。朝鮮全土に平和なデモ行動が行われよう。われわれはただ独立と民主主義を求めるのみだ。誰もわれわれの正当な要求を拒むことはできない。」

　私たちは彼に率いられて街に出，何千という他の学校の生徒や街の人々と隊伍を組み，歌いながらスローガンを叫びながら町中を行進した。

　デモの途中，町の中で大衆集会が開かれ，そこで新たな独立宣言が読みあげられた。この宣言は国際主義的心情の色彩が濃く，平和精神と万国の国際的信義の擁護とをうたっていた。また中国とインドに共闘の呼びかけを行っているが，①中国は山東半島の一部を日本に引き渡す運びとなった日英の秘密条約が発覚してからそれに応じてきた。

　私は世界的大運動に重要な役割を演じているような気持ちで，至福千年がついに来たのだと思いこんでいた。しばらくして伝わってきた②ヴェルサイユの裏切りのショックは大変なもので，私などまるで心臓が裂けてとび出すかと思った。

　（ニム・ウェールズ著，松平いを子訳『アリランの歌』より引用。但し，一部改変）

問 1　この文章全体で描写されている運動と下線①が示す運動について，それぞれの
　　　名称を示しなさい。

問 2　下線②で示されている会議に言及しつつ，両運動の背景および展開過程，意義
　　　を論じなさい。

解説 三・一独立運動と五・四運動

〔地域〕朝鮮・中国 〔時代〕現代 〔分野〕政治

　問1は史料を読んで運動名を判断する記述問題。問2は第一次世界大戦後の朝鮮における三・一独立運動と中国における五・四運動の背景・展開過程・意義を考察させる論述問題。いずれも民衆が参加した政治運動で，それぞれどのように政治を動かしたかという問題意識を持って論述していきたい。一橋大学では朝鮮近現代史は頻出分野である。

問1

　史料文全体で描写された運動は，「朝鮮独立の宣言」「朝鮮全土に平和なデモ行動」などの文言から，1919年の三・一独立運動と判定できる。

　下線①の「中国は山東半島の一部を日本に引き渡す……」は日本の二十一ヵ条要求，「日英の秘密条約」はイギリスが日本の山東半島におけるドイツ権益の継承を認めた1917年の秘密条約を指すことから，その撤廃要求がパリ講和条約で拒否されたことを機に中国で展開した1919年の五・四運動と判断できる。

問2

設問の要求

〔主題〕三・一独立運動と五・四運動の背景・展開過程・意義。
〔条件〕パリ講和会議に言及する。

整理メモ

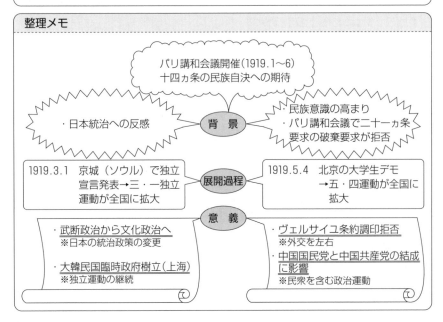

　下線②のパリ講和会議（「ヴェルサイユの裏切り」から推測できる）やその基本理念の1つとなったウィルソンの十四カ条が，朝鮮の三・一独立運動と中国の五・四運動の背景となったことをそれぞれ指摘し，展開過程・意義を説明していきたい。

　展開過程はまとめやすいだろうが，意義については，民衆の政治運動である三・一独立運動と五・四運動によって当時の政治状況がどのようになったかを念頭において，具体的歴史事実を述べていきたい。

三・一独立運動

1919年1月　　　パリ講和会議の開催
　　　3月1日　三・一独立運動開始←日本による徹底的弾圧
　　　4月　　　上海で大韓民国臨時政府が樹立

▶三・一独立運動の背景・展開過程

　朝鮮は1910年の日韓併合条約で日本に併合された。朝鮮総督府による武断政治のもと，言論・出版・集会などの自由が奪われ，土地調査事業（1910～18年）によって土地が没収されたことから，反日独立の民族意識が高まった。

　第一次世界大戦後，朝鮮ではウィルソン大統領が提唱した十四カ条（1918年）の民族自決の原則に期待が高まったが，パリ講和会議開始（1919年1月）直後に大韓帝国最後の皇帝であった高宗が死去し，民衆に衝撃を与えた。この高宗の葬儀が3月1日に行われた際，独立運動家らが京城（ソウル）で独立宣言を発表した。これが朝鮮各地で「独立万歳」を叫ぶ民衆のデモに発展したことから，日本は徹底的な武力弾圧を加え，多くの死傷者を出した。

▶三・一独立運動の意義

　三・一独立運動を機に日本は武断政治を改めて文化政治と呼ばれる同化策を採用し，憲兵警察制度の廃止や部分的に言論・出版の自由を認めるなど，統治政策を転換することを余儀なくされた。また，同年4月に上海で大韓民国臨時政府（亡命政府）が成立し，朝鮮の独立運動が継承されていくことになった。

五・四運動

1919年1月　　　パリ講和会議開始
　　　　　　　　→二十一カ条要求破棄が拒否→中国の世論が激高
　　　5月4日　五・四運動開始→ヴェルサイユ条約調印拒否
　　　10月　　　中国国民党結成
1921年　　　　　中国共産党結成

▶五・四運動の背景・展開過程

　第一次世界大戦中，中国では民族資本家や労働者階級が急速に成長し，新文化運動などを通じて学生や知識人層の政治的自覚も高まった。戦後，北京政府がパリ講和会議に代表を派遣し，日本の二十一カ条要求（1915 年）や山東省におけるドイツ権益継承の破棄を求めたが拒否されたことから，1919 年 5 月 4 日に北京の学生らの抗議デモが発生，これを機に全国的な反帝国主義・軍閥打倒の政治運動が展開した。

▶五・四運動の意義

　五・四運動によって，中国政府は最終的にヴェルサイユ条約調印を拒否している。民衆が加わった政治運動が外交に直接影響を与えたのである。従来の知識人層を主体とした政治運動に代わって，各地の労働者・学生・市民ら一般の民衆が五・四運動に参加したことの意義は大きい。

　五・四運動に触発された孫文は，秘密結社であった中華革命党（1914 年結成）を改組し大衆政党として中国国民党を結成し（1919 年 10 月），「国民革命」を政治目標に掲げた。また，五・四運動における反帝国主義の高揚はコミンテルン指導による中国共産党結成（1921 年）にも影響を与えている。両者は，1924 年に第 1 次国共合作を成立させ，「国民革命」をめざすことになる。

ポイント

①三・一独立運動も五・四運動も共に大衆参加の政治運動である。
②大衆による政治運動が実際の政治を変えていく原動力となった。

解答例

　　1 三・一独立運動，五・四運動。2 第一次世界大戦後，日本統治下の朝鮮では，十四カ条の民族自決に影響を受けて三・一独立運動が起こり，全国規模の独立運動に拡大した。日本は軍隊を動員して武力弾圧したが，これを機に武断政治を改め，言論統制を緩和するなど文化政治といわれる同化政策に転換した。また，上海では大韓民国臨時政府が樹立され，海外において独立運動の継続が図られた。中国では，新文化運動などで民族意識が高まっていたが，二十一カ条の破棄要求がパリ講和会議で拒否されると北京の学生デモから五・四運動が開始した。これは全国的な反帝国主義・軍閥打倒の愛国運動に発展し，中国政府はヴェルサイユ条約調印を拒否した。また，五・四運動に触発された孫文は中華革命党を大衆政党である中国国民党に改組し，コミンテルン指導下で中国共産党も結成され，両者は，軍閥打倒と中国統一の実現をめざして国共合作を成立させることになる。（1 と 2 をあわせて 400 字以内）

47

次の文章を読んで，問いに答えなさい。

　われわれが海を渡り，最初に到着した町はザイトゥーンの町であった。そこは壮大にして，規模の大きな町であり，カムハー織り（錦紗）やビロード織りの布地（緞子）がそこでは製造されており，それらはその町に由来する名で知られている。その布地は，ハンサー織りやハンバーリク織りよりも上等である。

　そこの停泊港は，世界の数ある港のなかでも最大規模の港の一つ，否，間違いなく最大のものであり，私は実際にその港で，約100艘の大型ジャンクを見た。さらに小型船に至っては，多くて数え切れないほどであった。そこの港は陸地に入り込んだ海からの大きな入江で，やがてその海は大河と混じり合う。この町は，他のすべてのシナ地方と同じく，住民のための果樹園，田畑と屋敷が町の真ん中にあって，ちょうど，我が国のスィジルマーサの町とよく似ており，他ならぬこのために，彼らの町は規模が大きくなっている。

　（イブン・バトゥータ著，家島彦一訳注『大旅行記7』より引用。但し，一部改変）

問い　ザイトンとも称されたザイトゥーンの都市名を漢字で答えた上で，当該都市を
　　取り巻く11〜13世紀の国際関係を論じなさい。（400字以内）

泉州を取り巻く 11 ～ 13 世紀の国際関係

〔地域〕中国　　〔時代〕北宋～元　　〔分野〕経済・政治

「ザイトゥーン」が泉州であると判定できないと，後の論述が困難となる仕掛けになっている。泉州を取り巻く 11 ～ 13 世紀の国際関係を想起するには，南海交易に関連する泉州の地理的位置の理解が必要である。一橋大学の中国史では従来，明・清が頻出であったが，2017 年度は北宋～元が対象となり，しかも国際的・経済的視点が重視され出題傾向が大きく変化した。

設問の要求

〔主題〕泉州を取り巻く 11 ～ 13 世紀の国際関係。

整理メモ

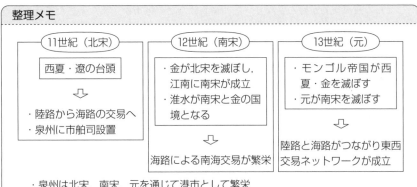

　史料文は，14 世紀前半の元朝末期に中国を訪れたモロッコの大旅行家イブン＝バトゥータが著した『大旅行記』（『三大陸周遊記』）からの引用。彼が言及しているザイトゥーンが泉州であることを想起させ，泉州を取り巻く国際関係について，11 世紀（北宋）・12 世紀（南宋）・13 世紀（元）の時代を説明することが求められている。

　泉州は現在の福建省の都市で，地域としては華南に位置する。このため，南シナ海を舞台とした南海諸国との交易と深い関係を持って発展した。つまり「海」に視点を置いた中国の国際関係と考えてよいだろう。これを念頭に，11 ～ 12 世紀の宋と北方諸民族（西夏・遼・金）との対立が海上交易の発展を促した点，13 世紀の元の南海諸国への遠征や大モンゴル国の中で陸路と海路が結ばれて東西交易ネットワークが発展したことなどに言及したい。

＊史料から読み取れること
　史料自体に設問に関するヒントはみられず，「ザイトゥーン」，すなわち泉州という港市の特色を説明しているだけの内容である。

11世紀（北宋）―― 陸路から海路が交易の中心へ
• 契丹が東モンゴルに建てた遼が北宋を侵略→澶淵の盟（1004年）
• チベット系タングートが西夏を建国（1038年）→陸路による通商路を独占
　　　　　　　　　　　↓
• 海路による交易が発展→中国商人の進出とムスリム商人の活躍

　唐代では西方との通商は陸路によるものが中心であったが，北宋になると，西夏や遼（契丹）などが台頭し，陸路による交易が閉ざされた。そのため海路を通じての交易が中心となり，多くの中国商人がジャンク船を用いて南シナ海・インド洋周辺に進出したため南海交易が盛んとなり，広州や泉州などの港市が栄えた。またアラブ系やイラン系のムスリム商人も来航して交易に従事したため，泉州・明州・杭州などには11世紀後半，外国貿易の事務官庁である市舶司が設置されている。南海諸国からは主として香辛料・象牙を輸入し，中国からは陶磁器・絹織物・銅銭（宋銭）などが輸出された。

12世紀（南宋）―― 海路による貿易の繁栄
• 女真人の金が北宋を滅ぼす（1126～27年：靖康の変）
　　　　　　　→江南に南宋を建国→江南で商工業発展
• 紹興の和約（1142年）→金と南宋の国境線を淮水に決定
　　　　　　　→金と講和し政治的に安定→南海交易で泉州が繁栄

▶南宋の成立
　靖康の変で北宋は金に滅ぼされたが，北宋最後の皇帝欽宗の弟（高宗）が江南に逃れて南宋を建国し，臨安（杭州）を首都とした。紹興の和約で南宋は金に臣下の礼をとる屈辱的な和議を結び，淮水を国境とした。こうして北方の脅威が取り除かれたことから，南宋では政治が安定，江南の開発も進展し，陶磁器（景徳鎮で生産）や絹織物などの手工業が盛んとなり，江南の南方で南シナ海への出入り口に位置する泉州は南海交易で繁栄するようになった。

▶南宋と交易活動
　当時の南海交易では，チャンパー（占城）・シュリーヴィジャヤ・ベトナム（李朝

大越国）などの朝貢国との交易が栄えた。なお，日本との間には 12 世紀後半に日宋貿易が行われているが，これは泉州ではなく，明州（寧波）が交易の中心となっているため，〔解答例〕での使用は避けた。

---

13 世紀（元）── 陸路と海路の結合で東西交易のネットワーク成立

- 元が南宋を滅ぼし，さらに南海諸国へ遠征→朝貢の促進を図る
- モンゴル帝国がユーラシアを一体化→陸路と海路で東西交易のネットワーク成立

　モンゴル帝国は西夏・金を征服し，元が南宋を滅ぼして中国を制圧した。その後，元は南海諸国（ベトナム・チャンパー・ジャワ）に遠征軍を派遣したものの，いずれも失敗に帰した。しかし，その後，南海諸国は元に朝貢して商船を送ったため泉州は南海交易の一大拠点として繁栄を続けた。また，元代に中国は大モンゴル国のユーラシア一体化に組み入れられ，モンゴル支配のもとで陸路による交易も再び活発化し，これに海路が接続されて広域の交易ネットワークが形成されたことも重要である。

ポイント

①北宋・南宋は北方民族との対立で陸路交易が閉ざされたため，海路交易が発展。その後，元代では陸路と海路の交易が一体化する。
②泉州が主に南海諸国との交易で栄えた港市であることを念頭に置く。

解答例

　泉州。11 世紀に北宋は西夏や遼に圧迫されて陸路による交易が断たれたことから，中国商人はジャンク船を用いて南シナ海・インド洋へ赴くようになった。その結果，広州や泉州などの港市が南海交易で発展，ムスリム商人の来航も増加し，泉州にも海外貿易を管理する市舶司が設置された。こうした貿易で中国は陶磁器・絹織物・銅銭を輸出し，南海諸国からは香辛料や象牙などを輸入した。12 世紀に金が靖康の変で北宋を滅ぼすと，江南に南宋が建国された。この時代に長江下流域の江南で手工業が盛んとなり，南シナ海と江南に利便性の高い泉州はさらに繁栄するようになった。13 世紀にはモンゴル帝国が西夏や金を征服し，南宋も元に滅ぼされた。元は南海諸国への遠征により通商の拡大と交易路を確保し，ユーラシアにまたがる大モンゴル国のもとでそれまで一体化していなかった陸路も含めた東西交易ネットワークが整備され，泉州は港市としての繁栄を極めることになった。（400 字以内）

48

　次の文章は，1950年8月に周恩来が，同年6月に勃発した朝鮮戦争への対策を述べたものである。これを読んで，問いに答えなさい。

　アメリカ帝国主義は朝鮮で突破口を開け，世界大戦の東方基地にしようとしている。したがって，朝鮮は確かに現在の世界における闘争の焦点になっており，少なくとも東方における闘争の焦点である。現在，我々は朝鮮について，兄弟国の問題としてとらえたり，我が国の東北と境を接し，利害関係がある問題としてとらえたりするばかりでなく，さらに重要な国際的闘争問題としてもとらえねばならない。このような認識は我々に新たな問題をもたらしている。すなわち，朝鮮人民を支援し，台湾の解放を先送りにし，積極的に東北国境防衛軍を組織することである。

　　　（中共中央文献研究室編『周恩来年譜1949─1976』より引用。但し，一部改変）

問い　文章中の下線部が指す1945年以降の朝鮮半島の情勢を説明した上で，朝鮮戦争が中国および台湾の政治に与えた影響を論じなさい。（400字以内）

解説 朝鮮戦争が中国・台湾の政治に与えた影響

〔地域〕朝鮮・中国・台湾　〔時代〕現代　〔分野〕政治

『周恩来年譜』の史料をもとに作問されており，1945年以降の朝鮮半島情勢と，朝鮮戦争が中国および台湾に及ぼした政治的影響をテーマとしている。1945年以降の朝鮮半島情勢は，南北分断から朝鮮戦争終結まで教科書の知識で対応できるが，朝鮮戦争が中国と台湾の政治に与えた影響に関しては，両国の内政における詳細な知識が欠かせない。

設問の要求

〔主題〕朝鮮戦争が中国および台湾の政治に与えた影響。
〔条件〕1945年以降の朝鮮半島の情勢を説明する。

整理メモ

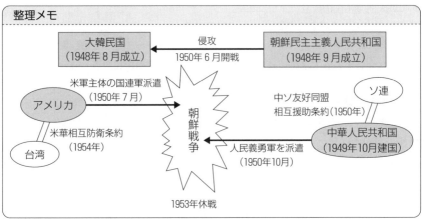

論述の道筋としては，まず1945年以降の朝鮮半島情勢を時系列で説明し，ついで朝鮮戦争の経緯でアメリカ軍中心の国連軍に対し，北朝鮮を支援するため中国が人民義勇軍を派兵したことに触れる。朝鮮戦争が中国と台湾の政治に与えた影響については，朝鮮戦争中とその後の両国の内政や外交を考えていけばよい。中国では，国連軍と互角に戦ったことを背景に毛沢東と共産党政権の中国支配が盤石となった点を指摘するとよいだろう。台湾についてはアメリカが東アジアの反共包囲網の一環として台湾への軍事支援を強め，米華相互防衛条約を結んだ点に言及したい。

1945年以降の朝鮮半島情勢と朝鮮戦争

1945年8月　日本敗戦→米ソは朝鮮を北緯38度線で南北分割占領
1948年8月　李承晩を大統領とする大韓民国成立←アメリカ支援

```
      9月    金日成を首相とする朝鮮民主主義人民共和国が成立←ソ連支援
1950年6月    北朝鮮軍，韓国に侵攻→朝鮮戦争の勃発
      7月    アメリカ軍を主体とする国連軍が派兵
      10月   中国が北朝鮮を支援して人民義勇軍を派兵
1953年7月    板門店で休戦協定が成立
```

▶大韓民国と朝鮮民主主義人民共和国の独立

　1945年8月15日，日本の敗戦を機に朝鮮は植民地支配から解放されたが，米ソは暫定措置として北緯38度線を境界に南北分割占領を決定した。その後，1948年国連の監視下に南朝鮮で単独選挙が強行され，8月に親米反共の李承晩を大統領とする大韓民国が成立すると，9月にはソ連の支援のもとで北朝鮮に金日成を首相とする朝鮮民主主義人民共和国の成立が宣言された。

▶中華人民共和国の成立

　1949年，毛沢東率いる中国共産党が国共内戦に勝利し中華人民共和国を成立させたことは，朝鮮半島の政治情勢にも大きなインパクトを与えた。一方，敗れた中国国民党の蔣介石率いる中華民国政府は台湾に移動した（台湾国民政府）。

▶朝鮮戦争の経緯

　北朝鮮は，1950年6月，北緯38度線を越えて韓国に侵攻し，朝鮮戦争（1950～53年）が勃発した。ソウルは陥落し，韓国軍は半島南端の釜山付近にまで撤退したが，国連安全保障理事会は北朝鮮軍の行動を侵略と認め，アメリカ軍を主体とする国連軍を派遣した。マッカーサーを総司令官とする国連軍は同年9月に仁川に上陸して戦局を逆転させ，中国国境の鴨緑江にまで進撃すると，10月に中国は北朝鮮を支援して人民義勇軍を派遣した。このため，国連軍は撤退を余儀なくされ，再びソウルが占領された。その後，北緯38度線をはさんで戦況は膠着し，1953年に板門店で休戦協定が調印され，南北朝鮮の分断は固定化された。

朝鮮戦争と中華人民共和国・台湾

- 中華人民共和国
  - 1949年10月　毛沢東を主席とする中華人民共和国が成立←国共内戦に勝利
  - 1950年2月　モスクワで中ソ友好同盟相互援助条約の締結
  - 1953年　第1次五カ年計画開始←戦争を互角に戦った中国共産党の権威向上
- 台湾
  - 1949年12月　蔣介石が国民党軍を率いて台湾に逃れ，中華民国政府を維持
  - 1954年　米華相互防衛条約の締結

▶朝鮮戦争が中国に与えた影響

1949 年に建国したばかりの中華人民共和国が朝鮮戦争に介入してアメリカ軍主体の国連軍を北緯 38 度線以南まで追い返し，互角に戦ったことは国際世論を驚かせた。その善戦ぶりは毛沢東と中国共産党指導部の国内での権威を高め，1953 年からは重工業の育成をはかる第 1 次五カ年計画が開始された。また，朝鮮戦争直前に成立した中ソ友好同盟相互援助条約（1950 年）を結んでいたソ連との同盟も強化された。

▶朝鮮戦争が台湾に与えた影響

建国した中華人民共和国の政治上の最重要目標は，台湾を解放して中国統一を達成することにあったが，朝鮮戦争が勃発するとアメリカは台湾の戦略的重要性から軍事支援を再開し，第七艦隊を派遣した。そして 1953 年から反共的な「巻き返し政策」を掲げ，1954 年に金門島が中国側から砲撃を受ける（第 1 次台湾海峡危機）と，同年末，台湾国民政府と米華相互防衛条約を締結して対抗した。これによって，台湾はアメリカの反共の拠点の一翼を担うことになり，アメリカとの軍事協力を強めた国民党政府による独裁が続くことになった。

ポイント
①朝鮮戦争の中国への影響では，毛沢東の共産党独裁体制の基盤が確立した点に言及。
②朝鮮戦争の台湾への影響では，アメリカとの反共的な米華相互防衛条約を指摘する。

解答例

日本の敗戦後，朝鮮半島は北緯38度線を境界として，ソ連が北を，アメリカが南を管理下においた。1948年南に李承晩を大統領として大韓民国が成立すると，北でも金日成を首相として朝鮮民主主義人民共和国が成立した。中国では国共内戦に勝利した共産党が1949年中華人民共和国を建設，敗れた国民党は台湾に逃れ中華民国政府を維持した。1950年北朝鮮が韓国に侵攻して朝鮮戦争が始まると，国連安保理は韓国支援のためアメリカ軍を主体とする国連軍を派遣した。国連軍が中国国境付近まで進撃すると，中国が人民義勇軍を派遣したため戦局は膠着し，1953年休戦が成立して南北分断が固定化された。建国直後に中ソ友好同盟相互援助条約を結び，朝鮮戦争で善戦した中国では，毛沢東の支配が確立し，社会主義経済実現のため第1次五カ年計画が実施された。一方，台湾はアメリカと米華相互防衛条約を締結して反共の一翼を担い，国民党による支配が続くことになった。（400字以内）

49

　次の文章は，18世紀末における清朝の対外関係の一端を伝えるものである。これを読んで，問いに答えなさい。

文章は編集の都合上省略。
（イーニアス・アンダースン著／加藤憲市訳『マカートニー奉使記』162頁8行目〜163頁7行目より引用。但し，一部改変）

問い　下線①の皇帝※の名前を記し，その皇帝によって語られた清朝の対外関係の特徴とその崩壊過程を説明しなさい。（400字以内）

　※編集部注：史料文に「1793年9月16日……皇帝への暇乞の挨拶に，今朝，大使は参内した」とある。

清朝の対外関係の特徴とその崩壊過程

〔地域〕中国　　〔時代〕清　　〔分野〕政治・経済

　一橋大学で頻出分野となっている清代からの出題。清の対外関係の特徴を冊封体制と朝貢貿易として示し、その崩壊過程を説明することが求められており、教科書学習を丁寧に行っていれば十分に対応できる内容となっている。19世紀に清が戦ったアヘン戦争、アロー戦争、清仏戦争、日清戦争などの対外戦争がどのように冊封体制と朝貢貿易を崩壊させていったかをまとめていけばよい。

設問の要求

〔主題〕清朝の対外関係の特徴とその崩壊過程。

整理メモ

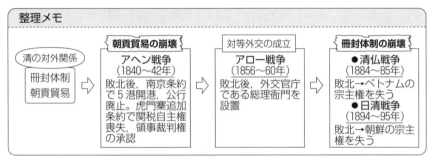

　『マカートニー奉使記』の史料文に「1793年」とあるので、当時の皇帝は清の乾隆帝（位1735〜95年）と判断できる。マカートニーが派遣された当時の清の対外関係の特徴として冊封体制と朝貢貿易に言及したい。イギリスによっておこされたアヘン戦争の結果、南京条約などによって朝貢貿易が否定され、その後、アロー戦争後の北京条約によって清は欧米諸国と対等な外交関係を結ぶことになった。そして最終的に清仏戦争でベトナムの、日清戦争で朝鮮の宗主権を失い、中国伝統の冊封体制が崩壊したことを説明したい。

清の対外関係

冊封体制：中国皇帝が周辺諸国の君主と形式上の君臣関係を結んで成立した東アジアの国際秩序体制

朝貢貿易：外国君主が臣従の印として貢物をおくり、中国皇帝から返礼として物品が与えられて成立した恩恵的な貿易形態

▶清の対外関係の特徴

　中国の冊封体制は，皇帝が儒教思想をもとに周辺諸国家の君主との間に形式上の君臣関係を結んで形成された東アジア世界の国際秩序を指している。周辺諸国の君主が中国皇帝に朝貢の使節を派遣し，それに対して中国皇帝が位階（国王や諸侯の称号）や返礼品を授ける上下関係を伴った外交関係（冊封）として成立した。この体制に付随する貿易形態は，周辺諸国が中国皇帝の徳に敬意を払う証しとして恩恵的に認められた朝貢貿易の形をとり，貿易自体も期限・人数・物品・数量などの制限が設けられた。

冊封体制と朝貢貿易の崩壊過程

アヘン戦争（1840～42年）	南京条約：5港開港
	公行の廃止→自由貿易へ
	虎門寨追加条約：関税自主権の喪失，領事裁判権の承認
アロー戦争（1856～60年）	北京条約：外国公使の北京駐在権→総理衙門の設置
清仏戦争（1884～85年）	天津条約：ベトナムの宗主権を失う
日清戦争（1894～95年）	下関条約：朝鮮の宗主権を失う

▶対清貿易に対するイギリスの不満

　清では乾隆帝以来，外国貿易は広州1港に制限され（1757年），貿易は特許商人組合の公行が独占していた。当時，イギリス東インド会社が中国貿易を独占していたが，清の制限貿易のため中国の茶・絹・陶磁器を輸入する片貿易に陥り，銀の流出に苦しんだ。このため1793年にマカートニーを派遣して制限貿易の撤廃を求めたが，清は応じず，イギリスは18世紀末からインドのアヘンを中国に運ぶ三角貿易で利益の確保をはかった。これに対し，清がアヘン貿易を禁止すると，制限貿易に不満を抱いていたイギリスはこれを好機としてアヘン戦争をおこした。

▶アヘン戦争敗北による朝貢貿易の崩壊

　アヘン戦争で敗北した清は，南京条約（1842年）で5港開港，公行の廃止を受け入れ，翌1843年の虎門寨追加条約によって協定関税制（関税自主権の喪失）・最恵国待遇などを認めた。こうして清は朝貢形式の制限貿易から自由貿易に移行することになった。その後，アロー戦争（1856～60年）でイギリス・フランスに敗れた清は，北京条約（1860年）で外国公使の北京駐在が決まると，これに対応するため翌1861年に清朝最初の外交官庁である総理衙門を設置し，欧米列強が要求する「対等外交の原則」も受け入れることとなった。

▶冊封体制の崩壊

　清仏戦争（1884 ～ 85 年）でフランスに敗れた清は，天津条約（1885 年）でベトナム（阮朝越南国）の宗主権を失った。ついで日清戦争（1894 ～ 95 年）に敗北して下関条約（1895 年）で朝鮮の独立（清が宗主権を放棄）を認めさせられた。こうして清は主要な 2 つの冊封国を失い，伝統的な冊封体制は崩壊するに至った。

> **ポイント**
> ①南京条約では貿易自由化を，北京条約では対等外交を受け入れた点を指摘する。
> ②冊封体制の崩壊は，清仏戦争と日清戦争の敗北に起因している。

解答例

　乾隆帝。当時の清の外交関係は中国古来の冊封体制にもとづき，皇帝が君臣関係を結んだ国に対して恩恵的に朝貢貿易を認める形式が採用されていた。このため国家間の対等な外交や貿易は認めておらず，貿易も広州 1 港に限定され，特許商人組合である公行を通じての制限貿易が実施された。不満を抱いたイギリスは使節を派遣して自由貿易を求めたが，清はこれを拒絶した。イギリスはアヘン戦争により南京条約や追加条約を結び，5 港の開港・公行の廃止・領事裁判権・協定関税などを認めさせ，清を自由貿易システムに移行させた。ついでアロー戦争によって清と北京条約を結び，外国公使の北京駐在を認めさせた結果，清朝初の外交官庁である総理衙門が設置され，欧米諸国との対等な外交が始まった。その後も清は列強の圧迫を受け，清仏戦争に敗れてベトナムの，日清戦争に敗れて朝鮮の宗主権を失ったため，中国中心の国際秩序である冊封体制は崩壊するに至った。（400 字以内）

50

　次の文章は，16世紀末から17世紀末にかけて大きく変動した東アジア情勢の一端を伝えるものである。これを読んで，問1，問2に答えなさい。

　万暦47年（1619年）のサルフの戦いで大敗して以降，明朝では，女真族の軍事的脅威が急速に高まりを見せる。こうした中で，新式火器の導入をもってかかる危機的状況を打開しようとしたのが，官僚にしてキリスト教徒として著名な徐光啓である。爾後，明朝では，徐光啓やその弟子の李之藻，孫元化などが，火器に精通し，（A.　　）のポルトガル人と深い関係を持つキリスト教官僚らを中心に，新式火器の導入や火器の整備が建議・実施される。
　万暦32年（1604年），進士となり官界に進出した徐光啓は，しばしば兵事，特に新式火器の導入による軍備充実の必要性を陳述して注目を浴びた。それは主として，ポルトガルの拠点となっていた（A.　　）で製造される高性能のヨーロッパ式大砲（紅夷砲）を導入し，北京，およびその近郊や遼東諸地域の軍事拠点に配備するというものであった。同時に彼は，彼に師事する李之藻らを通じて（A.　　）のポルトガル当局と独自に買い付け交渉を進め，泰昌元年（1620年），みずから費用を工面して4門の紅夷砲を購入した。天啓元年（1621年）の瀋陽・遼陽の陥落など，いっそう深刻な状況となった対女真情勢を背景に，明朝は，徐光啓の建議を採用し，合計30門の紅夷砲を（A.　　）から購入し，北京，および（B.　　）や寧遠などの軍事拠点に投入した。また，天啓3年（1623年），紅夷砲の操作に熟達するポルトガル人技師約100名を火器操作の指導者として召募して北京に招聘し，京営での砲手育成の訓練に充当した。

　　　　　　（久芳崇『東アジアの兵器革命』〔吉川弘文館〕より引用。但し，一部改変）

問1　空欄（A.　　）（B.　　）に当てはまる地名を答えなさい。さらに，清
　　朝が明朝に替わって中国を支配するようになった経緯を，さまざまな要因を関連
　　づけて説明しなさい。（240字以内）

問2　16世紀末から17世紀末にかけて，朝鮮と明朝・女真・清朝との関係はどのよ
　　うに推移したのかを説明しなさい。その際，次の用語を必ず使用しなさい。（160
　　字以内）

　　壬辰の倭乱　　　ホンタイジ　　　冊封

解説 明末清初の中国と東アジア世界

〔地域〕中国・朝鮮　〔時代〕明・清・朝鮮　〔分野〕政治

　問1は，清朝が明朝に代わって中国を支配するようになった経緯を，さまざまな要因から論じさせる問題。明の衰退と清の台頭という視点を基本にまとめていきたい。標準レベルの問題だが，空欄Bに入る地名は難問。

　問2は，16世紀末から17世紀末にかけての，朝鮮と明朝・女真・清朝との関係の推移を，指定語句の「壬辰の倭乱」「ホンタイジ」「冊封」を用いて論じさせるやや難の問題。清朝第2代のホンタイジ（太宗）が朝鮮を属国化した点と，朝鮮王朝が明朝に続いて清朝の冊封体制下に入った点に言及することがポイント。

問1

A．ポルトガルの中国における拠点は，明代の1557年に居住権を獲得したマカオで，広州の南方の港市。

B．「軍事拠点」から山海関を確定するのは難しい。山海関(さんかいかん)は，中国本土と東北地方の境界付近に位置する軍事上の要地で，後金（のち清）の侵入を防備する役割を担った。この山海関を守っていた明の武将が呉三桂で，1644年に李自成の乱で明が滅亡すると，清に帰順して清軍を中国の華北に導いて北京占領に協力した。

論述問題：

設問の要求

〔主題〕清朝が明朝に代わって中国を支配した経緯。

整理メモ

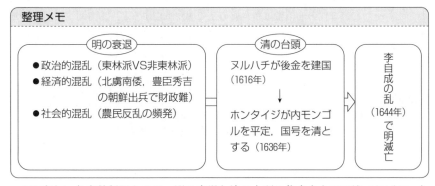

明の衰退
- 政治的混乱（東林派VS非東林派）
- 経済的混乱（北虜南倭，豊臣秀吉の朝鮮出兵で財政難）
- 社会的混乱（農民反乱の頻発）

清の台頭
ヌルハチが後金を建国（1616年）
↓
ホンタイジが内モンゴルを平定，国号を清とする（1636年）

李自成の乱（1644年）で明滅亡

　240字という字数制限なので，明の衰退と清の台頭に焦点をあてて述べればよいと判断し，〔解答例〕では順治帝が北京を占領し中国支配を開始した時点までを説明し

た。なお，これ以降，区切りがよいと思われる康熙帝による鄭氏台湾の征服までを，「さまざまな要因」として言及するには字数が厳しいと思われる。

明朝が衰退した諸要因

〔政治的要因〕　東林派と非東林派との党争→国内政治の混乱
〔経済的要因〕　北虜南倭，豊臣秀吉の朝鮮出兵に対する征討→軍事出費で財政難
〔社会的要因〕　重税に苦しむ農民の反乱→李自成の乱で明朝は滅亡（1644年）

　明では，16世紀後半の万暦帝の治世に東林派と非東林派との党争で政治が混乱する一方，北虜南倭や豊臣秀吉の朝鮮出兵（壬辰・丁酉の倭乱）に対する征討などで軍事費が増大し，財政が悪化した。そして17世紀前半には外から東北地方の女真人（後金，清）の侵入，内には政治腐敗と重税による農民の窮乏などで明の衰退は顕著となり，各地で農民反乱が頻発した。なかでも李自成が指導した農民反乱は規模が大きく，1644年に首都北京を占領して崇禎帝を自害させ，こうして明（1368〜1644年）は滅亡するにいたった。

清朝の中国支配の経緯

1616年　ヌルハチが女真諸部族を統一し，後金を建国
1636年　ホンタイジが内モンゴルを平定し，国号を清に改称
1644年　順治帝が呉三桂の要請で北京に入城し，中国支配を開始

　中国東北地方では17世紀初頭，ヌルハチ（太祖：清朝初代皇帝）が女真諸部族を統一して1616年に後金（1616〜36年）を建国し，八旗制を創始して軍事・行政を整備した。次の第2代のホンタイジ（太宗）は内モンゴルのチャハル部を制圧して1636年国号を後金から清に改称し，朝鮮（李朝）に侵攻して1637年朝鮮を清の属国とした。そして第3代の順治帝は李自成の乱で明が滅亡すると，山海関（河北省：万里の長城の東端）を守備していた明の武将呉三桂の要請で華北に入り，李自成を追って北京に入城し，ここに遷都して中国支配を開始した。

ポイント

①明朝の衰退を，政治的要因・経済的要因・社会的要因から説明する。
②清朝のヌルハチ，ホンタイジ，順治帝による勢力拡大を考える。

問 2

設問の要求

〔主題〕16 世紀末から 17 世紀末にかけての，朝鮮と明朝・女真・清朝との関係。

整理メモ

「壬辰の倭乱」→豊臣秀吉の第 1 次朝鮮出兵（1592 〜 93 年）。日本では文禄の役
「ホンタイジ」→太宗。清朝第 2 代皇帝で 1636 年朝鮮に侵攻し，翌年朝鮮を属国化（朝鮮
　　　　　　では清軍の侵攻を「丙子胡乱」と呼ぶ）
「冊封」→中国の皇帝が周辺諸国の王に爵位を授けて従属させる国際秩序。朝鮮は，清朝
　　　　からの冊封を受け入れた

　豊臣秀吉の朝鮮出兵に対する明の派兵，女真・清の台頭と朝鮮の属国化を説明し，朝鮮と明朝・女真・清朝との関係を述べていけばよい。女真については，後金の建国に言及すること。なお，設問には「17 世紀末にかけて」とあるので，朝鮮は清の冊封国となったものの清への対抗意識が根強く，朝鮮こそが正統な中国儒教文化の後継者であるとする自負から「小中華思想」が形成された点に言及してもよいだろう。

朝鮮と明朝・女真・清朝との関係

- 明朝との関係…明の冊封を受容した朝鮮は，豊臣秀吉の侵略に際して援軍を要請
- 女真・清朝との関係…女真のホンタイジが朝鮮に侵攻
　　　　　　　　　　　朝鮮は清朝の冊封国となる

▶朝鮮と明朝

　朝鮮（李朝：1392 〜 1910 年）は，明朝の冊封体制のもとにあったため，豊臣秀吉の 2 回にわたる朝鮮出兵，すなわち壬辰の倭乱（1592 〜 93 年，日本では文禄の役）と丁酉の倭乱（1597 〜 98 年，日本では慶長の役）が起こると，明の万暦帝は援軍を派兵した。朝鮮出兵は日本の失敗に終わったが，朝鮮だけでなく，援軍を派遣した明の国力をも疲弊させた。

▶朝鮮と女真・清朝

　明が日本軍との戦いに忙殺されているのに乗じて，中国東北地方ではツングース系の女真が勢力を伸ばし，中国北辺に侵入するようになった。そして 17 世紀初頭に建州女真の族長ヌルハチが後金を建国し，中国の遼東に進出したが，国号を清に改めた次のホンタイジは 1636 年に朝鮮に侵攻し，朝鮮を制圧した。この戦乱を朝鮮では丙子胡乱と称したが，胡乱とは北西部の蛮族（女真）が起こした戦乱という意味である。

この敗北の結果，屈辱的な和議を結ばされ，翌1637年朝鮮は清の属国となり，以後，清の冊封体制に組み込まれることとなった。

▶朝鮮と「小中華思想」

「小中華思想」とは，朝鮮は中国王朝（大中華）に次する文明国で，儒教の中華文明の一翼を担う国家（小中華）とする文化的優越思想のことであり，女真が建国した清を夷狄視した。

ポイント
①朝鮮と明朝の冊封関係を指摘する。
②清朝が朝鮮を属国化（1637年）した後，明朝が滅亡（1644年）していることに注意。

解答例

1 Ａマカオ。Ｂ山海関。明では，東林派と非東林派の党争によって政治混乱が続き，北虜南倭や朝鮮への援軍派遣，女真との戦いで財政が悪化したため重税を課せられた農民が窮乏し，各地で反乱が頻発した。一方，東北地方ではヌルハチが諸部族を統一して後金を建国，八旗を創設して軍事力の中核とし，次のホンタイジは国号を清と改め，モンゴル人や漢人も八旗に編成した。李自成の反乱軍が北京を占領して明を滅ぼすと，順治帝は明の武将呉三桂の要請で華北に入り，李自成を破って北京を占領し，中国支配を開始した。（240字以内）

2 朝鮮は明の<u>冊封</u>下にあり，<u>壬辰の倭乱</u>に際して明は援軍を派兵している。一方，中国東北地方では女真が後金を建国し，国号を清と改めた<u>ホンタイジ</u>が朝鮮に侵攻して属国とし，清の冊封下においた。この後，中国では明が滅亡したが，女真が建国した清に対する反発から，朝鮮こそが中華文明を継承していると考える小中華思想が広まった。（160字以内）

51

次の文章を読んで, 問いに答えなさい。

A 中国最後の王朝である清朝に対する革命運動は, 1894 年孫文がハワイで(
   a)を結成した時点にさかのぼる。1900 年の義和団事件のあと, 革命派の勢力
   が拡大し, 1905 年には多数の留学生がいた東京で中国同盟会が結成された。その
   後, 革命派は, (b)ら立憲派と激しい論争を展開することとなる。こうした
   中で, 1911 年, 四川における鉄道国有化反対運動をきっかけとして, 辛亥革命が
   起こり, 南京で孫文が中華民国臨時大総統に就任した。しかし, 革命派の基盤はな
   お脆弱であり, 華北を基盤として(c)の強大な軍事力を有していた袁世凱と
   の間で, 清朝皇帝の退位を条件に臨時大総統の地位を袁が譲り受けるという妥協的
   な取引を余儀なくされた。革命派の宋教仁は(d)を結成し, 議会の多数を制
   して議院内閣制により袁世凱の力に対抗しようとしたが, 逆に暗殺された。こうし
   て, 革命の成果は半ばに終わり, 孫文らは再び日本に亡命した。

   問い (a)から(d)に当てはまる語句を答えなさい。a, c, d には
      組織名, b には人名が入る。また, 下線部の革命派と立憲派との論争について
      説明しなさい。(全体で 200 字以内)

B 朝鮮は 1876 年の日朝修好条規についで, 1880 年代初めに西洋諸国とも条約を結
   び, こうした新しい外交関係と清との冊封関係が並存したことによって, 国際政治
   の複雑な圧力を受けるようになった。そのような状況のもとで, 内政の改革と国家
   の自立・独立をめざす改革派である, 開化派の勢力が形成され, 成長していった。
   1884 年の金玉均らの行動, 1894 ～ 95 年に進められた政治改革(甲午改革と称され
   る), 1898 年の独立協会による改革運動は, 開化派の運動の代表的なものであった。

   問い 以下に掲げる史料を参照して, 1880 ～ 90 年代に開化派のめざした改革はど
      のようなものであったのか, それは朝鮮の社会と政治をどのように変えたのか
      を, 説明しなさい。なお, 史料は現代語訳したものであり, 一部に意訳してい
      るところがある。(200 字以内)

［史料1］　金玉均らが樹立した政権による改革方針（抜粋）
　一　大院君に日ならずして，ご帰国いただく事（朝貢の虚礼は廃止する）。
　一　門閥を廃止し，以て人民平等の権を制定し，人を以て官を選ぶことにし，官を以て人を選ぶことのないようにする事。
　一　国中の地租の法を改革し，吏による悪事を杜絶し，民の苦しみをやわらげるとともに，国の財政を裕かにする事。

［史料2］　1894年7～8月（陽暦）に開化派政権の決定した改革方針（抜粋）
　一　今より以後，国内外向けの公私の文書は，開国紀年を書く事。
　一　門閥，両班と常民の等級を打破し，貴賤に拘らず人材を選び用いる事。
　一　公私奴婢の制度は一切廃止し，人身の売買を禁止する事。
　一　一切の税として納めてきた米・粟・大豆・綿布・麻布は，みな代銭（銭による納付）とすること。
　　＊開国紀年：朝鮮王朝が建国された1392年を元年とする紀年法

［史料3］　1898年11月2日の「中枢院官制改正件」（抜粋）
　第一条　中枢院は左記の事項を審査議定する場所とする事
　　一　法律・勅令の制定・廃止，或いは改正に関する事項
　　二　議政府の議を経て上奏する一切の事項
　　六　人民の献議する事項
　第三条　……議官の半数は政府が……会議推薦して上奏し，半数は人民協会中で二十七歳以上の人が政治法律学識に通達した者から投票選挙する事
　第十六条　本官制第三条中の人民選挙は，当分の間は独立協会で行う事
　　＊中枢院は1894年12月に設置された政府の諮詢機関であり，議政府は当時における政府の名称である。

解説　清末の革命運動，朝鮮の開化派の改革

〔地域〕中国，朝鮮　　〔時代〕近代・現代　　〔分野〕政治

　Aは，清末に変法運動を進めた康有為・梁啓超らの立憲派と，孫文らの革命派の主張の相違点を問うている。革命派の主張では，孫文の三民主義・四大綱領の内容に言及することがポイント。

　Bは，1880〜90年代の朝鮮の開化派による改革を，史料を参照して論じさせる問題。問題文や史料が論述の指針を示しているが，当時の朝鮮に関する正確な知識と用語集の説明文レベルの詳細な理解がないとまとめることが難しい。

A

ａ．興中会は，結成翌年の1895年に広州，1900年に恵州で武装蜂起を行ったが，いずれも失敗している。

ｂ．康有為と梁啓超は西太后らの保守派による戊戌の政変で失脚し，亡命先の日本で立憲運動を継続した。中国同盟会の機関誌である『民報』が1905年に東京で創刊されると，梁啓超が創刊した『新民叢報』との間で論争が展開されている。このため，空欄ｂは厳密にいえば梁啓超がふさわしいが，立憲派を代表する康有為でも正答となるだろう。

ｃ．北洋軍は李鴻章によって創設され，彼の死後は袁世凱が統括した。なお，まもなく北洋軍を中心に北洋軍閥が形成され，袁世凱の死後，北洋軍閥は直隷派，安徽派などに分裂した。

ｄ．革命派の宋教仁は，1912年8月に中国同盟会を中心に国民党を結成して袁世凱に対抗したが，翌1913年に暗殺された。

論述問題：

設問の要求

〔主題〕革命派と立憲派との論争を説明する。

　「革命派と立憲派との論争」と表現されているが，時代順を考えると戊戌の変法（1898年）を推進した立憲派→孫文の三民主義（1905年）に代表される革命派の順で述べたほうがよいだろう。康有為ら立憲派は，清朝の体制を維持し，憲法と国会を有する立憲君主政の樹立を主張した。一方，革命派の政治スタンスは，孫文が提唱した三民主義と四大綱領に立脚しているので，これらの内容をまとめること。

康有為ら立憲派の主張

清朝の体制を専制君主政から立憲君主政に改革

　康有為とその門下の梁啓超は，19世紀末に変法運動を推進して日本の明治維新を模範とする立憲君主政と国会の樹立を要求し，1898年，光緒帝の支持のもとで戊戌の変法を遂行したが，西太后ら保守派による弾圧（戊戌の政変）で失脚し，日本に亡命した。彼らは，亡命先の日本で立憲運動を進めたが，それは，清朝の政治体制を温存した上からの改革であった。

孫文ら革命派の主張

≪三民主義≫

- 清朝打倒と漢民族国家の回復　←民族の独立
- 君主政の否定と共和政の実現　←民権の伸張
- 地主・資本家による利益独占の排除←民生の安定

　1905年に孫文は東京で中国同盟会を結成して総理に就任。こうして興中会・華興会・光復会など革命諸派の大同団結がなり，同盟会は孫文の三民主義（民族の独立・民権の伸張・民生の安定）にもとづき，実践プログラムとして「駆除韃虜（清朝打倒）・恢復中華・創立民国・平均地権」の四大綱領を掲げ，機関誌『民報』を創刊して革命思想の普及につとめた。

ポイント
立憲派は清朝の体制維持，革命派は清朝の打倒をめざす。

B

設問の要求

〔主題〕1880〜90年代に開化派のめざした改革はどのようなものか。
　　　　その改革が朝鮮の社会と政治をどのように変えたか。

　開化派とは，1882年の壬午軍乱以後，親清派の事大党（閔氏を中心とする保守的な党派，開化派側からの呼称）に対抗して，日本にならって朝鮮の近代化を進め，清への従属を断って独立の主権国家をめざした金玉均や朴泳孝らの指導する政治グループである。開化派がめざした改革とは，①対外的には清からの自主独立，②国内的には朝鮮の近代化があげられる。

＊史料から読み取れること

 ［史料1］は，1884年の甲申政変の際，金玉均らが樹立した政権の改革案で，門閥の廃止・人民平等など身分制の改革に言及している点に着目したい。［史料2］の両班と常民の等級の打破，そして公私奴婢・人身売買の禁止にも着目したい。これらは従来の身分制の廃止を意味する。この［史料1］と［史料2］は，朝鮮の社会と政治をどのように変えたか，という設問の要求に応える上で大きなヒントになる。また，［史料1］の「朝貢の虚礼は廃止する」と［史料2］の「開国紀年」は清からの自主独立を示したものである。

開化派による改革——清からの独立の実現

〔甲申政変〕1884年　● 金玉均らの開化派が日本の武力をかりてクーデタ
　　　　　　　　　　　● 閔氏政権（事大党）を倒したが清朝の介入で失敗
〔甲午改革〕1894～95年　日清戦争での日本の勝利に乗じて開化派が推進した改革
　　　　　　　　　　　　→両班と科挙の廃止，奴婢・人身売買の禁止など

　開化派の武力クーデタ（甲申政変）が清軍の介入で失敗した後，1894年に甲午農民戦争（東学の乱）が起こると，清は朝鮮の要請で再び出兵した。日本もただちに出兵して王宮を占領し，閔氏を追放して大院君（高宗の父）を中心とする開化派の政権を樹立させ，両班制・科挙の廃止や，奴婢・人身売買の禁止などを定めた（［史料2］）。こうして「甲午改革」と呼ばれる急進的改革を強行させた。まもなく，日本と清の間で日清戦争（1894～95年）が勃発し，下関条約で朝鮮の完全独立（清の干渉権の放棄）が承認され，これによって，開化派の①対外的な改革は実現した。

開化派の挫折——国内改革の失敗

〔甲午改革〕→三国干渉後，ロシアと結んだ閔氏政権により改革は挫折
〔独立協会〕1896～98年　開化派が独立の確保と立憲君主政の樹立を要求
　　　　　　　　　　　　→政府の弾圧で解散

　開化派の求めた②国内の近代化は，それまでの身分制廃止や政治改革などを内容としたものであるが，これらは広く近代的な国民意識を形成していくのに役立った半面，こうした急進的改革を嫌う支配層との間に軋轢をもたらし，1895年の三国干渉後，ロシアに接近した閔氏の事大党政権によって開化派は退けられ，身分制の廃止・人身売買と奴隷（奴婢）禁止などを含む「甲午改革」は挫折した。しかし，開化派系の官僚を中心に「独立協会」が結成され，そのもとで国政改革への試みが続けられた。

> **難　独立協会**
> 　独立協会は 1896 年に開化派が立憲君主政の樹立をめざして結成した政治結社で，ロシアの干渉を排除するため，[史料3]に見られるように，1898 年に中枢院官制などの国政改革を要求した。しかし，前年の 1897 年に成立した大韓帝国のもと，1898 年に独立協会は弾圧され，勅令により強制解散させられている。

ポイント
①開化派は対外的には清からの独立を達成，国内の諸改革は失敗。
②開化派は，社会的には身分制の廃止，政治的には清からの独立を主張し，近代的国民意識を育成したが，独立協会の国政改革は挫折。

解答例

　Ａａ興中会。ｂ梁啓超。ｃ北洋軍。ｄ国民党。立憲派は，日本の明治維新を模範とする改革を行い，体制を維持しながら憲法と議会政治を基礎とする立憲君主政をめざすという従来の政治体制を温存した改革を主張した。一方，革命派は，孫文が提唱した民族の独立・民権の伸張・民生の安定の三民主義を革命の基本理念とし，四大綱領を掲げて清朝打倒と漢民族国家の建設，共和政による民権の確立などを主張し，立憲派と対立した。（200字以内）

　Ｂ開化派は，対外的には日本と結んで清の冊封体制からの独立をめざし，日清戦争で清が敗北した結果，朝鮮は自主独立の国家となり，開化派の目標は一応達成された。一方，国内では，身分制廃止や税制改革を示すことで広く近代的国民意識を形成させていったが，こうした急進的な改革に反発した支配階級の警戒を招き，中枢院の改革をめざした独立協会が政府の圧力で解散させられるなど，結局その国内改革は挫折させられた。（200字以内）

52

　次の文章は，1820 年代初頭に植民地官僚ラッフルズが彼の母国イギリスとアジア
との交易について述べたものである。これを読んで，問1，問2に答えなさい。

文章は編集の都合上省略。
（信夫清三郎著『ラッフルズ伝』345 頁3〜6行目，348 頁8行目〜349 頁最後から5
行目より引用。但し，一部改変した。）

問1　文中の（A.　　　）に入る地名を答えなさい。ところで，ラッフルズは，
　　（A.　　　）における貿易の自由がアジアの物流を一変させると考えていますが，
　　この思想との対比において，イギリスの東南アジアにおけるその後の政治的経済
　　的活動の展開を述べなさい。（200 字以内）

問2　この時期の，ヨーロッパ諸国に対する清朝の交易体制について説明したうえで，
　　その後の同国の交易体制の変化について述べなさい。（200 字以内）

19世紀のイギリスの東南アジア支配，清朝の交易体制

〔地域〕イギリス・アジア　　〔時代〕近代　　〔分野〕政治・経済

　問1では，イギリス人ラッフルズがシンガポールをイギリスにもたらした成果を理解しているかが試されている。論述ではイギリスの東南アジア支配の経緯が問われており，マレー半島とビルマの植民地経営のあり方に着目することがポイントとなる。

　問2は，清朝が行っていた中国伝統の朝貢貿易（制限貿易）が，ヨーロッパ諸国との関係でどのように変化していったかを説明する問題。アヘン戦争・アロー戦争などが交易体制にどのような変化をもたらしたかについて考察することが求められている。

問1

設問の要求

〔主題〕イギリスの東南アジアにおける政治的経済的活動の展開。
〔条件〕ラッフルズの思想と対比させる。

　Aの空欄は，『ラッフルズ伝』からの引用文（本書では省略）で，冒頭の「私がイギリスの国旗をかかげたとき」がヒントとなる。イギリスの植民地官僚ラッフルズは，1819年にマレー系のジョホール王からシンガポールを買収し，自由貿易港とした。

　自由貿易港の拠点確保を重視したラッフルズに対し，①イギリスはやがてビルマやマレー半島の植民地経営を行うようになること，②ラッフルズがイギリスの工業製品をアジアに売ることを考えているのに対し，イギリスは植民地化されたマレー半島でゴムのプランテーション，錫の鉱山開発，ビルマでの水田開発など，一次産品による経済的利益確保を優先した点を指摘すればよい。

マレー半島の植民地化

1819年	ラッフルズがジョホール王からシンガポール買収
1826年	海峡植民地の成立→シンガポール・ペナン・マラッカで構成
1867年	直轄海峡植民地の成立→イギリス本国の直轄地へ
1895年	マレー連合州成立→錫資源とゴムのプランテーション

　イギリスのラッフルズが1819年にマレー系のジョホール王からシンガポールを買収し，1824年にイギリス領とした。イギリスはこのシンガポールと，マレー半島中部西岸のペナン（1786年イギリス領），マレー半島南部西岸のマラッカ（1824年イギリス領）の3拠点を1826年に海峡植民地として成立させ，1867年にはイギリス本国の直轄地とした。

　ついで錫資源の産地であるマレー半島の領土支配に乗り出し，1895年にマレー半

島南部にマレー連合州を成立させ，ゴムのプランテーション経営を推進している。

ビルマ（ミャンマー）の植民地化

1886 年　第 3 次ビルマ戦争でビルマ併合
　　　　→コンバウン朝を滅ぼし，ビルマをインド帝国に併合
　　　　→イギリスはデルタ地帯の水田開発を進め，経済的利益確保

　イギリスはインド東北部のアッサム地方を征服しようとしたビルマのコンバウン朝との間で 3 度にわたるビルマ戦争（1824 ～ 26，1852 ～ 53，1885 ～ 86 年）を起こし，1885 年にコンバウン朝を滅ぼして翌 1886 年にビルマをインド帝国に併合した。イギリスはビルマにおいては，エーヤワディー（イラワディ）川下流のデルタ地帯において水田開発を進め，収穫した米を輸出して大きな利益を上げることとなる。

> 🈔 **ラッフルズの思想，すなわち「貿易の自由」との対比**
> 「貿易の自由」から自由貿易を考えると，一般的には自由貿易に対比されるのは保護貿易であるが，ここで求められているのは保護貿易ではない。イギリスが帝国主義政策に基づいてマレー半島やビルマの植民地化，領域的支配をより深く進め，錫鉱山やゴムプランテーション，米作を通じて一次産品を生産させ，直接的な経済利益をめざす植民地経営を進めた点で，ラッフルズのシンガポールを一つの拠点と考えて「貿易の自由」を進めようとする考えと対比できる。

ポイント
①マレー半島とビルマにおけるイギリスの政治的経済的活動を考える。
②ラッフルズの考えた「貿易の自由」は実現せず，イギリスが帝国主義的な植民地経営を実行した点に着目。

問 2

設問の要求

〔主題〕ヨーロッパ諸国に対する清朝の交易体制とその後の交易体制の変化。

　「この時期」とは，「1820 年代初頭」を指しており，それゆえ 19 世紀におけるヨーロッパ諸国に対する清朝の交易体制とその変化を述べればよい。

　広州での対外制限貿易，アヘン戦争・アロー戦争による制限貿易から自由貿易への清朝の交易体制の転換を関連づけてまとめることが求められている。

> ## ヨーロッパ諸国に対する清朝の交易体制
>
> 朝貢貿易（制限貿易）をしき，海外貿易を広州一港に限定（1757年）
> 　　　　→西欧諸国に対して公行を介しての制限貿易

　「1820年代初頭」の清朝は，中国伝統の朝貢貿易をしき，ヨーロッパ諸国に対しては1757年以来外国貿易を広州一港に限定し，特許商人である公行が貿易を独占していた。18世紀後半から中国貿易を独占したイギリスは，制限貿易のため片貿易と銀の流出に苦しんだ。そのため18世紀末から19世紀初頭にかけてマカートニーやアマーストらの使節を派遣して自由貿易を清に要求したが，清朝は伝統的な貿易を恩恵とみなす朝貢体制の貿易形態に固執し，その要求を拒否した。

> ## 南京条約（1842年）
>
> アヘン戦争の講和条約：5港を開港させ，公行を廃止
> 　　　　　　　　→イギリスの圧力で，清朝は制限貿易から自由貿易へ転換

　こうした清朝の交易体制の転換点となったのが，アヘン戦争の結果1842年に結ばれた南京条約である。5港の開港と公行の廃止を認めたことで，清はそれまでの制限貿易から自由貿易へと大きくその交易体制を転換させた。また，翌1843年に補足条約として五港（五口）通商章程が結ばれて領事裁判権（治外法権）を認めた。また，同年には追加条約として虎門寨追加条約も結ばれ，片務的最恵国待遇・関税自主権の喪失などの不平等条約を押しつけられた。

> ## 北京条約（1860年）
>
> アロー戦争の講和条約：天津など11港を開港

　さらに，清朝はその後のアロー戦争の結果，1860年に締結された北京条約で天津など11港を新たに開港し，公使の北京駐在の承認，アヘン貿易の公認などが規定された。こうして清朝は，ヨーロッパ諸国に対して大きく市場を開き，世界規模での自由交易体制のなかに組み込まれていった。

> **ポイント**
> アヘン戦争に敗れた清が，イギリスの圧力で制限貿易から自由貿易に転換したことに言及。

解答例

　1 シンガポール。イギリスはペナン・マラッカ・シンガポールの 3
拠点を統合して海峡植民地を成立させた。ついでマレー半島の支配
に乗り出し，1895年にマレー連合州を成立させ，錫の採掘やゴムの
プランテーション経営を行った。また，ビルマ戦争でビルマをイン
ド帝国に併合し，デルタ地帯の水田開発を進めた。イギリスは貿易
の自由を重視したが，一方で東南アジアの領域支配を並行して進め，
植民地化による経済的利益を優先した。（200字以内）

　2 清朝は，貿易を皇帝の恩恵とみなす伝統的な朝貢体制のもとで，
ヨーロッパ諸国に対して広州一港のみで制限貿易を行っていた。し
かし，イギリスとのアヘン戦争に敗れた清は，南京条約で 5 港を開
港し，公行を廃止するなど自由貿易への転換を余儀なくされた。そ
の後，アロー戦争後の北京条約で11港が開港するなど，中国市場は
さらに欧米諸国に対しても開放され，清朝はグローバルな自由交易
体制のなかに組み込まれていった。（200字以内）

53

次の文章を読み，問いに答えなさい。

　明の自滅と清の入関は，（A.　　　）にとって大きな岐路となった。（A.　　　）
は福州において皇族の朱聿鍵を唐王として擁立したが，1646 年に福州が陥落すると
清に帰順した。……これに対して息子の（B.　　　）は，官僚になるための研鑽を
積んでいたためであろうか，父と別れて清に抵抗する道を選んだあと，一個の政権を
目指して活動を展開する。

　清朝は（B.　　　）を弱らせるために，順治 13 年（1656）には，沿海地域の商船
が出航して（B.　　　）の側に食料や貨物を売ることを禁止し，さらに玄燁（康熙
帝）が即位した順治 18 年（1661）には福建省を中心に，広東から山東にかけて，海
岸線から 30 里（約 15 キロメートル）以内の地帯の住民を内陸に移住させる政策を強
行した。

　沿海地域を無人化するこの（C.　　　）は，私たち現代人の感覚からすると無謀
であるように感じられるものの，福建の沿海地域で村落調査をしてみると，確かに実
行されたことが明らかである。（B.　　　）の勢力は本土から切り離され，海上に孤
立した。（B.　　　）は厦門から撤退し，台湾に拠点を移した。

　台湾に 2 万 5000 の将兵を率いて移った（B.　　　）は，康熙元年（1662）には
（D.　　　）人が築いていたプロヴィンシア砦（赤嵌城）を攻略し，ゼーランディ
ア砦（台湾城）を包囲し，（D.　　　）人勢力を台湾から撤退させた。

（上田信『海と帝国：明清時代』より，一部改変）

問1　空欄（A.　　　）（B.　　　）（C.　　　）（D.　　　）に当てはまる語句
　　を答えなさい。なお，A，Bには人名，Cには政策名，Dには国名が入る。さら
　　に，Dが 17 世紀アジアにおいて展開した活動について述べなさい。（200 字以
　　内）

問2　Bが台湾にその拠点を移した直後，漢人武将による清朝に対する大きな反乱が
　　起こった。その反乱とは何であるかを述べたうえで，その経緯，清朝史において
　　有した意味を論じなさい。（200 字以内）

解説 ## オランダのアジア進出，三藩の乱の経緯と歴史的意義

〔地域〕オランダ・アジア 〔時代〕17世紀・清 〔分野〕政治・経済

問1．A〜Dの記述問題はAとCがやや難。論述問題はスタンダードなテーマで，教科書をきちんと理解していれば解けるように配慮されている。オランダが東南アジア・東アジアの貿易網を支配していった経緯を正確に説明できるか否かで得点差が生じよう。

問2は「三藩の乱」をテーマとしており，その経緯と歴史的意味が問われている。これも標準レベルのテーマ問題であるが，呉三桂が果たした役割に焦点をすえて論じることが欠かせない。また「清朝史において有した意味」は，華南を支配したことで清の中国全土の統一が完成したことに言及することがポイント。

問1

A・B．海賊出身の武人鄭芝竜は，明滅亡後清に帰順したが，その息子の鄭成功は復明運動を続けて清に抵抗し，1661年にオランダ人を駆逐して台湾に本拠地を移し，鄭氏台湾（1661〜83年）を建設した。

C．清朝第4代の康熙帝は，1661年に台湾の対岸の福建省・広東省などの住民を海岸から内陸に強制移住させる遷界令を発し，海上貿易を禁止する政策をとった。

D．オランダは中国貿易の拠点として1624年に台湾を占領し，台湾南西部の小島にゼーランディア城を築いたが，鄭成功によって攻略され，台湾からの撤退を余儀なくされた。

論述問題：

設問の要求

〔主題〕17世紀にオランダがアジアで展開した活動。

「17世紀」「オランダ」「アジア」から，17世紀初頭に設立されたオランダ東インド会社が行ったアジアでの貿易活動を説明すればよい。その際，東南アジアと東アジアに分けて活動拠点や交易品などを示しながら説明していくことがポイント。

オランダが17世紀にアジアにおいて展開した活動

1602年	オランダ東インド会社の設立
1609年	平戸にオランダ商館を設置し，日本と交易
1619年	ジャワのバタヴィアに拠点→オランダ領東インド経営の中心
1623年	アンボイナ事件→イギリス勢力をモルッカ諸島から追放し，香辛料貿易を独占
1624年	台湾を占領
1641年	鎖国後の日本と長崎貿易

▶オランダの東南アジアにおける貿易活動

　オランダ東インド会社は，1602年に設立され，アジア貿易に乗り出した。1619年にジャワ島西部のバタヴィアに貿易拠点を置いたことで東南アジアの貿易を広く扱うようになり，1623年のアンボイナ事件でイギリス商館員を殺害し，イギリス勢力をモルッカ諸島から追放して香辛料貿易を独占するに至った。その後も1641年にポルトガル領マラッカを占領，1652年にはアフリカ南端にケープ植民地を築き，続いてポルトガル領セイロン島（スリランカ）を占領し，東南アジアへの交通路も確保した。

▶オランダの東アジアにおける貿易活動

　オランダ東インド会社は，東アジアでは1609年平戸にオランダ商館を設置し，日本銀と中国の生糸との仲介貿易を行っている。その後，1624年には中国貿易の拠点とするため台湾を占領しているが，これは後に鄭成功によって奪われ，台湾からは撤退した。1639年に江戸幕府が鎖国を厳格化すると，オランダ東インド会社は1641年に平戸から長崎の出島に商館を移転し，以後，鎖国下の日本と長崎貿易を続けることになった。

ポイント

①オランダの東南アジア・東アジアにおける貿易活動を説明。
②東南アジアではアンボイナ事件，東アジアでは台湾と日本に言及。

問2

設問の要求

〔主題〕三藩の乱の経緯と清朝史における意味。

　「漢人武将による清朝に対する大きな反乱」とは三藩の乱（1673〜81年）のことで，この経緯と清朝史における意味について説明することが求められている。三藩の成立の経緯，反乱の起こった理由，そしてその結果が清朝の歴史にどういう意味をもったかについて因果関係的に説明するとよい。

三藩の成立

清朝によって藩王に封ぜられた3人の漢人武将

　　呉三桂——雲南
　　尚可喜——広東
　　耿継茂——福建

　呉三桂は明の将軍として山海関を守備していたが，1644年に李自成の乱で明が滅

亡すると，清に帰順して清軍を中国内部に導いて北京占領に協力し，さらに国内の残明勢力の平定にも功績をあげた。このため清の順治帝は呉三桂の他，清に協力した漢人武将の尚可喜，耿継茂らを藩王として，それぞれを雲南（呉三桂），広東（尚可喜），福建（耿継茂）に封じた。こうして三藩が成立するが，彼らは強力な軍事・民政・財政権を握って半ば独立国家の観を呈するようになり，清朝にとって脅威となった。

三藩の乱とその意味

1661年　　　鄭成功が台湾占領←オランダ人勢力を駆逐
1673～81年　三藩の乱…康熙帝の廃藩令に反発して呉三桂らが反乱
　　　　　　鎮圧後，清の中国本土支配が完成→1683年には鄭氏台湾を滅ぼす

▶**三藩の乱の経緯**

康熙帝はこうした三藩の撤廃を企てたが，これに対し呉三桂は1673年に雲南で挙兵し，これに尚之信（尚可喜の子）・耿精忠（耿継茂の子）らも呼応して三藩の乱が起こった。台湾の鄭経（鄭成功の子）もこれに呼応し，反乱軍は一時，長江以南を制圧した。しかし，呉三桂が病没して以後反乱は急速に衰退にむかい，1681年雲南城の陥落をもって反乱に終止符が打たれた。

▶**三藩の乱の意味**

清は三藩の乱鎮圧を機に雲南・広東・福建など華南を支配し，中国本土統一を確立した。なお，三藩の乱鎮圧直後の1683年には鄭氏台湾を滅ぼし，この結果，国内の反清勢力は一掃されて清の中国支配は完成し，清の盛期をもたらす中央集権的な専制体制の基礎が築かれた。

ポイント
三藩の乱鎮圧によって清の中国全土支配が完成。

解答例

　　1 A鄭芝竜。B鄭成功。C遷界令。Dオランダ。東南アジアでは，オランダ東インド会社がジャワ島西部のバタヴィアを拠点にアジア貿易を展開した。やがてアンボイナ事件でモルッカ諸島からイギリス勢力を駆逐し，マラッカやセイロンをポルトガルから奪って香辛料貿易を独占した。東アジアでは，日本の平戸，後には長崎に商館を置き，また台湾も一時拠点とし，主として日中間や日中両国と東南アジア諸国との中継貿易を行った。（200字以内）

　　2 三藩の乱。李自成の乱で明が滅亡すると，明の将軍であった呉三桂は清に降伏して北京占領に協力した。以後，順治帝の中国支配にも協力し，その功績で呉三桂ら3人の漢人武将は雲南・広東・福建の藩王に任ぜられた。しかし，三藩の勢力が強くなると康熙帝は脅威を抱き廃藩をはかった。これに反発した呉三桂らが三藩の乱を起こしたが，清は反乱を鎮圧して華南を支配し，ついで鄭氏台湾をも攻略して中国統一を完成させた。（200字以内）

54

次の文章はある国際会議の最終コミュニケの冒頭部分である。この文章を読んで、問いに答えなさい。

アジア・アフリカ会議はビルマ、セイロン、インド、（A.　　　）及びパキスタンの各国首相の招請のもとに召集され、（B.　　　）年4月18日から24日まで（C.　　）で会合した。主催諸国のほか次の24カ国が会議に参加した。

　1．アフガニスタン、2．カンボジア、3．中華人民共和国、4．エジプト、
　5．エチオピア、6．ゴールド・コースト、7．イラン、8．イラク、
　9．日本、10．ヨルダン、11．ラオス、12．レバノン、
　13．リベリア、14．リビア、15．ネパール、16．フィリピン、
　17．サウジアラビア、18．スーダン、19．シリア、20．タイ、
　21．トルコ、22．ベトナム民主共和国、23．ベトナム国、24．イエメン

アジア・アフリカ会議はアジア・アフリカ諸国に共通の利害と関心のある問題を検討し、各国国民が一層十分な経済的、文化的及び政治的協力を達成しうるための方法及び手段を討議した。

（国名は原文に基づく。また、問題作成のため文章の一部改変を行った。）

問1　空欄（A.　　）、（B.　　）、（C.　　）に入る適当な語句を記しなさい。なお、Aには国名、Bには西暦年、Cには都市名が入る。次に、このコミュニケのなかで宣言された内容とはどのようなものであったかを説明しなさい。（100字以内）

問2　この会議に中華人民共和国を代表して参加した人物は、1936年にその後の中国国民党と中国共産党との関係に大きな影響を与えた出来事のなかで重要な役割を果たした。その人物とは誰であり、その出来事とはどのようなことであったかを説明しなさい。（150字以内）

問3　この会議にインドを代表して参加した人物は、英国の植民地支配下にあったインドを独立に導いた民族主義的政治団体の指導者の一人であった。この人物および政治団体の名前を記し、次に、この団体の政治運動の展開過程を説明しなさい。（150字以内）

解説 平和十原則，西安事件，国民会議派

〔地域〕アジア　　〔時代〕現代　　〔分野〕政治

　1955年のアジア・アフリカ会議の宣言と，この会議に参加した周恩来とネルーに関連した歴史事項が問われている。問1はアジア・アフリカ会議（バンドン会議）で採択された平和十原則の内容を問うスタンダードな問題。問2は周恩来が西安事件で果たした役割が問われており，やや難。問3は国民会議派の反英運動の経緯を問う基本的な問題であり，教科書の知識で十分対応できよう。

問1

A～C．1955年に開催されたアジア・アフリカ会議は，開催地の名をとってバンドン会議とも呼ばれる。招請国としては，当然，会議の開催地であるインドネシアも含まれる。アジア・アフリカ会議では，1954年にネルー・周恩来会談で確認された平和五原則の影響のもと，平和十原則が採択されている。

論述問題：

設問の要求

〔主題〕平和十原則の内容はどのようなものか。

バンドン会議（1955年）で採択された「平和十原則」

①基本的人権と国連憲章の尊重　　⑥集団防衛の排除
②主権と領土の保全　　　　　　　⑦武力侵略の否定
③人種と国家間の平等　　　　　　⑧国際紛争の平和的解決
④内政不干渉　　　　　　　　　　⑨相互協力の促進
⑤自衛権の尊重　　　　　　　　　⑩正義と義務の尊重

　平和十原則の中の重要な箇所，すなわち「主権と領土の保全」「人種と国家間の平等」「内政不干渉」「武力侵略の否定」などを列挙し，理念として掲げた反植民地主義と平和共存に言及するとよい。

問2

設問の要求

〔主題〕周恩来と西安事件の経緯。

「この会議（アジア・アフリカ会議）に中華人民共和国を代表して参加した人物」

は周恩来,「1936 年」に起こった「その後の中国国民党と中国共産党との関係に大き
な影響を与えた出来事」は西安事件である。

西安事件の背景と結果

1935 年　八・一宣言…中国共産党が内戦停止と抗日民族統一戦線の呼びかけ
　　　　　　　　　　→国民党軍の張学良がこれに共鳴
1936 年　西安事件…張学良が西安で蔣介石を監禁し,一致抗日を要求
　　　　　　　　　　→共産党の周恩来の調停で蔣介石は要求を受諾
1937 年　第 2 次国共合作…抗日民族統一戦線が成立← 日中戦争勃発
　　　　　　　　　　　　→紅軍は国民党軍に編入され,八路軍・新四軍に改称

　八・一宣言(1935 年)とその内容に触れ,その影響で張学良が西安で蔣介石を監
禁する西安事件(1936 年)を起こした流れを示すこと。この西安事件の際,共産党
の周恩来が西安に来て,蔣介石に内戦停止と一致抗日を説得して成功し,その結果と
して翌 37 年第 2 次国共合作が実現するに至ったことを説明すればよい。
　西安事件における周恩来の役割については,言及していない教科書もあるため説明
が難しいと思われる。

ポイント

周恩来が西安事件で蔣介石を説得し,内戦停止と抗日民族統一戦線が実現した流れを説明
する。

問 3

設問の要求

〔主題〕インドの国民会議派の政治運動の展開過程。

　「この会議(アジア・アフリカ会議)にインドを代表して参加した人物」はネルー
で,彼が指導した団体は国民会議派である。
　設立当初は親英的であった国民会議派が,どのような事件を契機にイギリスからの
独立をめざす政治運動を展開するようになったのかを考えながら説明したい。150 字
という字数や「政治運動の展開過程」ということから考えて,全インド=ムスリム連
盟との関係やパキスタンの分離独立に言及する余裕はないと思われる。

国民会議派の政治活動の経緯

1885 年　国民会議派の結成…当初は親英的な政治団体
1905 年　イギリス,**ベンガル分割令**…国民会議派は反英闘争に転換

1906 年	カルカッタ大会…スワラージ・スワデーシなど 4 綱領を採択
1919 年	イギリス，**ローラット法**を制定…ガンディーが非暴力・不服従運動を展開
1929 年	ラホール大会…ネルーらがプールナ=スワラージ（完全独立）を決議
1935 年	イギリス，**新インド統治法**を制定…連邦制と各州責任自治制を導入
1947 年	インドの独立…イギリス連邦内の自治領として独立。ネルーが初代首相
1950 年	インド共和国の成立…イギリス連邦内の独立共和国へ

※太字はイギリスの対インド政策

▶国民会議派の結成

　インド民族運動を懐柔するねらいでイギリスの指導下に 1885 年ボンベイでインド国民会議が開催され，商人・地主・知識人などが参加。その際，親英的な国民会議派が結成された。

▶反英闘争

　国民会議派は，1905 年のベンガル分割令を契機として反英に転じた。ベンガル分割令に反対して開催されたカルカッタ大会（1906 年）では，国民会議派のティラクを指導者に，スワラージ（自治獲得）・スワデーシ（国産品愛用）など 4 綱領が決議された。これに対し，民族運動の分断を画策するイギリスは同年，親英的な全インド=ムスリム連盟を結成させた。

▶インド独立へ

　第一次世界大戦中，イギリスは戦争協力の代償として戦後の自治をインドに公約していたが，戦後，弾圧的なローラット法（1919 年）を制定した。これを機にガンディーは非暴力・不服従運動（第 1 次：1919 ～ 22 年）を展開し，イギリスに大きな脅威を与えた。ついで 1929 年にネルーを議長として国民会議派はラホール大会を開催し，プールナ=スワラージ（完全独立）を宣言した。これに対し，イギリスは英印円卓会議の開催や 1935 年の新インド統治法などで懐柔したが，第二次世界大戦後の 1947 年にインドとパキスタンの分離独立を認めるに至った。

ポイント
国民会議派の政治運動の経緯をイギリスの対インド政策と関連させて説明する。

解答例

1 Ａインドネシア。Ｂ1955。Ｃバンドン。平和五原則を発展させた
平和十原則を発表し，主権と領土の保全，人種と国家間の平等，内
政不干渉，武力侵略の否定などを掲げ，平和共存と反植民地主義を
共通理念とした。（100字以内）

2 周恩来。中国共産党が内戦停止と抗日民族統一戦線の結成を呼び
かける八・一宣言を発表すると，これに共鳴した張学良らが抗日を
求めて国民党の指導者の蔣介石を監禁する西安事件を起こした。共
産党の周恩来も西安に駆けつけて蔣介石の説得にあたった結果，蔣
介石も抗日に同意し，第 2 次国共合作の成立につながった。（150
字以内）

3 ネルー。国民会議派。親英的組織として発足したが，ベンガル分
割令を契機に反英運動に転換し，カルカッタ大会では自治獲得が決
議された。第一次世界大戦後のローラット法制定に対してはガンデ
ィーによる非暴力・不服従運動が展開され，ネルーが中心となった
ラホール大会では完全独立を決議し，1947年に独立が実現した。
（150字以内）

55

次の 2 つの文章 A，B を読んで，それぞれの問いに答えなさい。

A　貿易と雇用が不振に陥り，企業は赤字を招いていますが，これは現代世界史上で最悪といってよいでしょう。どの国も例外ではありません。今日，全世界の何百万もの家庭にみられる窮乏と……不安とは，はなはだしいものがあります。世界の三大工業国であるイギリス，ドイツ，アメリカにおいて，おそらく 1,200 万人の工業労働者が失業中であると私は推察しています。しかし，世界の主要農業国……では，何百万人という小農が，生産物価格の下落のために破滅に瀕しており，収穫後の彼らの収入が，全農作物の生産に要した費用よりもはるかに少ないという状態です。小麦，羊毛，砂糖，綿花のような世界の重要商品や，その他実に多くの商品の価格下落がまったく破壊的だからです。（J. M. ケインズ著，宮崎義一訳『ケインズ全集　第 9 巻　説得論集』東洋経済新報社から　一部改変）

　　これは，イギリスの著名な経済学者ケインズが失業に関して行った連続ラジオ講演の原稿として執筆され，1931 年 1 月に公表された文章から抜粋したものである。この中で，彼は主要農業国としてカナダ，オーストラリア，南アメリカ諸国などを念頭においているが，それ以外の諸国においても同様の惨状が見られた。この事態がきっかけとなって，(1)世界的な規模で貿易構造に変化が生じ，また，イギリスの植民地インドでも，第一次世界大戦の影響も加わり，重要な(2)政治的展開や，(3)経済的な変化が生じた。

　問い　下線部(1)，(2)，(3)を説明しなさい。（200 字以内）

B　日本による植民地支配の下で朝鮮が担わされた役割は，多様であった。まず重視されたのは食糧供給基地としての役割，日本本国における食糧需給の調整弁としての役割であった。また，中国に隣接する地理的位置に規定されて，中国侵略のための基地としての役割を担わされた。そして，戦争が拡大されるにつれて，総力戦体制の一環に深く組み込まれ，朝鮮の人びとはその底部を支える労働力・兵力として広範に動員されるに至ったのである。

　問い　1920 年代後半から 1940 年代前半までの時期において，日本の支配の下で朝鮮がどのように位置づけられたのか，その推移について説明しなさい。その際，下記の語句を必ず使用し，その語句に下線を引きなさい。（200 字以内）

　　米の増産　　　世界恐慌　　　満州事変　　　日中戦争　　　徴兵制

世界恐慌とインド，日本植民地支配下の朝鮮

〔地域〕インド，東アジア　　〔時代〕現代　　〔分野〕政治・経済

　Aでは，ケインズが記述した資料をもとに，世界恐慌がもたらした世界的な貿易構造の転換と，当時のインドにおける政治・経済上の変化が問われている。(1)・(2)は教科書の知識で対応できるが，(3)の「インドの経済的な変化」は難度が高い。

　Bでは，1920年代後半から1940年代前半までの日本の植民地支配下で朝鮮がどのように位置づけられたかが問われている。問いの前のリード文が解答の道筋を示しているが，指定語句の「米の増産」の使い方が難しい。

A

(1)

設問の要求

〔主題〕世界恐慌発生後の世界的な規模での貿易構造の変化。

　恐慌対策としてイギリスのマクドナルド挙国一致内閣は，1931年に金本位制を停止し，翌1932年に輸入税法を成立させて保護関税政策に転換した。さらに同年，オタワ連邦会議（イギリス連邦経済会議）を開催し，特恵関税制度の樹立を中心に本国・自治領間に相互通商協定を結び，イギリス連邦内の排他的・自給自足的な「ブロック経済」（スターリング＝ブロック）を成立させた。また，この影響でフランスもフラン＝ブロックを形成した。こうしてイギリス・フランスなどは19世紀半ば以来の伝統的な自由貿易主義を放棄し，保護貿易主義に転換することとなった。

(2)

設問の要求

〔主題〕世界恐慌発生後のインドにおける政治的展開。

　ケインズの著作は1931年に公表されたものなので，1930年代前半のインドでの政治的展開を述べるとよい。ただし，「第一次世界大戦の影響」とあるので，1919年のローラット法を機にガンディーが起こした非暴力・不服従運動（サティヤーグラハ運動）から記述を始めてもよいだろう。1930年代初頭にガンディーはインド独立を掲げて，2度目の非暴力・不服従運動を展開し，その一環としてインド政庁の製塩禁止法に抗議するため「塩の行進」を行った。イギリスはこの事態を収拾するためロンドンで英印円卓会議（1930〜32年）を開き，1935年に新インド統治法（連邦制・州の責任自治制の導入）を施行している。

(3)

┌───┐
│ 設問の要求   │
├───┤
│〔主題〕世界恐慌発生後のインドにおける経済的な変化。   │
└───┘

難　世界恐慌後のインドに対するイギリスのブロック経済政策の影響を考える

　インドでは第一次世界大戦中から民族資本を中心に綿工業が発展したが，オタワ連邦会議で帝国内にスターリング=ブロックが形成され，海外からの綿製品輸入が阻止された結果，インドの綿工業の成長が促進され，民族資本家も成長した。しかしその一方で，恐慌の影響で綿花の海外市場価格の暴落，イギリス経済圏外への綿花・ジュートなどの農産物輸出の激減によりインドの農村不況が深刻化し，貧困農民が増加した。

B

┌───┐
│ 設問の要求   │
├───┤
│〔主題〕1920年代後半から1940年代前半までの日本の支配下での朝鮮の位置づけの推移。│
└───┘

┌───┐
│ 整理メモ   │
├───┤
│「米の増産」→日本は第一次世界大戦を機に米価格が高騰。1920年代に朝鮮で「産米増殖│
│　　　　　　計画」を推進し，米不足の日本へ輸出するために米の増産をはかった。│
│「世界恐慌」→世界恐慌による国内の経済不況を打開するため軍部は満州進出を画策。│
│「満州事変」→1931年に満州事変が起こると，朝鮮を戦争遂行の後方基地とした。│
│「日中戦争」→1937年の日中戦争開始を機に朝鮮人を戦時動員するため皇民化政策を推進│
│　　　　　　し，神社参拝や創氏改名を強制した。│
│「徴兵制」　→太平洋戦争（1941〜45年）が開始すると，1943年に朝鮮でも徴兵制実施。│
└───┘

　リード文にヒントが提示されているので，これらを参考にして答案の構想を練るとよい。「食糧供給基地としての役割」「中国侵略のための基地としての役割」「総力戦体制の一環に深く組み込まれ」「労働力・兵力として広範に動員」などが言及すべきポイントを提示しており，それらを道標にして指定語句を用い，答案を作成していくことができる。

日本の朝鮮支配の経緯〔1920年代後半〕

朝鮮で「産米増殖計画」を推進→日本への米の供給地の役割

　日本は米騒動（1918年）の経験にかんがみ，1920年代に日本への米の安定供給のため「産米増殖計画」を立案し，朝鮮経済の「米モノカルチュア化」を進めた。その結果，朝鮮では，1920年代後半から日本への米の輸出高が急増し，当時の朝鮮は，

日本への食糧供給基地の役割を担わされることになった。

日本の朝鮮支配の経緯〔1930 年代〕

日中戦争の開始とともに朝鮮に戦時動員体制をしく
　　　→皇民化政策を推進（神社参拝，創氏改名など）

　世界恐慌が起こると日本の関東軍は国内不況の打開策を満州進出に求め，1931 年の満州事変を機に朝鮮を大陸進出の後方基地とし，朝鮮の物資と労働力が戦争遂行のために投入された。

　1937 年に日中戦争が勃発すると，朝鮮は日本の大陸侵略の兵站基地として位置づけられ，軍需工場の建設や，朝鮮人の陸軍志願兵制度などが施行された。1939 年には日本で国民徴用令が出され，朝鮮人労働者の徴用も開始した。また「内鮮一体」の名のもとに皇民化政策が推進され，神社参拝や日本語の強制，創氏改名の強要などが行われた。こうして日中戦争以後，朝鮮人は日本の戦時動員体制の中に組み込まれた。

日本の朝鮮支配の経緯〔1940 年代前半〕

朝鮮に徴兵制（1943 年）と国民徴用令（1944 年）…太平洋戦争の戦況悪化が背景
　　　→兵士・労働力の供給地

　太平洋戦争（1941 ～ 45 年）の勃発後，次第に戦況が悪化すると，朝鮮では 1943 年に徴兵制が実施された。また，日本国内の労働力不足の補充のため，1944 年には国民徴用令が朝鮮にも適用され，朝鮮人労働者の日本への徴用（戦時労働動員）がさらに強化されて，炭鉱や鉄道・道路建設などの労働力とされた。

ポイント
朝鮮における「米の増産」は，日本の米不足への対応。

解答例

A(1)イギリス・フランスなどが高い保護関税を設け，本国と植民地の間に排他的なブロック経済を採用した結果，自由貿易体制が崩壊し世界貿易は縮小した。(2)インドでは国民会議派のガンディーが塩の行進などの非暴力・不服従運動を推進したため，イギリスも譲歩して新インド統治法を施行した。(3)海外の工業製品の輸入が抑制されたためインドの産業が発展し，民族資本家が成長したが，一方で農産物の輸出不振で農民の貧困化が進んだ。（200字以内）

B日本の米不足を背景として朝鮮では米の増産計画が推進され，大量の米を日本に輸出した。世界恐慌が起こると日本は満州支配に乗り出し，満州事変を機に朝鮮は大陸侵略の後方基地と位置づけられ，軍事物資や労働力を担わされた。日中戦争開始後は皇民化政策を推進して創氏改名などを強制し，軍需工業の育成を進め，太平洋戦争の戦況が悪化すると朝鮮で徴兵制が実施され，朝鮮人労働者の徴用がさらに強化された。（200字以内）

56

次の文章を読んで，問いに答えなさい。

日露戦争を機に，日本は朝鮮（韓国）に対する支配を強め，戦争の終結から 5 年目に当たる 1910 年には朝鮮を植民地化した。以下に掲げる史料 1 ～ 2 は，この時期に日本・韓国両政府の間に結ばれた重要な取り決め（条約）であり，それぞれ，その一部を示したものである。

〔史料 1〕 1904 年 2 月 23 日調印，日韓議定書

　第 3 条　大日本帝国政府ハ大韓帝国ノ独立及領土保全ヲ確実ニ保証スル事

　第 4 条　第三国ノ侵害ニ依リ若クハ内乱ノ為メ大韓帝国ノ皇室ノ安寧或ハ領土ノ保全ニ危険アル場合ハ大日本帝国政府ハ速ニ臨機必要ノ措置ヲ取ルヘシ而シテ大韓帝国政府ハ右大日本帝国政府ノ行動ヲ容易ナラシムル為メ十分便宜ヲ与フル事

　　　　　大日本帝国政府ハ前項ノ目的ヲ達スル為メ軍略上必要ノ地点ヲ臨機収用スルコトヲ得ル事

〔史料 2〕 1907 年 7 月 24 日調印，第 3 次日韓協約

　第 1 条　韓国政府ハ施政改善ニ関シ統監ノ指導ヲ受クルコト

　第 2 条　韓国政府ノ法令ノ制定及重要ナル行政上ノ処分ハ予メ統監ノ承認ヲ経ルコト

　第 4 条　韓国高等官吏ノ任免ハ統監ノ同意ヲ以テ之ヲ行フコト

　第 5 条　韓国政府ハ統監ノ推薦スル日本人ヲ韓国官吏ニ任命スルコト

問 1　日露戦争開戦後に日本の朝鮮に対する支配の強化はどのように進んだのか，戦争後にそれはどのようにして植民地化（「韓国併合」）へと進んだのか，また，こうした日本の政策に対する朝鮮内部における反応はどのようであったのか，説明しなさい。（200 字以内）

問 2　清朝政府は同じ頃，「光緒新政」といわれる一連の制度改革を実施した。この「新政」の重要な項目を二つ以上あげてその結果も述べなさい。（200 字以内）

解説 日本の韓国併合，「光緒新政」とその結果

〔地域〕東アジア　　〔時代〕近代・現代　　〔分野〕政治

問1は，日韓議定書と第3次日韓協約の史料を手がかりとして，日本の韓国併合までの
プロセスを論じさせるオーソドックスな問題。日韓議定書の内容は史料文がヒントを提示
している。第1次〜第3次日韓協約の内容と反日義兵闘争，韓国併合の契機となった伊藤
博文の暗殺などに言及することが求められている。

問2では「光緒新政」を康有為が主導した戊戌の変法と混同しないようにしたい。「光
緒新政」における諸改革が挫折した経緯を，孫文らの革命運動の展開や辛亥革命に関連づ
けて論述することがポイント。

問1

設問の要求

〔主題〕日露戦争開戦後の日本による朝鮮植民地化の経緯と日本の政策に対する朝鮮内部
の反応。

　日韓議定書，第1次〜第3次日韓協約の内容について述べ，朝鮮内部の反応として
ハーグ密使事件，反日義兵闘争などを示し，安重根による伊藤博文暗殺によって韓
国併合が行われた経緯を年代順にまとめればよい。

日本による朝鮮植民地化の経緯（日露戦争〜第3次日韓協約）

1904〜05年　日露戦争
1904年　日韓議定書
　　　　第1次日韓協約…日本政府の推薦者が韓国の財政・外交の顧問へ
1905年　ポーツマス条約…ロシアは日本の韓国への優越権を承認
　　　　第2次日韓協約…日本は外交権を奪って韓国を保護国化
　　　　　　　　　　　　ソウルに統監府を設置。伊藤博文が初代統監
1907年　ハーグ密使事件…**韓国の高宗がハーグ万国平和会議に密使を派遣**
　　　　　　　　　　　　→日本はこの事件を口実に高宗を退位させる
　　　　第3次日韓協約…韓国軍の解散，日本が韓国の内政権を掌握
　　　　　　　　　　　　→反日義兵闘争が激化

※　太字は「朝鮮内部における反応」

▶日韓議定書，第1次・第2次日韓協約と朝鮮の反応

　日本は日露戦争の開始直後の1904年2月に日韓議定書を結び，韓国の領土保全を
名目に韓国における日本軍の行動の自由を認めさせた。また，同年の第1次日韓協約
において，日本政府が推薦した者を韓国の財政・外交の顧問とすることを承認させた。

戦後のポーツマス条約でロシアが韓国における日本の優越を認めると，これを受けて日本は第2次日韓協約（1905年）を結び，外交権を奪って韓国を保護国化し，ソウルに統監府を設置した。初代統監に伊藤博文が就任。これに反発して，朝鮮民衆による反日義兵闘争が展開された。また，韓国の高宗も1907年オランダのハーグで開かれていた第2回万国平和会議に密使を派遣し，日本支配の不当性を訴えようとした。

▶第3次日韓協約と朝鮮の反応

　このハーグ密使事件を知った日本政府は高宗の責任を追及し，このため高宗は皇太子に譲位して引退を余儀なくされた。この事件直後，日本は第3次日韓協約（1907年）を結んで韓国軍を解散させ，韓国から内政権を奪った。韓国軍の解散を機に反日義兵闘争が激しさを増し，朝鮮全土に及んだ。

日本による朝鮮植民地化の経緯（伊藤博文暗殺〜韓国併合）

1909年　伊藤博文の暗殺…独立運動家の安重根による
1910年　韓国併合…ソウルに朝鮮総督府を設置

　1909年伊藤博文が満州のハルビン駅で韓国の安重根によって暗殺されると，日本は併合の準備を急ぎ，翌1910年に日韓併合条約を結んで韓国の植民地化を完成した。これに基づき軍事・行政を統轄する朝鮮総督府を新たに設置し，初代総督に寺内正毅（まさたけ）が就任した。

ポイント
第1次から第3次日韓協約について正確に言及する。

問2

設問の要求
〔主題〕清朝の「光緒新政」とその結果。
〔条件〕「光緒新政」の重要な項目を2つ以上示す。

　「光緒新政」は義和団事件後の1901年から開始した清朝の上からの近代化改革。特に日露戦争における日本の勝利に衝撃を受けてから本格化し，立憲君主政の国家をめざす改革に着手した。「その結果」については，新政の諸改革にもかかわらず孫文らの革命運動によって辛亥革命が勃発するに至った点に言及すればよい。

光緒新政

1905年　科挙の廃止
1908年　明治憲法を模範として「憲法大綱」を発布
　　　　国会開設を公約→立憲改革は不十分，清朝支配の補強延命の限界
〈結果〉孫文らの中国同盟会が清朝打倒の革命運動を展開→武昌蜂起→辛亥革命

▶光緒新政の開始

　1905年に袁世凱・張 之洞らの意見で科挙廃止を断行，1908年には明治憲法を範と
して憲法大綱を発布し，国会開設を公約した。この他，それまで外交を担当していた
総理各国事務衙門（総理衙門）に代わって外務部を設け，留学生の海外派遣，義務教
育制度の制定，西洋式の新軍の設置なども行われている。しかし，1908年末に光緒
帝が病没すると，幼少の宣統帝（溥儀）が即位し，彼が清朝最後の皇帝となった。

▶光緒新政の結果

　こうした清朝の立憲改革は不十分なもので，新たな負担を民衆に強いる結果となり，
かえって立憲派や革命派の不満を増大させた。すでに日露戦争中，孫文は革命諸団体
を東京に集めて中国同盟会（1905年）を設立し，三民主義による反清共和革命を指
導していたが，この革命派がやがて啓蒙運動や武装蜂起を展開し，革命の気運を高揚
させていった。1911年に清朝が発した幹線鉄道国有化に反発して四川暴動が勃発す
ると，これに呼応して革命派を支持する湖北新軍が武昌で蜂起し，こうして辛亥革命
が開始した。

ポイント
①光緒新政は清朝の体制延命が目的。
②幹線鉄道国有化を契機として四川暴動が起こり，辛亥革命が勃発。

解答例

　1 日本は日韓議定書で韓国における日本軍の行動の自由を確保し，第1次日韓協約で日本政府推薦の人物を韓国の財政・外交の顧問とすることを定めた。ついで第2次日韓協約で韓国の外交権を奪って保護国とし，統監府を設置した。高宗によるハーグ密使事件が起こると，日本は第3次日韓協約で内政権を奪い韓国軍を解散，これを機に韓国で反日義兵闘争が激化した。そして安重根による伊藤博文暗殺を機に，日韓併合条約を強要した。（200字以内）

　2 清朝は日本を範として立憲君主政の導入をはかり，科挙の廃止，新軍の設置，留学の推進，憲法大綱の発布，国会開設の公約などの改革を行った。しかし，これらの改革は単に清朝支配を補強するものだったため反対も根強く，日本や欧米の諸制度を学んだ留学生が，孫文らによる清朝打倒の革命運動に合流することも少なくなかった。やがて幹線鉄道国有化に反対して四川暴動が発生し，武昌で新軍が蜂起して辛亥革命が始まった。（200字以内）

57

2007年度　第3問

次の文章を読んで，問いに答えなさい。

「　A　は1860年代に内陸諸省にたいする支配を失ったあとは戦闘を沿海地域に拡大してさらなる高揚を示した。杭州・寧波・蘇州・上海が占領された。…　A　との闘いの最後の数年，文官出身の指揮官たちは西洋製の火器や汽船に感銘を深くした。そのため　A　の鎮圧のあと総督となった曾国藩・李鴻章・左宗棠の下で機器局や船政局（造船所）が南部のいくつかの都市で作られた。機器は海外から購入し，技師も外国から雇った。対外関係が悪化した1870年代にもこの傾向が続いた。造船会社が組織され，10代の留学生の一団が西学を学ぶためにアメリカに到着した。華北で炭鉱が開かれ，電信が主要都市を結んだ。こうした一連の改革の動きは　B　と呼ばれた。…その後，中国の立て続けの外交上の失敗は　B　をまずいものと印象づけ，そこに費やされた貴重な時間を無駄にしたかのように思わせた。しかし，中国近代史において，この運動は中国が経験することになる長期にわたる「失敗」の最初のものにすぎなかった。この一連の出来事に積極的な観点が与えられるのは最近になってからのことである。歴史の奥深さをもってすれば，これらは一見失敗であるかのようにみえるが，実は巨大な革命に向かう必要な一歩だったとみることができる。」

（黄仁宇著，山本英史訳『中国　マクロヒストリー』に基づき，問題作成のため，文章の省略・改変を行った。）

問1　空欄　A　に当てはまる語句を記し，次に，その鎮圧に曾国藩・李鴻章・左宗棠がどのような役割を果たしたのか，具体的に述べなさい。（問題番号の記入を含め，100字以内）

問2　空欄　B　に当てはまる語句を記し，次に，こうした一連の改革を推進した人たちのとった基本的な立場・主張がどのようなものであったか，述べなさい。（問題番号の記入を含め，100字以内）

問3　「対外関係が悪化した」「外交上の失敗」とあるが，1870－80年代における清朝の対外関係を，対ロシア，対フランスの場合について，具体的に述べなさい。（問題番号の記入を含め，200字以内）

解説 太平天国の乱，洋務運動，清の対ロシア・フランス外交

〔地域〕中国　　〔時代〕近代　　〔分野〕政治

19世紀後半の洋務運動をテーマとしている。問1では太平天国軍の鎮圧に活躍した郷勇を，問2では洋務運動の性格とねらいを，問3では1870～80年代における清朝の外交上の失敗が問われている。どれも教科書に記載されている歴史事項に関するオーソドックスな設問である。ただし，問3がやや難しく，イリ条約の経緯とその内容，天津条約の経緯とその内容を具体的に論じる歴史理解力が求められている。

問1

設問の要求

〔主題〕太平天国の鎮圧に活躍した曾国藩・李鴻章・左宗棠（さそうとう）の役割。

Aの空欄が「太平天国」であるのは容易にわかるだろう。その鎮圧に活躍した郷勇についての説明が求められている。郷勇とは，清末に地主・官僚が募集した郷土自衛軍のことで，弱体な清朝正規軍（八旗・緑営）に代わって太平天国軍の制圧に活躍した。曾国藩が組織した湘軍（湖南省），李鴻章が組織した淮軍（わいぐん）（安徽省），左宗棠が組織した楚軍（湖南省）などの郷勇に言及することがポイント。

問2

設問の要求

〔主題〕洋務運動を推進した人たちのとった基本的な立場・主張。

Bの空欄も，前後の文脈から「洋務運動」を想起することは容易である。洋務運動を推進した曾国藩・李鴻章らがとった立場と主張は「中体西用」の基本理念に示されている。すなわち中国の伝統的な政治体制（皇帝専制政治）や文化を本体とし，西洋の技術のみを摂取して清朝の支配体制を補強することにあった。それゆえ兵器・軍艦製造や製鉄・鉱業などの産業の振興は推進されたが，欧米の政治・社会・教育制度などの導入は試みられず，真の近代化改革とはいえなかった。

洋務運動の限界は，清仏戦争（1884～85年）と日清戦争（1894～95年）の敗北で露呈されたが，特に日清戦争の敗北後，単に技術だけではない広範な近代化の必要性が叫ばれ，立憲改革をめざす康有為らの変法運動が起こるのである。

問3

設問の要求

〔主題〕1870～80年代における清朝の対外関係（ロシア・フランス）。

「対外関係が悪化した」のはロシアで，イリ事件とイリ条約について言及すればよい。「外交上の失敗」とは，フランスと戦った清仏戦争の敗北によりベトナムの宗主権を失ったことを指している。

清朝とロシアの関係

イリ事件（1871～81年）
　　　　…イスラーム教徒の反乱に乗じてロシアがイリ地方を占領し，清と対立
イリ条約（1881年）
　　　　…中央アジアの露清国境を画定
　　　　　ロシアに新疆での貿易特権を付与

　1862年に清朝支配の新疆（東トルキスタン）でイスラーム教徒が反乱をおこすと，当時南下政策を進めていたロシアが居留民保護を口実に1871年イリ地方（新疆の西北部）を占領した。清軍を指揮した左宗棠がイスラーム教徒の反乱を鎮圧した後もロシアは同地方から撤兵せず，露清間の紛争が続いた（イリ事件）。この紛争を解決するため1881年イリ条約が結ばれ，清はイリ地方の大部分を回復したが，ロシアに新疆での貿易特権を認めたことで，新疆に対してロシア勢力が伸長することとなった。

清朝とフランスの関係

ユエ条約（1883，84年）…フランスがベトナム保護国化
清仏戦争（1884～85年）…ベトナムの支配権をめぐる戦い
天津条約（1885年）…清はベトナムの宗主権を放棄

　ベトナムの阮朝（1802～1945年）は，1858年に開始した仏越戦争以降フランスに侵略され，1883年と84年の2回にわたるユエ条約でフランスの保護国とされた。しかし，ベトナムに対する宗主権を主張する清朝はこの条約を承認せず，このため清仏戦争（1884～85年）が勃発したが，フランスの勝利に終わり，1885年天津条約が結ばれた。この条約で清朝はベトナムの宗主権を放棄し，フランスによる保護国化を承認した。その結果，フランスは1887年フランス領インドシナ連邦を結成するに至った。

ポイント
①清朝はロシアとイリ事件で関係が悪化し，イリ条約でロシアに貿易特権を付与。
②清朝はフランスとの清仏戦争に敗れ，ベトナムの宗主権を失う。

解答例

1 太平天国。清朝正規軍である八旗が反乱鎮圧で弱体ぶりを露呈したため，漢人地主らは郷土自衛軍である郷勇を組織した。特に曾国藩の率いる湘軍，李鴻章の率いる淮軍，左宗棠の率いる楚軍などが鎮圧に活躍した。（100字以内）

2 洋務運動。西洋技術の摂取に努め，近代産業の育成や富国強兵をはかったが，中体西用のスローガンに示されるように，中国の皇帝専制政治の延命を目的とするものであり，政治体制の変革をめざすものではなかった。（100字以内）

3 新疆で発生したイスラーム教徒の反乱は，左宗棠によって平定されたが，この反乱に乗じてロシアがイリ地方を占領したため露清間の紛争が生じた。結局1881年にイリ条約が結ばれ，イリ地方を清に返還する代わりに，ロシアは通商上の特権を獲得した。一方，ベトナムではフランスがユエ条約で阮朝を保護国化すると，清が宗主権を主張し，清仏戦争が勃発した。敗れた清は1885年の天津条約でベトナムに対する宗主権を放棄した。（200字以内）

58

　次の文章は，いずれも，17世紀後半にアジアの2つの帝国を訪問した2人のフランス人の見聞録の一部である。それぞれの文章を読んで，問題に答えなさい。（合わせて400字以内）

1　次の文章A，Bは，1659年から1668年まで10年近くを医官，哲学者としてムガル帝国に仕えたフランス人ベルニエの著書『ムガル帝国誌』（1670年）から抜粋したものである。

A　「シャー・ジャハーンの息子4人のうち，長男はダーラー，三男はアウラングゼーブである。ダーラーは，マホメット教徒であるが，ヒンドゥー教徒に向かえばヒンドゥー教徒になり，キリスト教徒に向かえばキリスト教徒になる。ヒンドゥー教徒の学僧を何人か，いつも側近に侍らせている。アウラングゼーブがダーラーの首を切らせるのに使った口実は，彼が背教者，偶像崇拝者になってしまった，というものである。」

B　「この国土の上には，大ムガルの支配力が十分に及ばない民族が少なからず居て，大抵は今でも独自の首長，君主を戴いており，この君主たちは，強制されてしぶしぶ大ムガルに従い，貢物を納めているのです。王国全土に有力なラージャつまりヒンドゥーの君主があり，もしも力を合わせれば，大ムガルにとってひどく厄介な問題になるでしょう。大ムガルは敵国の真っただ中に居るようなもので，常に大軍を維持していなければなりません。軍隊を構成するのは，一部はラージャやパタン人ですが，主として王と同じムガル人か，少なくともそう見なされている人間です。大ムガルはラージャたちにたいそう多額の俸禄を当てがい，外国人でマホメット教徒である他の貴族と同等に見なし，いつも身辺においている軍勢の中に入れたり，野戦場にいる軍隊に加えたりしています。貴族は，低い官職から高い者へと進んでいくのが，ほぼ一般的な慣習です。彼等の俸禄は馬の数で決まります。土地の割り当てを受けます。」
（ベルニエ著，関美奈子，倉田信子共訳，『ムガル帝国誌』，岩波書店，に基づく。）

問1　引用文Aのダーラーとアウラングゼーブは，宗教・異教徒（特に，ヒンドゥー教徒）に対して，対照的な態度を示している。この事を念頭において，ムガ

ル帝国の宗教政策とその変化を説明しなさい。（60 字以内）

問 2　引用文 B を読み，ムガル帝国の統治・行政・財政機構の特徴を説明しなさい。
　　　（140 字以内）

2　次の文章は，1697 年に，フランス人宣教師ブーヴェが，当時の中国皇帝につい
　てフランス国王に報告したものである。

　　「　　A　　は順治帝の王子であり，後継者で御座います。この順治帝は，満洲族，
言い換えれば，満洲国民の，(註)韃靼王でありまして，この満洲族は，①東韃靼から
発して，シナの東北に位置する遼東地方にまず国を建て，ついで現世紀の中葉，こ
の大満洲の全土を征服したのでありました。…そもそも韃靼人は常に戦争を心がけ
ておりますから，一切の武芸を尊んでおります。また漢人は，学問こそ自国の殆ど
全価値だと見なしております。それ故，　　A　　は文武両道に精通して，自己の統
治すべき韃靼人にも，漢人にも，好感を持たれようと努められたのであります。…
遂に皇帝は戦乱の障害から全く解放されましたし，また約八年前，幸いにもロシア
と締結された講和条約のおかげで，シナ人，韃靼人の如何を問わず，等しくシナ臣
民が，現在，この深遠な平和を楽しむに至りましたので，皇帝は昔よりもますます
熱心に西洋科学の研究に出精されたのであります。②その頃，我々四人の耶蘇会士
が北京におりました。皇帝は西洋科学のご進講にこの四人を起用される光栄を賜っ
たのであります。」

　　　　　　　（ブーヴェ著，後藤末雄訳に基づき，出題に際して，一部表記を改めた。）
　　　註　韃靼とは，タタールの音訳であり，元来，モンゴル系部族を指す呼称である。
　　　　　しかし，もともと一部族を指すに過ぎなかった名称が，次第に拡大されて満洲
　　　　　族のようなツングース系部族をも含むようになった。イエズス会士が韃靼と言
　　　　　った場合には，満洲を指すことが多い。

問 1　文中の中国皇帝　　A　　の名前を答えなさい。

問 2　この報告を受け取ったフランス国王の名前を答えなさい。

問 3　下線①は，帝国が成立する過程について述べている。この時に編成された，
　　　帝国の軍事・社会制度について説明しなさい。（50 字以内）

問 4　下線②は，宣教師と皇帝との関係を伝えている。この両者の関係を踏まえて，
　　　17 世紀末から 18 世紀初頭にかけての，　　A　　の対キリスト教政策について説
　　　明しなさい。（140 字以内）

解説　ムガル帝国の統治，清朝の統治，典礼問題

〔地域〕インド，中国　　〔時代〕ムガル帝国・清　　〔分野〕政治・宗教

　1の問1は，アクバル帝とアウラングゼーブ帝の宗教政策の相違に着眼するとよい。問2のムガル帝国の統治・行政・財政機構の特徴に関する設問は，マンサブダール制に言及することが求められており，難度がやや高い。

　2の問1〜問4は教科書レベルで作問されており，問4の典礼問題などはスタンダードな設問である。

1

問1

設問の要求

〔主題〕ムガル帝国の宗教政策とその変化。

　史料文のダーラーは，イスラーム教徒でありながら他宗教に寛大であるという点から，ムガル皇帝第3代のアクバル帝を連想させる。作問の意図もここにあり，アクバル帝とアウラングゼーブ帝の宗教政策の相違点に言及することがポイントとなる。すなわち，アクバルはヒンドゥー教徒など非イスラーム教徒に対してジズヤ（人頭税）を廃止するなど，両教徒の融和政策を推進したが，厳格なスンナ派のイスラーム教を奉じるアウラングゼーブは，非イスラーム教徒を弾圧してジズヤを復活したことから，17世紀末からラージプート族・シク教徒・マラーター同盟などの反乱を招いた。

問2

設問の要求

〔主題〕ムガル帝国の統治・行政・財政機構の特徴。

　ムガル帝国の統治・行政・財政機構は，第3代のアクバル帝の治世に確立された。全国を州・県・郡に分けて中央から官吏を派遣して行政を担当させるなど，中央集権的な官僚制度をしいた。また全国的な土地測量を実施して地租を定め，徴税制度を整備して財政の確保をはかった。

　ムガル帝国はすべての官僚に官位を与えて維持すべき騎兵・騎馬数を決め，それに応じて俸禄を定めるマンサブダール制と呼ばれる官僚・軍事制度を整備した。マンサブ（官位）の保有者（官僚）はマンサブダールと呼ばれ，彼らは一般に俸禄は現金ではなく，ジャーギール（土地徴税権）の形で支給された。

＊史料から読み取れること
　Ｂの末文「彼等の俸禄は馬の数で決まります。土地の割り当てを受けます」はマンサブダール制を指している。このためマンサブダール制について説明したい。

ポイント
①特徴は，中央集権的な官僚制，全国を州・県・郡に分けて官吏を派遣，徴税制度の整備など。
②マンサブダール制について説明する。

2

問 1　清朝第 3 代「順治帝の王子」とは，第 4 代の康熙帝のこと。清朝の皇帝は，ヌルハチ（太祖）→ホンタイジ（太宗）→順治帝（世祖）→康熙帝（聖祖）→雍正帝（世宗）→乾隆帝（高宗）の順で推移。この康熙帝が判明しないと，問 4 の設問も苦しくなる。

問 2　問題文に「1697 年」とあるから，17 世紀末のフランス国王を考えればよい。当時のフランス国王はブルボン朝のルイ 14 世（位 1643 ～ 1715 年）。フランス人のイエズス会士ブーヴェは『康熙帝伝』を著している。

問 3

設問の要求
〔主題〕清朝成立時に編成された軍事・社会制度。

　清朝の軍事組織である八旗は，満州固有の社会組織をもとに編成され，旗人には各種の特権と旗地が支給された。ヌルハチが満州八旗を創始し，ホンタイジのときに蒙古八旗・漢軍八旗も編成された。

問 4

設問の要求
〔主題〕康熙帝の対キリスト教政策。

　康熙帝の対キリスト教政策を説明すればよい。典礼問題とは，中国古来の慣習である典礼（孔子の崇拝，祖先の祭祀）の承認をめぐるカトリック諸派の布教方法上の論争をさす。イエズス会士は中国人信者に典礼を認めながら布教したが，後から中国に来たフランチェスコ修道会やドミニコ修道会などは典礼に反対し，教皇も典礼承認派

を異端としたため，これに激怒した康熙帝は，1706年，典礼否認派の宣教師の退去を命令し，イエズス会士のみが布教を許された。なお，康熙帝のキリスト教政策が問われているので，次の雍正帝がキリスト教の布教を全面的に禁止（1724年）したことについては触れなくてもよい。

ポイント
康熙帝と典礼問題の関係を説明する。

解答例

　11アクバルはヒンドゥー教徒との融和をはかりジズヤを廃止したが，厳格なイスラーム教徒のアウラングゼーブはこれを復活した。（60字以内）
　2全国を州・県・郡に分け，中央から官吏を派遣して中央集権的な官僚制度を整備した。すべての官僚は，マンサブダール制により官位に応じて騎兵・騎馬の保持が義務づけられ，俸禄として土地徴税権を受け取った。また全国的な土地測量によって徴税制度を整備し，貨幣制度を統一して財政基盤を確立した。（140字以内）

　21康熙帝。2ルイ14世。
　3満州族の社会組織をもとに八旗と呼ばれる兵制が組織され，旗人に軍事奉仕の代償として旗地が支給された。（50字以内）
　4清朝はイエズス会士を通じて西洋の学術・文化を導入し，イエズス会士は孔子崇拝や祖先の祭祀などの典礼を認めてキリスト教を布教した。これに反発した他宗派が教皇に訴えたため典礼問題が発生し教皇も典礼承認派を異端とした。怒った康熙帝は典礼否認派の布教を禁じイエズス会士のみに布教を認めた。（140字以内）

59

　次の文章Ａは，インドの民族主義運動指導者の『自叙伝』から抜粋した 19 世紀末アフリカ南部における経験の記述，Ｂは同時期に清末変法運動で活躍した中国人の海外における経験の記述とその解説である。これらを読み，また，表 1 ～ 3 も参照して，下記の問いに答えなさい。

Ａ　「『あなたは，本当にホテルに泊まれると思ったのですか？』と彼（ヨハネスバーグで事業を行っている知人）は言った。私は尋ねた。『どうして，いけないのですか？』彼は言った。『ここに二，三日おられれば，お分かりになるでしょう。私どもがこんな国に来て生活しているのは，ただ金もうけのためです。侮辱をこらえるぐらい平気です。ですから，ここにいられるのです。』こう言ってから，彼は，インド人が南アフリカでなめている困苦，辛さの数々を物語ってくれた。

　　彼ら（南アフリカにいるインド人）の中には，労働者の境遇から身を起こして，土地や家屋の所有者になりあがる者が多数あった。彼らに続いて，インドから商人がやって来て，商業を営みながら定住した。……これには，白人の商人があわてた。

　　（南アフリカにおけるインド人の権利を守るという目的を達成するため）私たちは常設的な大衆組織を持とう，ということを決定した。こうして，……インド人会議が誕生した。この会議には，南アフリカ生まれのインド人や会社事務員の階層は会員として参加してきたが，不熟練賃金労働者，年季契約農業労働者は，まだ枠外に留まっていた。……彼らには，基金を寄附したり，入会したりするなどして，会に所属する余裕のあろうはずがなかった。

　　なおなし遂げていないことが一つあった。それは，インド人移民を，祖国に対する義務に気づかせることであった。」

（蠟山芳郎訳に基づく。）

Ｂ　「この三つの職業（靴・タバコ・ほうきの製造業）は以前はとても盛んで，出資者も同胞で，これらで財をなした同胞の商人も少なくなかった。だがのちに労働組合がそれをひどく妬み，あれこれ法律を作っては圧迫した。たとえばルソン産の葉巻タバコは政府の認可がないと販売できず，わが同胞労働者の製造したタバコを政府は認可しない，というのがその例である。こうしたことはもともと国際ルールに大いにもとるところだ。……強権というほかない。」

　　この文章は梁啓超が清朝からの弾圧にあって亡命中，1903 年にカナダ・アメリ

カの諸都市を回って記した紀行文『新大陸游記』から，サンフランシスコでの「中国人の営業自由の制約」について紹介した部分の抜粋である。同じく亡命した康有為が東南アジアで同胞を結集し，支援を要請するために保皇会を組織しており，梁啓超のこの旅は，保皇会分会創設のためでもあった。また，ほとんど同時期に，早くから亡命生活を送った　ア　も，中国が列強からの侵略の危機にさらされているのは，「中国が自立できないためであり，中国が自立できないと，世界平和は保てない」として，在外同胞の支援を求めて回った。1905 年に　ア　は東京において中国同盟会を結成し，東南アジアでの分会結成を目指した。

表1　インド人移民数推計

	年　平　均	
	インドからの出国	インドへの帰国
1834—1840	36000	27000
1841—1850	49000	36000
1851—1860	98000	68000
1861—1870	177000	137000
1871—1880	274000	219000
1881—1890	301000	241000
1891—1900	429000	280000
1901—1910	329000	244000
1911—1920	457000	374000
1921—1930	606000	507000
1931—1937	397000	407000

表2　中国人の東南アジアへの移民数推計

	年　平　均	
	東南アジアへの入国	東南アジアからの出国
1879—1880	78000	63000
1881—1890	160000	117000
1891—1900	188000	142000
1901—1910	250000	191000
1911—1920	247000	190000
1921—1928	395000	284000
1931—1938	229000	266000

注：在外中国人総数中で，東南アジア在住者は約8割を占めた。

表3　半島マレーシアの人口構成（1957 年）

	人　数	％
マレー人	3130000	49.8
中　国　人	2330000	37.1
インド人	700000	11.1
そ　の　他	120000	1.9
合　　計	6280000	100.0

問い　インド人と中国人が大量に海外に移動し，海外で生活の基盤を築き始めたのは，表1，2から理解されるように，19 世紀中葉以降のことであった。この大量移動は，いかなる歴史的状況の下で起こったのか，さらに，それらの人々がそれぞ

れの出身国の国内政治といかなる関連を持ったのか，また，その大量移動が移動
先の社会に現在いかなる影響を与えているのかを，述べなさい。解答にあたって
は，インドと中国の双方にふれ（その字数の割合は問わない），また，Aの『自
叙伝』の著者，およびBの文章における空欄　ア　がそれぞれ誰であるかも述
べなさい。（400 字以内）

解説 インド人と中国人の海外移動

　〔地域〕アジア　　〔時代〕近代・現代　　〔分野〕政治・経済

　19世紀中葉以降，インド人と中国人が海外に移動した歴史的背景を，史料と統計表を参考にして論じさせる問題。具体的には，大量移動を生み出したインド・中国の歴史的背景と，移民が国内政治や移住先の社会などに与えた影響などを問うている。Aの『自叙伝』の著者ガンディーと，Bの空欄アの孫文をどのように文脈の中で引用するかに工夫がいる。設問の条件が複数あり，しかもインドと中国について言及することが求められているため，詳細な知識と歴史の構造的理解力，そして論理的な文章力が欠かせない。熟慮が求められるハイレベルな論述問題。

設問の要求

〔主題〕19世紀中葉以降，インド人と中国人の大量移動が起こった歴史的状況。
〔条件〕①出身国の国内政治といかなる関連をもったのか。
　　　　②大量移動が移動先の社会に現在いかなる影響を及ぼしているのか。

整理メモ

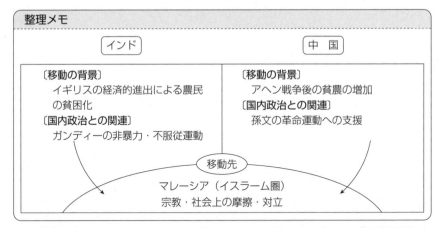

インド	中国
〔移動の背景〕　イギリスの経済的進出による農民の貧困化	〔移動の背景〕　アヘン戦争後の貧農の増加
〔国内政治との関連〕　ガンディーの非暴力・不服従運動	〔国内政治との関連〕　孫文の革命運動への支援

移動先
マレーシア（イスラーム圏）
宗教・社会上の摩擦・対立

　19世紀中葉以降，インドと中国で海外への大量移動を生み出した「歴史的状況」として，インドはイギリス支配下での，中国ではアヘン戦争後の社会不安を説明したい。移住者を「出身国の国内政治」との関連で言及するには，インドではガンディーの非暴力・不服従運動，中国では孫文の革命運動に言及すればよい。また，「移動先の社会に現在いかなる影響を与えているのか」については，史料や統計表からマレーシアについて述べることが求められている。

インド人の移動

〔移動の背景〕
- 産業革命期のイギリスで生産された安価な綿布の流入
  → インド伝統の綿工業に大打撃。大量の失業者をもたらす
- イギリスによるザミンダーリー制の土地政策
  → 農民は地主の収奪のもとで貧困化
- シパーヒーの反乱（1857 ～ 59 年）
  → イギリス軍の圧勝。イギリスはムガル帝国を滅ぼし，インド直接統治

〔国内政治との関連〕
 イギリスの植民地支配
  → ガンディーは南アフリカで人種差別反対闘争
  → のちにインド国内で非暴力・不服従運動を展開

▶インド人移民の移動の背景

 19 世紀半ば，イギリスによる植民地支配はインド社会に大きな変化をもたらした。イギリス産の安価な機械製綿布が流入した結果，インド伝統の手織りによる綿工業は大きな打撃を受け，各都市は失業者であふれた。また，イギリスによるザミンダーリー制などの土地政策によって，農民は地主の収奪のもとで貧困生活を余儀なくされた。こうしたイギリス支配への不満が，シパーヒーの反乱（1857 ～ 59 年）となって爆発した。

▶インドにおける国内政治との関連

 インドから大量の労働者が南アフリカに渡ったが，こうしたインド人移民（印僑）は，史料文Aにあるように白人による人種差別に苦しめられた。1893 年，『自叙伝』の著者である弁護士のガンディーが南アフリカに赴任し，在留インド人の権利擁護・人種差別反対の闘争を起こしたが，それがのちのイギリスからの独立をめざす非暴力・不服従運動（サティヤーグラハ運動）の出発点となった。

中国人の移動

〔移動の背景〕
- アヘン戦争の敗北
  → 南京条約で巨額の賠償金。清朝の増税と銀価格の高騰で貧農が増加
- 太平天国の乱 → 戦乱によって農地が荒廃化し，貧農が激増
- 19 世紀前半から安価なイギリスの綿製品の流入 → 農村家内工業に打撃

〔国内政治との関連〕
 清朝の専制政治
  → 孫文は華僑・留学生に呼びかけ，清朝打倒の革命運動を展開

▶中国人移民の移動の背景

　アヘン戦争後の重税によって農民は困窮化し，また安価な欧米の工業製品（綿製品など）の流入が農村の家内工業に打撃を与え，貧民を激増させた。アヘン戦争の代わりにアロー戦争や太平天国の乱などに言及してもよいが，その際も上述した貧民激増の要因について触れることが欠かせない。

▶中国における国内政治との関連

　中国からは大量の労働者が東南アジアやアメリカなどに渡ったが，こうした中国人の在外同胞（華僑）の支援を受けて，孫文は反清の革命運動を指導し，1894年にハワイで興中会を，1905年には東京で中国同盟会を結成した。

移動先の社会に与えた影響

〔マレーシア〕　←〈表3〉の「半島マレーシアの人口構成」に着目
- 現地のマレー人に次いで中国人・インド人が多い
   →宗教・社会慣習の相違から摩擦・対立が発生
- 華僑の経済支配に対するマレー人の反発
   →人種間の和解と共存は現代的な課題

　表3の，華僑や印僑が多く住む多民族国家マレーシアを例に引いて説明することがポイント。今日においても，華僑・印僑との宗教・社会慣習の相違や，華僑の経済支配への反発などから，現地のマレー人（イスラーム教徒）との間で摩擦が生じている点を指摘すればよいだろう。特に，華僑とマレー人との対立は歴史的な問題であり，その和解と共存は現代的な課題ともいえる。

ポイント

①インドではシパーヒーの乱，中国ではアヘン戦争後の社会に言及。
②マレーシアはイスラーム国家であることから文化摩擦に着目。

解答例

　19世紀中葉，イギリス産綿布が大量に流入したインドでは伝統的な綿工業が打撃を受け，都市には失業者があふれた。そのため海外移住者が急増し，大量のインド人が南アフリカなどに渡った。『自叙伝』の著者であるガンディーは南アフリカでインド人に加えられた人種差別に反対して抵抗運動を展開したが，その時の闘争手段がのちにイギリスからの独立をめざす非暴力・不服従運動へと発展した。一方，中国ではアヘン戦争後，賠償金負担からの重税により農民生活は困窮化し，多くの中国人が東南アジアなどへ移住した。こうした在外中国人である華僑は，アの孫文の清朝打倒をめざす革命運動を積極的に支持し，中国同盟会の結成にも資金面で援助を行った。今日，マレーシアのような多民族国家では中国系住民やインド系住民と現地住民との間で宗教・社会慣習などの相違から摩擦があり，特に華僑の経済支配へのマレー人の不満は歴史的な課題といえる。
　（400字以内）

60

問題A，Bに答えなさい。

A　広大なイスラーム世界は，10 世紀におけるアッバース朝の衰退以降，イスラー
　ム諸王朝が分立する時代に入る。しかし，ヨーロッパ史で大航海時代といわれる
　16 世紀には，三つの強大な王朝が鼎立する時代を迎えた。この三つの王朝の崩壊
　過程から，イスラーム世界の近代は生まれる。その一つは，イスタンブルを首都と
　するオスマン朝であるが，あとの二つの王朝は何か。その名前を述べ，それぞれの
　王朝の成立経緯（いつ，誰によって建設され，どの地域を，どのような理念で統治
　したのか，など）を簡潔に述べなさい。（200 字以内）

B　次の文章を読んで，下記の設問に答えなさい。

　　中国はプロレタリア文化大革命の終結後，1978 年末からは「改革と開放」政策
　へと路線の大転換をうちだした。国内では，プロレタリア文化大革命時代には批判
　されて発言を封じられた知識人たちも多くが復権し，学校教育の混乱も修復され，
　1980 年代をとおして，民主化への動きが作られた。ゴルバチョフが訪中して中ソ
　関係正常化がはかられることになった年には，民主化要求が高まったが，天安門事
　件へと展開し，政府の武力鎮圧による流血の惨事に終わった。
　　その年の民主化要求運動においては，北京の学生が中心となって広がっていった
　こともあり，同様にして広まった 70 年前の＿＿＿＿が強く意識されることになった。
　1980 年代の思想界で影響力をもった知識人のひとり，李沢厚は，1986 年に当時の
　中国の課題を思索するなかで，歴史をふりかえり，＿＿＿＿をめぐって以下のような
　認識を示していた。

　　　　啓蒙的な新文化運動は，始まると間もなく救国の反帝政治運動に遭遇し，両
　　　者はすぐに一つの流れに合流していったのであった。（中略）
　　　　＿＿＿＿時期の啓蒙と救国が矛盾することなく進み，互いに促進しあった局
　　　面は，長くは続かなかった。救国という歴史的局面と苛烈な現実闘争のなかで，
　　　啓蒙という思想的主題は，またもや，救国の政治的主題に圧倒されてしまった
　　　のである。

　　　　　　　　　　　　（砂山幸雄訳，李沢厚「啓蒙と救国の二重変奏」，1989 年，より）

　このような「啓蒙と救国」の関係づけは，当初から議論をまきおこし，上述の民主化要求運動では◻◻◻期に唱えられたスローガン「民主と科学」が叫ばれることにもなったが，天安門事件がおこると，李沢厚らは政府によってふたたび発言を制限された。

問1　空欄◻◻◻の中に適切な語句を入れて，文を完成させなさい。空欄には，すべて同じ語句が入ります。答は解答欄の1行分を使用しなさい。

問2　李沢厚の文章において「啓蒙と救国」として言及されている内容について，それぞれの運動の時期と様態，中心人物・刊行物などにもふれ，具体的に述べなさい。（175字以内）

解説　サファヴィー朝とムガル朝，新文化運動と五・四運動

〔地域〕アジア　　〔時代〕16世紀・現代　　〔分野〕政治・社会・文化

　Aは，16世紀に成立したサファヴィー朝とムガル朝の成立年代・建設者・支配地域・統治理念などを問うている。

　Bでは，中国の五・四運動を答えさせ，あわせて史料文の「啓蒙と救国」の意味するところのもの，すなわち新文化運動（文学革命）や，五・四運動と孫文の活躍などを論じさせようとしている。問2は時期と様態，中心人物・刊行物が求められており，「救国」に関しては，孫文の中国国民党や国民革命などに触れることがポイントとなる。

A

設問の要求

〔主題〕サファヴィー朝とムガル朝の成立経緯。
〔条件〕成立年代・建設者・支配地域・統治理念に言及。

　16世紀のイスラーム世界では，オスマン朝・サファヴィー朝・ムガル朝のイスラーム専制国家が鼎立した。設問ではサファヴィー朝とムガル朝の成立経緯の説明が求められている。それぞれの建設者と支配地域を示すのは問題ないと思われる。統治理念については，サファヴィー朝もムガル朝も宗教面からアプローチしていくとよい。

サファヴィー朝とムガル朝

	成立年代	建設者	支配地域	統治理念
サファヴィー朝	1501年	イスマーイール1世	イラン	シーア派（12イマーム派）
ムガル朝	1526年	バーブル	インド北部	スンナ派のイスラーム教

▶サファヴィー朝の成立経緯

　サファヴィー朝（1501～1736年）の建設者はイスマーイール1世。彼はティムール朝の衰亡に乗じてイラン高原を平定し，1501年にサファヴィー朝をひらいた。シーア派の主流である12イマーム派を国教に定めて民族主義的色彩を鮮明にした。またアラビア語風のスルタンの称号を廃し，イラン伝統のシャー（ペルシア語で王の意）を用いた。シーア派を国教としたことで，サファヴィー朝は，以後，スンナ派のオスマン朝・ムガル朝との長期にわたる抗争を繰り広げることとなった。

▶ムガル朝の成立経緯

　ムガル朝（1526～1858年）の建設者はバーブル。彼はティムール朝滅亡後，トル

コ系のウズベク族に追われて中央アジアから西北インドに侵入し，1526 年パーニー
パットの戦いでロディー朝を倒し，デリーを首都としてムガル朝を建設した。第3代
のアクバル帝の時にアフガニスタン・北インド全域を支配し，首都をデリーからアグ
ラに移した。アクバルは，非イスラーム教徒に対するジズヤ（人頭税）を廃止するな
ど，ヒンドゥー・イスラーム両教徒の融和をはかる宗教的寛容政策をしく一方で，中
央集権的官僚制度を整備してムガル朝の基礎を確立した。

ポイント
①サファヴィー朝の統治理念は，シーア派の国教化とイラン人の民族的自覚に着目。
②ムガル朝の統治理念は，アクバル帝の宗教寛容政策に言及。

B

問1　天安門事件（1989 年）の「70 年前」に「北京の学生」が起こした出来事とあ
るから，1919 年の五・四運動が割り出せる。最後の空欄のあとにある「民主と科学」
は陳独秀が刊行した『新青年』のスローガンとなった言葉なので，新文化運動や文学
革命と勘違いしないように注意したい。

問2

設問の要求
〔主題〕新文化運動（文学革命）と五・四運動との比較。
〔条件〕それぞれの運動の時期・様態・中心人物・刊行物に言及。

▶新文化運動（文学革命）と「啓蒙」

　文学革命とは，胡適が提唱した白話運動，すなわち文語体文学を否定し，口語体
（白話）を用いた新しい国民文学の創造をめざす運動のこと。その発端となったのは，
陳独秀が 1915 年に『青年雑誌』（翌 16 年『新青年』に改名）を刊行して，「民主と科
学」をスローガンに西欧近代文明を紹介し，旧儒教道徳を批判した新文化運動である。
1917 年に胡適がこの『新青年』に論文「文学改良芻議」を寄稿し，文語ではなく日
常の生きた口語による表現を主張して白話文学を提唱したことから「文学革命」が始
まった。これに共鳴した魯迅は白話小説を実践し，『狂人日記』や『阿Q正伝』など
の傑作を著して中国近代文学を確立した。

▶五・四運動と「救国」

　五・四運動は，1919 年，パリ講和会議で列国が中国代表が要請した「二十一カ条

の要求」の破棄を却下したことを契機とした北京大学の学生らの抗議デモから始まり，6月には市民・労働者を加えた反帝国主義，反封建主義，軍閥打倒の全国的な大衆運動に発展した。労働者階級が中国革命運動の第一線に登場したことは知識階級の分裂を促し，マルクス主義者の李大釗らの急進派は，中国共産党の結成に着手した。一方，五・四運動に刺激された孫文は，1919年，革命結社であった中華革命党を改組し，大衆政党としての中国国民党を結成した。この新政党は従来の民族資本家・知識人中心の政党から脱皮し，労働者・農民など大衆の支持のもとに帝国主義と軍閥を打倒して中国統一をめざす「国民革命」を志向した。その実現のため，孫文は共産党との協力関係を模索し，1924年に第一次国共合作を成立させた。

ポイント

①新文化運動（文学革命）では文化面における「啓蒙」活動をまとめる。
②五・四運動では政治面における「救国」の具体例を示す。

解答例

Aサファヴィー朝は1501年にイスマーイール1世によって建国され，イランを支配下に置いた。この王朝はシーア派を国教としてスンナ派のオスマン朝に対抗し，イラン人の民族意識を高めるため伝統的なシャーの称号を用いた。ムガル朝は1526年にバーブルによって建国された。第3代のアクバル帝の時にはアフガニスタンから北インドを支配し，帝国の統一のためヒンドゥー教徒とイスラーム教徒との融和をはかる寛容政策を採用した。（200字以内）

B1 五・四運動。
2 1915年に陳独秀は新文化運動を開始し，儒教道徳を批判した。彼の刊行する雑誌『新青年』で胡適が白話運動を提唱して文学革命が始まり，魯迅が白話文学の傑作を残した。一方，1919年の五・四運動が反帝国主義の全国的な大衆運動に発展すると，孫文は大衆政党としての中国国民党を結成し，やがて共産党との提携をはかって，反帝国主義・軍閥打倒の国民革命をめざした。（175字以内）

MEMO